北京市哲学社会科学
Beijing Philosophy and Social Science
北京产业安全与发展研究基地
Beijing Research Base of Industrial Security and Development

北京交通大学哲学社会科学研究基地系列丛书

中国高新技术产业的金融支持体系研究
—— 基于国家创新驱动发展战略的视角

RESEARCH ON THE FINANCIAL SUPPORT SYSTEM OF
CHINA'S HIGH-TECH INDUSTRY:
From the Perspective of Strategy of Innovation-driven Development

韩丽娜　李孟刚◎著

社会科学文献出版社
SOCIAL SCIENCES ACADEMIC PRESS (CHINA)

摘　要

2016年5月，国务院颁布了《国家创新驱动发展战略纲要》，明确了创新驱动成为我国经济发展的首要动力。作为创新驱动发展战略的核心要素，科技创新不但是转变经济增长方式的重要途径，同时也是提高社会生产率和我国综合国力的重要支撑。高新技术产业作为国家创新驱动战略的主体，在我国经济新常态的背景下扮演着重要角色。科技兴则国家兴，实体产业强则国家盛，高新技术产业发展则社会可持续发展。作为科技创新的主体，高新技术产业的创新投入决定着国家的创新水平和创新进程。

与我国高新技术产业迅速发展的良好势头形成巨大反差的是，高新技术产业面临的金融生态环境不容乐观。我国拥有丰富的金融资源，随着国家的金融体制改革、IPO注册制改革和互联网金融的相继启动，金融对高新技术产业的支持力度不断加大。然而，高新技术产业由于地域的差异和结构的不同，所面临金融环境以及所能获得的金融支持呈现由东部发达地区向西部地区阶梯式递减的特点。部分地区金融支持的不到位以及融资体系的不健全，已经大大制约了我国高新技术产业的发展。发挥金融体系的支持作用，推动国家创新驱动发展战略下高新技术产业的发展，不仅要把握高新技术产业及其融资约束的成因，还必须厘清其解决路径。基于此，本研究试图站在兼顾历史与现实的全新视角上，在阐述国内外金融体系对高新技术产业支持经验的基础上，对国家创新驱动发展战略下高新技术产业的发展现状及金融支持能力进行客观评价，探寻高新技术产业发展及其融资约束的规律性，探讨金融支持与高新技术产业发展的互动机理，以便为政策的制定提供微观基础，从而使政府政策的制定更为有效。

本书以国家创新驱动发展战略下我国高新技术产业的金融支持问题为

研究背景，在阐述高新技术产业及其特征与融资约束关联基本理论的基础上，梳理了高新技术产业相关研究文献，分析了金融体系对我国高新技术产业发展的支持现状和问题，进而提出了相应的对策建议。包括以下部分。

第一章绪论，主要概述本书的选题背景和研究意义，同时对本书的研究框架、主要内容、研究方法和创新之处进行了阐述。

第二章阐述国家创新驱动发展战略下高新技术产业的研究背景。包括国际背景和国内背景。国家创新驱动发展战略的提出是在一系列国际背景下产生的，包括全球经济呈现"分化发展，逆周期波动性"，全球经济发展的模式转换，全球产业转移的格局调整，"逆全球化"挑战日益加大，贸易保护主义日益升级，贸易保护主义2.0问世，全球经济中心的转变，地缘政治影响日益加深，并对世界格局产生重要作用等一系列的国际背景；国内背景包括我国"一带一路"倡议的实施、我国经济发展方式的转变、产业升级战略的转变、要素供给结构的转变、国内外市场环境的转变。

第三章探讨了高新技术产业及其特征与融资约束关联。主要阐述了全球视角下中国国家创新驱动发展战略与高新技术产业的关系，高新技术产业及其特征，厘清一些相关范畴及其关系，如高新技术企业和一般高新技术产业、民营科技企业和国有科技企业等。高新技术产业知识密集性、高投入性、高风险性和高收益性的特点决定了其与其他传统产业的不同，也形成了其融资约束。

第四章主要梳理国内外科技进步与经济发展、高新技术产业发展融资约束理论。

第五章阐述了金融体系对高新技术产业发展的支持。主要针对科技企业发展的不同阶段，探讨金融体系对科技企业支持的形成机制。种子期的企业，金融需求不大但风险高；初创期的科技企业资金需求大，易遇融资瓶颈制约；成长期的科技企业资金需求增大，易获间接融资；成熟期的科技企业融资风险低，易获资金支持。由此可见，处于种子期和初创期的企业较难获得资金支持。

第六章对发达国家和地区高新技术产业的金融支持进行探讨。本部分分析了美国、英国、日本、德国与中国台湾地区的金融体系对科技企业支持的不同特点。美国的特点是多层次的资本市场体系、政府对科技的研究开发投入、技术服务和政策性导向、风险投资体系发展较为成熟；英国有多层次的资本市场，同时注重引入财政创新服务活动及推广金融担保计划来助推高新技术产业的发展；日本的银行中介注重对高新技术产业的资本支持，资本市场发达及风险投资迅速发展；德国高新技术产业的直接融资体系十分发达，形成了以"职工参与决定"为特征的企业治理结构比较完善的中小高新技术产业金融体系，银行的混业模式使高新技术产业的融资得到了全方位服务；中国台湾地区具有完备的政策性金融体系，同时优惠的财政金融政策、成熟的创业投资机制、发达的资本市场、全面的服务体系也为高新技术产业的发展提供了资金支持。

第七章介绍了我国科技创新的发展变迁并对其进行了国际比较。

第八章主要探讨了我国高新技术产业发展及我国高新技术产业的金融支持体系发展现状。其中，涉及政府的直接投入、直接/间接融资体系对高新技术产业的支持、风险投资、科技保险、互联网金融的发展现状等。

第九章分析了部分省份的高新技术产业发展及金融支持情况。可以看出，我国高新技术产业在近年来发展迅速，但是区域发展极不平衡，东部地区、中部地区及西部地区、东北地区的差异较大；并由此选取上海市、北京市、广东省、浙江省、四川省为样本，分析这些省份高新技术产业发展迅速的原因，总结其经验供全国其他地区借鉴。

第十章是政策建议部分，在分析我国高新技术产业发展的优势条件和影响因素的基础上，指出现阶段政府应加大对高新技术产业的金融支持力度，金融机构应拓宽服务领域，为高新技术产业的发展提供融资支持，完善多层次的资本市场，完善高新技术产业的信用担保机制，构建社会服务体系，规范金融科技发展，助力高新技术产业和科技创业板发展，实现资本市场对科技创新的支持。

在国家创新驱动发展战略下，构建多渠道、多层次的高效有序的金融支持体系，是我国推进高新技术产业健康、快速发展，进而实现我国经济可持续发展并提升国际竞争力的重要措施。因此，应当构建包括政府、社会、金融机构等在内的多层次的高新技术产业金融支持体系，力图解决我国高新技术产业融资难的问题。

目 录

第一章 绪论 …………………………………………………………… 1
 第一节 研究的理论意义与现实意义 ………………………………… 1
 第二节 研究内容及研究架构 ………………………………………… 3
 第三节 研究的技术路线及研究方法 ………………………………… 6

第二章 国家创新驱动发展战略下高新技术产业的研究背景 ………… 8
 第一节 国际背景 ……………………………………………………… 8
 第二节 国内背景 ……………………………………………………… 16

第三章 国家创新驱动发展战略下高新技术产业与融资约束关联 …… 24
 第一节 全球视角下的中国国家创新驱动发展战略 ………………… 24
 第二节 国家创新驱动发展战略与高新技术产业的关系 …………… 33
 第三节 高新技术产业及其相关范畴的界定 ………………………… 34
 第四节 高新技术产业的界定标准 …………………………………… 41
 第五节 高新技术产业的特点与其融资约束 ………………………… 44

第四章 高新技术产业发展及其融资约束的理论述评 ………………… 47
 第一节 科技进步与经济发展理论述评 ……………………………… 47
 第二节 高新技术产业发展融资约束理论述评 ……………………… 51

第五章　金融体系对高新技术产业发展的支持：形成机制分析 …………… 55
第一节　传统企业主要融资渠道分析 ……………………………………… 55
第二节　金融体系对高新技术产业的支持：形成机制分析 ……………… 58
第三节　高新技术产业融资难的内外机理分析 …………………………… 64

第六章　高新技术产业发展的金融支持：发达国家和地区的考察 ………………………………………………………… 68
第一节　美国高新技术产业的金融支持体系 ……………………………… 68
第二节　英国金融支持高新技术产业的经验借鉴 ………………………… 73
第三节　日本高新技术产业的金融支持体系 ……………………………… 74
第四节　德国高新技术产业的金融支持体系 ……………………………… 80
第五节　中国台湾地区高新技术产业的金融支持体系 …………………… 83
第六节　启示与借鉴 ………………………………………………………… 87

第七章　我国科技发展变迁及现阶段国际比较 ……………………………… 89
第一节　1949 年以来我国科技发展成就 …………………………………… 89
第二节　我国科技创新的国际比较 ………………………………………… 98

第八章　我国高新技术产业的现状及金融支持体系 ……………………… 112
第一节　我国高新技术产业发展的现状 ………………………………… 112
第二节　我国高新技术产业的金融支持体系 …………………………… 125

第九章　高新技术产业发展及金融支持分析 ……………………………… 137
第一节　各省份高新技术产业基本情况的比较 ………………………… 137
第二节　我国各省份高新技术产业金融支持现状分析 ………………… 149
第三节　我国部分省份高新技术产业金融市场的经验 ………………… 151
第四节　西部地区的实践与经验
　　　　　——以四川省为例 ………………………………………… 168

第十章　发挥金融推动力，推动我国高新技术产业的快速发展……… 175
　　第一节　我国高新技术产业发展的优势条件………………………… 175
　　第二节　我国高新技术产业发展的影响因素分析…………………… 177
　　第三节　我国高新技术产业金融支持缺失的原因分析……………… 181
　　第四节　我国高新技术产业的政策组合……………………………… 183

参考文献………………………………………………………………… 192

第一章 绪论

21世纪是一个创新引领的时代。2016年5月，中共中央、国务院印发了《国家创新驱动发展战略纲要》，明确了创新成为引领发展的第一动力。这标志着我国已经从要素驱动、投资驱动向创新驱动转变。"面向未来，改革、创新、开放正在成为推动中国经济增长的新三驾马车。"创新也将成为推动中国经济增长的新引擎。科技创新不但是转变经济增长方式的重要途径，而且是提高我国社会生产力和综合国力的战略支撑。高新技术产业作为国家创新驱动发展战略的主体，在我国经济新常态背景下具有非常重要的作用。科技兴则国家兴，实体产业强则国家强，高新技术产业可持续发展则社会可持续发展。科技发展是国家发展的重要基础，高新技术产业是我国国民经济的重要环节。国内外高新技术产业的大量实践表明，高新技术产业不仅是各国增强自主创新能力和建立国家创新体系的重要主体，还成为国家推动产业升级、优化经济结构、提高综合竞争力的重要力量。

第一节 研究的理论意义与现实意义

在国家创新驱动发展战略下，高新技术产业是新技术的使用者，同时也是新技术的投资者、研发者。作为科技创新的主体，高新技术产业的创新投入决定了国家的创新水平和创新进程。我国高新技术产业取得了飞速发展。截至2016年底，我国高新技术企业共有10.4万家，科技从业人员有8327万人。在高新技术产业规模快速扩大的同时，高新技术产业效益增长迅速。2016年，全国高新技术企业主营业务收入达到15万亿元，比2015

年增长9.9%。高新技术企业主营业务收入占全国制造业的比重为14.7%。同时，随着我国自主创新能力的增强，内资高新技术企业的产值所占比重继续稳步上升，到2016年底，已经达到54.9%，比2015年提高了4个百分点，与此同时，三资企业所占比重持续下降，为45.1%。与此同时，我国的高新技术产业研发经费持续增长。2016年，大中型高新技术企业研发经费达到2437.6亿元，占研究与试验发展（R&D）经费的30.6%，研发经费投入强度达到1.89%。高新技术产业研究开发实力不断增强，并逐渐成为推动我国经济发展和技术进步的重要力量。

然而，与我国高新技术产业迅速发展的良好势头形成巨大反差的是，高新技术产业面临的金融生态环境不容乐观。众所周知，高新技术企业的资金来源一般可分为内源融资和外源融资，内源融资主要指企业的自有资金和在生产经营过程中的资金积累，外源融资即企业的外部资金来源，目前主要由银行信贷资金、企业债券和股票构成。在高新技术企业发展初期，专利、技术等无形资产比重较高，可供抵押的有形资产少，企业的经营风险大，不符合商业银行贷款的稳健性要求，难以获得银行贷款；而且这些企业生产规模较小，发展的风险较大，达不到债券融资和股票融资的要求，因而也无法获得资本市场的青睐。同时，国家高新技术产业技术创新基金和各种风险投资公司对投资对象的要求较高，扶持面较窄，难以支持众多的高新技术企业成长壮大。因而我国高新技术企业尤其是中小型高新技术企业融资面临诸多困难，这严重制约了高新技术产业的发展。研究如何解决新形势下高新技术产业融资难的问题显得尤为重要。

我国拥有充足的金融资源，随着国家金融体制改革、IPO注册制改革和互联网金融改革的相继启动，金融对高新技术产业的支持力度不断增强。然而，金融生态环境欠佳，高新技术产业风险高、融资渠道单一、融资量严重不足，导致高新技术产业融资约束依然十分严重。高新技术产业由于地域的差异和结构的不同，所能获得的金融支持呈现由东部地区向西部地区阶梯式递减的特征。从行业上来看，传统行业（如农业）的科技投入大大高于新兴产业。部分地区金融支持的不到位以及融资体系的不健全，大大制约了我国高新技术产业的发展。因此，从金融视角研究我国高新技术产业融资约束的成因，正确认识不同地区、不同类型和不同阶段的高新技术产业对融资的不同需求，掌握其变化的规律性，构建和完善高新技术产业金融支持体系，不但有利于高新技术产业的快速、健康发展，而且对经济新常态下，推动国家创新驱动发展战略，加快形成以创新为主要引领和支撑的经济体系和发展模式起着重要作用。

发挥金融的作用，推动国家创新驱动发展战略下高新技术产业的发展，不仅要分析高新技术产业融资约束的成因，还必须探究它的解决路径。基于此，本书试图站在兼顾历史与现实的全新视角上，在阐述国内外金融对高新技术产业支持经验的基础上，对国家创新驱动发展战略下高新技术产业的发展现状及其金融支持能力进行客观评价，探寻高新技术产业发展及其融资约束的规律性，探讨金融支持与高新技术产业发展的互动机制，以便为政策的制定提供微观基础，从而使政府政策的制定更为有效。

第二节　研究内容及研究架构

一　本书的研究内容

本书主要探讨在国家创新驱动发展战略下我国高新技术产业的金融支持体系的构建和设计。本书在阐述我国国家创新驱动发展战略下高新技术产业的特征与融资约束关联基本理论的基础上，梳理了相关研究文献，分析了支持科技企业发展的金融体系的形成机制。本书在充分借鉴国内外先进经验的基础上，分析了我国高新技术产业发展的优势条件、发展水平，在此基础上，提出了我国高新技术产业的最佳结构设计，基于此，提出了发挥金融推动力，加快高新技术产业发展的建议。

（1）绪论。本部分主要介绍本书的选题背景和研究意义。在国家由要素驱动、投资驱动转为创新驱动的背景下，我国高新技术产业所面临的金融支持具有新的特征，而我国地区金融支持的不均衡以及融资体系的不健全，大大制约了高新技术产业的发展。因此，研究我国高新技术产业融资约束的成因，掌握其变化的规律具有十分重要的意义。基于此，介绍了本书的研究框架、主要内容、研究方法和创新之处。

（2）国家创新驱动发展战略下高新技术产业的研究背景。本部分介绍了国家创新驱动发展战略的国际背景和国内背景。在国际上表现为全球经济呈现"分化发展，逆周期波动性"、全球经济发展的模式转换、全球产业转移的格局调整、"逆全球化"挑战日益加大、贸易保护主义日益升级、全球经济中心的转变。在国内表现为我国经济由高速增长转为中高速增长，经济发展更加注重质量。

（3）国家创新驱动发展战略下高新技术产业与融资约束关联。阐述了全球视角下的中国国家创新驱动发展战略与高新技术产业的关系。本章涉及一些相关范畴及其关系的厘清，包括高新技术企业和一般高新技术企业、民营科技企业和国有科技企业、中小型科技企业和大型科技企业。高新技术产业知识密集性、高投入性、高风险性和高收益性的特点决定了其与其他传统产业的不同，也导致了其融资约束。

（4）高新技术产业发展及其融资约束的理论述评。本部分主要包括国内外科技进步与经济发展理论述评、高新技术产业发展融资约束理论述评。

（5）金融体系对高新技术产业发展的支持：形成机制分析。本部分主要在分析传统企业主要融资渠道的基础上，针对高新技术企业发展的不同阶段，探讨了金融体系对高新技术企业的支撑。种子期的高新技术企业，金融需求不大但风险高。初创期的高新技术企业资金需求大，易遇融资瓶颈。成长期的高新技术企业资金需求增大，易获间接融资。成熟期的高新技术企业融资风险低，易获资金支持。

（6）高新技术产业发展的金融支持：发达国家和地区的考察。本部分探讨了美国、英国、日本、德国与我国台湾地区的金融对高新技术产业支持的不同特点，以为后续研究做准备。美国的特点是有多层次的资本市场体系，政府对科技的研究开发投入较大，政府为其提供技术服务和政策性导向，风险投资体系发展较为成熟；英国有多层次的资本市场，同时注重引入财政创新服务活动及推广金融担保计划来助推高新技术产业的发展；日本的特点是银行中介注重对高新技术产业的资本支持，资本市场发达，风险投资发展迅速；德国高新技术产业的直接融资体系十分发达，形成了以"职工参与决定"为特征的企业治理结构比较完善的高新技术产业金融体系，其银行的混业模式使高新技术产业的融资得到了全能服务；我国台湾地区具有完备的政策性金融体系，其优惠的财政金融政策、成熟的创业投资机制、发达的资本市场、全面的服务体系也为高新技术产业的发展提供了资金支持。

(7) 我国科技创新的发展变迁及现阶段国际比较。主要阐述了我国科技创新的发展历程及现阶段与国际其他国家的比较。从1958年至今，我国的科技发展可大体划分为四个阶段：初步发展阶段（1958~1977年）、重点发展阶段（1978~1988年）、快速发展阶段（1989~2011年）和科技创新发展阶段（2012年至今）。"中国制造"逐渐转变为"中国创造"。我国科技创新水平逐年提高，并逐渐成为推动高新技术产业发展的重要力量。

(8) 我国高新技术产业的现状及金融支持体系。本部分主要探讨我国高新技术产业发展的现状及我国高新技术产业的金融支持体系的现状。其中，金融支持体系现状包括政府的直接投入、风险投资、科技保险、互联网金融等的发展现状。

(9) 高新技术产业发展及金融支持分析。本部分分析了国内各省份高新技术产业及其金融支持的现状。从分析中可以看出，近年来我国高新技术产业发展迅速，但是区域发展极不平衡，东部地区、中部地区及西部地区、东北地区之间的差异较大。本书选取上海市、北京市、广东省、浙江省、四川省为样本，分析了这些省份高新技术产业发展迅速的原因，以此为经验供全国其他地区借鉴。

(10) 发挥金融推动力，推动我国高新技术产业的快速发展。本部分是政策建议部分。现阶段政府应加强对高新技术产业金融支持的扶持力度，金融机构应拓宽服务领域，为高新技术产业的发展提供融资支持。同时，应完善多层次的资本市场，完善高新技术产业的信用担保机制，构建社会服务体系，规范互联网金融发展，助力高新技术产业发展，发展科技创新板，实现资本市场与科技创新的融合。其中，科技创新板的建立对处于种子期和初创期的企业融资具有重要意义，也能够解决我国高新技术产业融资难问题。

二 本书的研究架构

本书在充分借鉴国内外先进经验的基础上，分析了我国高新技术产业发展的优势条件和水平。在此基础上，根据高新技术产业的发展目标，结合金融业的实际情况，提出了经济新常态下发挥金融推动力，加快我国高新技术产业发展的对策和建议。

本书共十一章，具体结构安排如图1-1所示。

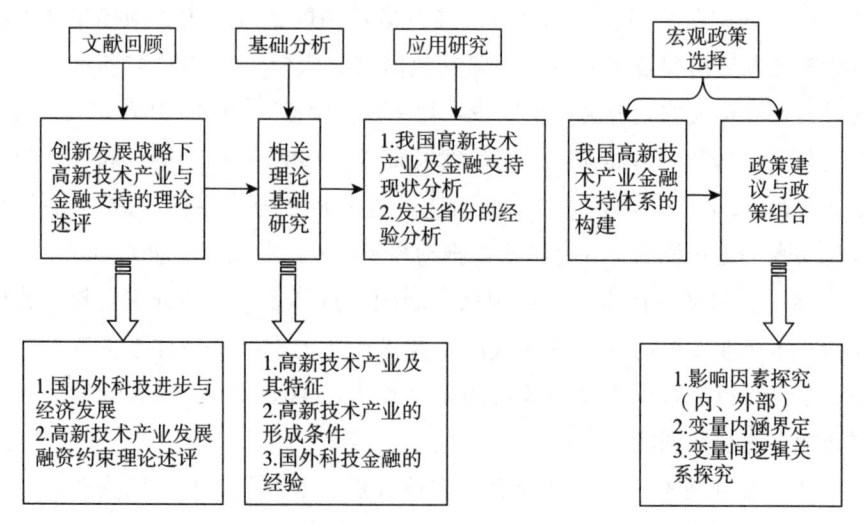

图1-1 本书的内容框架

第三节 研究的技术路线及研究方法

一 研究的技术路线

本书从两条路线展开研究：一是文献检索，二是实地考察。在此基础上撰写报告并提出政策性建议。本书研究的基本思路包括：查阅经济学、社会学、人类学中关于科技金融的文献和研究方法的文献；实地调查我国高新技术产业中企业的融资状况，采取企业走访、深度访谈的方法进行定性与定量调研分析，以揭示高新技术企业融资状况及融资难的成因；依据国家统计局统计指标，结合金融理论和科技金融行为调查结果，进行变量界定，构建中国科技金融的框架模型。根据此基本思路，本书研究采取了如下步骤的技术路线（见图1-2）。

二 研究方法

"工欲善其事，必先利其器"，要做好研究必须选取适当的研究方法。本书以金融学、金融市场学和金融风险学的基本理论为指导，以我国高新技术产业金融支持的实践为依据，采用了横向分析与纵向分析相结合、实

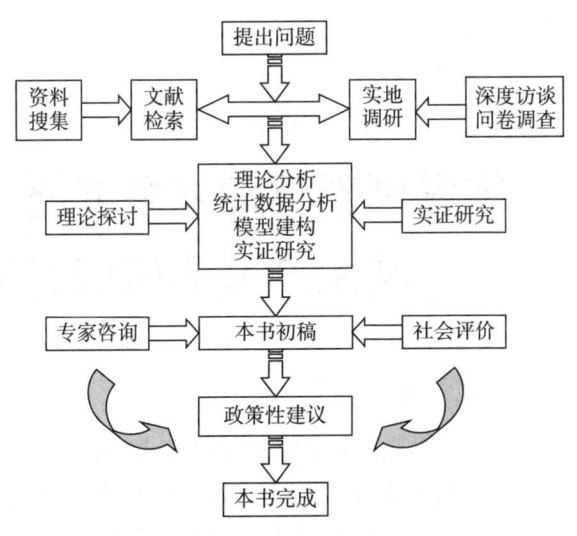

图 1－2　本书研究的技术路线

证分析与规范分析相结合、定性分析与定量分析相结合的研究方法。

（1）规范分析法。运用金融支持高新技术产业发展的理论，结合实证分析，总结金融和高新技术产业之间的内在联系，并据此提出相应的政策建议。

（2）比较分析法。该方法主要运用在金融支持高新技术产业发展的现状分析中，通过对我国历年相关数据进行纵向分析以及横向分析，使读者能更加清晰地了解高新技术产业发展的金融支持现状和存在的问题。

（3）实证分析法。该方法是经济学研究的主要方法，也是研究高新技术产业金融支持的基本分析方法。实证研究又可以分为理论研究和经验研究两个部分。构建的计量模型深入分析金融支持与高新技术产业的内在联系。

（4）回归分析法。在对金融支持高新技术产业发展进行实证分析时，先采用回归分析法，对所选取的金融及高新技术产业的衡量指标进行量化，再运用实证研究法。

在研究中，本书以实证分析法为主，对我国高新技术产业的金融支撑状况进行了全面、客观的回顾和分析，明确了我国高新技术产业的金融支撑存在的问题。在宏观上，把握我国高新技术产业金融支撑的一般规律；在微观上，具体分析某一金融对象的特殊性，不仅使研究具有较高的理论性和学术性，也使研究具有现实指导意义和决策参考意义。

第二章　国家创新驱动发展战略下高新技术产业的研究背景

2008年始于美国的国际金融危机，迄今已有10余年，其间世界经济遭受重创，同时经济全球化浪潮受到打击，世界经济秩序加速变革。现在，国际社会正经历新一轮大发展大调整。一方面，客观上各国经济政治联系日益密切，新一轮的全球治理体系变革正在加速形成。另一方面，经济全球化受到冲击，贸易保护主义2.0版、国际单边主义开始抬头，不确定性因素增多，地缘政治风险挑战加剧。上述形势形成了我国国家创新驱动发展战略的复杂的国际背景。

第一节　国际背景

当前，国际上发生了深刻变化，全球经济由20世纪的高速增长转为低水平波动，经济增长方式发生转变，产业格局不断调整。

一　全球经济呈现"分化发展，逆周期波动性"

中国国家创新驱动发展战略的提出，适逢国际金融危机10周年，国际形势正处在大变革大调整时期。一方面，科学技术不断发展，科技创新不断涌现，全球经济增长正在积蓄新的动能，各国之间互相依存的程度不断加深。另一方面，全球经济周期的阶段发展不均衡，美国经济已经从金融危机中走出，逐渐进入经济的上升通道，美联储亦进入了加息周期，使全球资本回归美国，对国际社会资本产生巨大的"虹吸效应"[①]。而以中国为

[①] "虹吸效应"又称虹吸现象，是物理学的概念，原意是由于液态分子之间存在引力与位能差能，液体会从压力较大的一边流向压力较小的一边。后被引申到经济学、社会学中。

代表的新兴经济体尚处于经济的修复期，经济由高速增长转为中高速增长，同时处于增长方式转变、经济结构调整的关键时期。全球经济开始进入以"分化发展，逆周期波动"为主要特征的运行阶段，由此产生的发达国家与新兴经济体之间发展不均衡的矛盾日益突出。

依据朱格拉周期推算，全球经济从1974年进入新的周期波动以来，世界会在2010年以后逐步走出衰退。然而，由于本次金融危机没有像朱格拉周期所描述的那样走出衰退①，因此要在经过各方经济力量博弈，形成新的世界格局以后，即世界经济格局调整充分，新模式和新格局形成以后，才可以再次产生可预期的、全球性的、可持续的世界经济增长，从而形成中长期稳定的世界经济周期（见图2–1）。

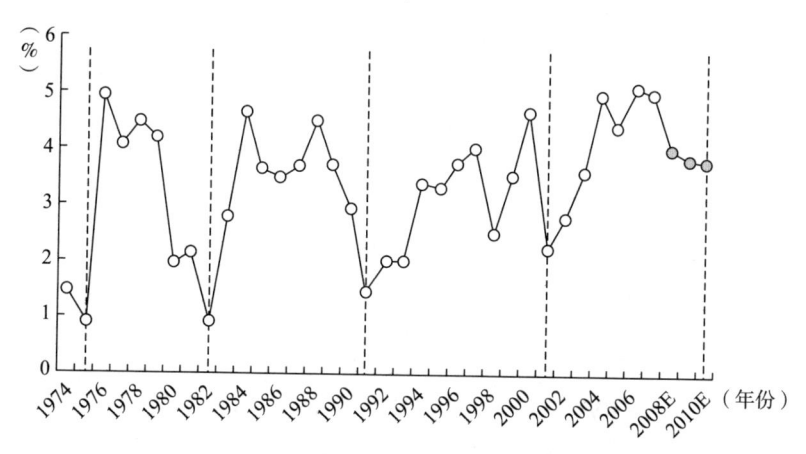

图2–1 经济波动的朱格拉周期（1974~2010年）

资料来源：上海申银万国研究所，http://www.cngold.org/hao/c440953.html。

然而，由于各国发生危机的时间及经济基础不同，因此经济恢复速度也不同。目前，以美国为代表的西方发达国家经济增长的内生动力较强，经济已经逐步进入上升通道。美联储连续加息和缩表，对国际资本回流美国产生了巨大的虹吸效应。欧洲经济步入全面复苏阶段，增速超出预期。日本经济复苏步履蹒跚，难有较大改进。另外，新兴市场国家和发展中国家经济继续回暖，虽然经济增速总体有所提升，但是受到美国加息和缩表

---

① "朱格拉周期"又称为"朱格拉"中周期，是法国医生、经济学家朱格拉（C. Juglar）于1962年在《论法国、英国和美国的商业危机以及发生周期》中提出的。该理论认为市场经济存在9~10年的周期波动。

的影响，经济增长面临资本回流美国的巨大压力，新兴经济体在加息和发展经济的选择中陷于两难。俄罗斯由于受到西方国家的制裁，经济出现严重衰退，但是现在出现了向增长转变的拐点，继续企稳向好，进入低速增长通道。中国经济进入新常态，经济增长速度趋缓，成为世界经济增长的动力之源、稳定之锚（见图2-2）。这种以美国为首的发达国家与新兴经济体之间的发展的逆周期波动，使得国际经济不同步。在经济上，表现为美国实行紧缩的货币政策和财政政策，而新兴经济体需要宽松的货币政策和财政政策。其中，西方发达国家和经济发展中国家都将面临经济发展方式的转型及世界角色的再次定位。在国际新秩序内部的次级经济体应顺应这一潮流，并支持其在世界新格局中的地位。[①]

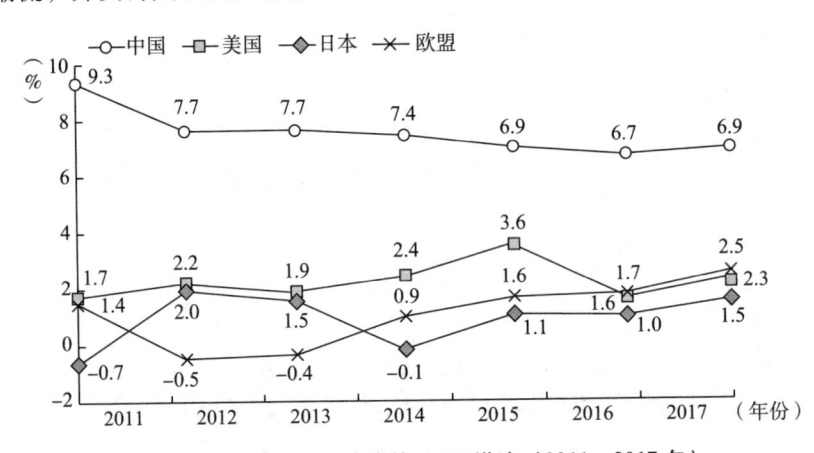

图2-2 全球主要经济体的GDP增速（2011~2017年）

资料来源：中冶赛迪智库，https://wallstreetcn.com/articles/3273598。

二 全球经济发展的模式转换

20世纪的大稳定时期，国际经济发展模式可以归结为"生产与消费的循环"，世界经济在"东方生产、西方消费"的模式下运行。以金砖四国为代表的新兴经济体以"生产性投资+资源开发"的模式运行，形成生产板块；以欧盟、美国为代表的经济发达国家则以金融运筹和消费性支出为主，形成全球的消费板块。金融危机发生以后，东西方之间"生产-消费"的大循环模式有所改变。金融危机后，随着美国的贸易保护主义和民族主义

---

① 刘大志：《后危机时代中国经济发展战略格局的多重转换》，《财经问题研究》2012年第8期。

开始抬头，特朗普的"制造业回归美国计划"使得原有的"生产与消费的循环"转变为"西方重视生产、东方注重消费"的新循环。在生产板块中，资源开放国与生产国之间形成"交互生产－资源"循环；在消费板块和生产板块，形成"消费国再造生产，生产国再造消费"的新循环系统。上述表明，国际经济发展方式将由金融危机发生前的西方过度消费、东方过度生产的格局转变为西方控制消费、优化生产的同时，东方提高生产、扩大消费的新的全球经济发展模式。

三 全球产业转移的格局调整

金融危机后，全球产业分布的格局会有较大调整，这种调整态势与各个经济体在未来世界经济格局的定位相关。这种产业的格局调整会影响各国在未来一段时期内的世界经济地位。

在转移的层次方面：西方国家将开始新一轮的产业升级，原有的高梯度产业和原有价值链中的高价值产业将转移至新的产业升级中，以此为依托，第一层次的产业转移亦表现出明显的高附加值、新兴化、高服务性和高技术化的特征。

在转移的领域方面：原有的和新兴的服务业将成为跨国直接投资的新热点，将超过原有的制造业，成为国际产业转移的新兴领域；同时，在制造业领域里，高端装备制造业开始超越传统的消费品制造业，成为新的制造业国际转移热点。另外，以科技、绿色产业为依托，以健康产业、民生产业为基础，以信息技术、生物工程、新兴能源、新兴材料等战略性新兴产业为支撑，一些横跨或超越第一、二、三产业的新兴产业将会出现，进入新的产业转移。产业转移将遵循劳动密集－资本密集－技术密集－知识密集－服务密集的轨迹运转（见图2-3）。

在转移的方式方面：产业链整体转移有望成为主流。出于规模效应与对产业协同的考虑，产业移出地区日益倾向于从单环、多环转移向整链乃至多链转移过渡，包括产业链内部的上下游供应，以及产业链之间的关联配套产业（包括生产性配套产业与服务性配套产业）等在内的本地化、集群化转移趋势渐成。在此形势下，全球产业转移的空间"核聚变"效应非常显著，节点区域将因产业资源的集群化移入而"爆发"，而不处于产业转移"核聚变"节点的区域，或者说不能进入产业链转移空间轨道的区域，则将长期陷于发展"真空"。

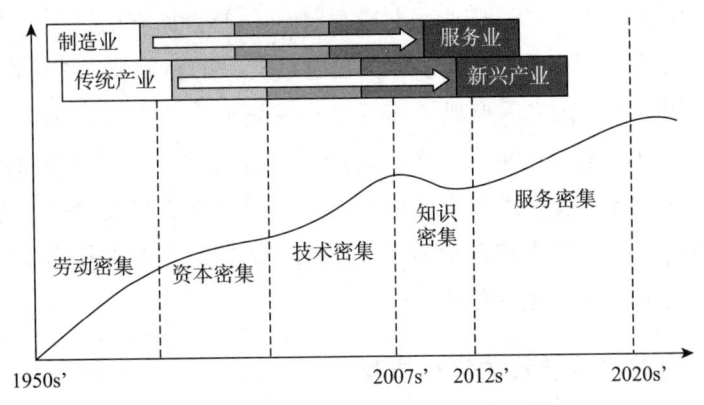

图 2-3 全球产业转移层次、领域的趋势

四 "逆全球化"挑战日益加大

经济全球化是生产力发展的必然要求，也是科学技术进步的必然结果。经济全球化促进了全球商品和资本的自由流动，推动了科技和文明的发展，为国际经济增长提供了强劲动力。经济全球化开始于 15 世纪末期，以地理大发现为主要标志，以第一、第二次工业革命为主要推动力。经济全球化发展至今，世界经济体系时而融为一体（如威斯特伐利亚体系、20 世纪 90 年代后的全球经济一体化），时而分割破裂（如"一战"、"二战"和"冷战"），正是全球化和逆全球化两种力量持续博弈的结果。迄今为止，经济全球化经历了四个阶段（见表 2-1）。

表 2-1 经济全球化进程的发展阶段

	全球化 1.0	全球化 2.0	全球化 3.0	全球化 4.0
时间	15 世纪末期	20 世纪中期	20 世纪 80 年代	2008 年
标志	哥伦布发现新大陆	1945 年第二次世界大战结束	新技术革命兴起	金融危机爆发
核心国家	英国	美国、苏联	美国	美国、中国
产生原因	第一、第二次工业革命	第三次工业革命	第四、五次工业革命	生物、能源革命及人工智能革命
主要特点	欧洲成为世界中心	冷战开始，全球化分为两大阵营	美国成为世界的中心	"一带一路"助力中国制造走向世界
	资本主义殖民化	区域经济发展	经济全面一体化	新兴经济体崛起

续表

	全球化1.0	全球化2.0	全球化3.0	全球化4.0
主要特点	国际贸易市场建立	国际性的跨国公司兴起	东西方价值链分工形成	全球化和逆全球化并存
结束时间	第一、第二次世界大战	布雷顿森林货币体系崩溃	2008年金融危机	尚在继续

资料来源：长江证券研究所。

纵观经济全球化500多年历史，全球化和逆全球化这两种力量相互博弈，尤其是20世纪80年代以来，逆全球化思潮再次逐渐兴起，其中以英国脱欧、特朗普的"美国优先战略"[①]为代表。逆全球化在发达国家持续升温是国际社会政治、经济等多重力量共同作用的结果。国际社会收入差距及财富分配格局趋于恶化，全球化红利分配不平衡，使原有的全球化分工模式面临崩溃；另外，各个国家内部的贫富差距逐渐扩大，社会矛盾日益加深。同时，民族主义和环境问题及地域争端等非经济因素的放大也逐渐加深了逆全球化的矛盾。

逆全球化最初出现在西方发达国家的民间，而最新一轮逆全球化具有明显的政治力量主导的特点。2016年的英国脱欧使欧盟的一体化进程受挫，2017年12月特朗普签署发布《国家安全战略》，意大利修宪公投失败，法国右翼政党崛起，以及巴西的"热带特朗普"雅伊尔·博索纳罗的当选无不说明在经济增长低水平波动的背景下，民粹主义、保护主义与孤立主义相互交织，逆全球化挑战日益增加，发展中国家的外部环境复杂严峻。其中，主张"美国优先"的特朗普，在其任期的前期致力于退出各种国际组织，如2017年1月23日退出跨太平洋伙伴关系协定、2017年6月1日退出巴黎气候变化协定、2017年10月12日退出联合国教科文组织、2017年12月2日退出全球移民协议、2018年5月8日退出伊朗核协议、2018年6月19日退出联合国人权理事会、2018年10月3日退出维也纳外交关系公约、2018年10月17日退出万国邮政联盟、2018年10月20日称将在数周内退

---

① 2017年12月18日，特朗普发表了新的《国家安全战略》，该战略在对贸易、移民、气候、税收等领域均实施有利于美国的战略，其中促进美国繁荣、保护国土安全、提升美国影响力及以实力维持和平，被列为"四大战略支柱"。美国优先战略为美国今后一段时期国家防务战略和军事战略奠定了基础。

出"中导条约"（见表2-2）。此外，美国还即将退出美韩自由贸易协定、北美自由贸易区及世界贸易组织。除美国外，其他发达国家也更倾向于以零和游戏的态度来对待新一轮的全球经济竞争。由此带来的自由贸易壁垒会逐步增加。

表2-2 近年来美国退出的国际组织

退出时间	国际组织名称
2017年1月23日	跨太平洋伙伴关系协定
2017年6月1日	巴黎气候变化协定
2017年10月12日	联合国教科文组织
2017年12月2日	全球移民协议
2018年5月8日	伊朗核协议
2018年6月19日	联合国人权理事会
2018年10月3日	维也纳外交关系公约
2018年10月17日	万国邮政联盟
2018年10月20日	称将在数周内退出"中导条约"

为进一步推进经济全球化进程，我国政府做了大量的前期准备。中国"一带一路"倡议正在推进，人民币作为国际储备货币，对人民币的国际化进程具有重要象征意义，有助于增强国际市场对人民币的信心，扩大人民币在世界的使用范围。同时，加入SDR有助于推动中国金融体系改革，加速中国金融业改革进程，并为我国经济新常态时期的稳定发展及供给侧改革、"一带一路"倡议的实施奠定坚实的基础。

五 贸易保护主义日益升级，贸易保护主义2.0问世

发达国家的贸易保护主义日益升级，带来了贸易保护主义2.0的问世。发达国家的贸易保护主义2.0版本，是指发达国家的贸易壁垒不只局限于传统的工业制造业和农业，还会进一步扩大到高新技术产业、数字经济和创新型产业。发达国家这种新的贸易壁垒意味着贸易保护主义从有形的产品扩展到无形的专利、技术，采取的手段也非进口关税和配额制，而是国家救助、财政补贴、政府采购等（见表2-3）。

表 2-3　近年来部分国家、地区和国际性组织的贸易保护主义措施

国家、地区、国际性组织	采取的措施
美国	对进口自印度的不锈钢法兰征收反倾销及反补贴税
欧盟	对来自中国的某些铁、非合金或者其他合金钢材的热轧平板产品进行反补贴调查
英国	对潜在的塔塔钢铁英国买家进行资金支持
越南	对来自中国、中国香港、韩国的镀锌钢板进行反倾销调查
欧盟	对来自巴西、伊朗、俄罗斯等国的某些热轧扁平材产品发起反倾销调查
美国俄亥俄州	要求国家资助的项目优先购买美国产品
南部非洲关税联盟	将某些钢筋、钢条以及钢的锻造品的进口关税从 0 增加到 10%
美国	对具有有限免税待遇的旅游商品以及 GSP 的其他变化进行指定
海湾阿拉伯国家合作委员会	对进口的铁或者非合金钢扁轧产品进行保障措施调查
巴西	将某些资本产品的进口关税暂时减少到 2%
印度	对来自中国的某些合金及非合金的钢盘条进行反倾销调查
印度	对来自中国和欧盟的彩涂合金及非合金钢平板产品进行反倾销调查

资料来源：天风证券研究中心。

金融危机爆发后，西方发达国家的贸易保护政策不断增加。2017 年 7 月英国经济政策研究中心公布的一份调查报告显示，从 2016 年到 2017 年，20 国集团的 19 个成员共计推出了 6616 项贸易保护和投资限制的政策。其中，美国推出的政策数量居全球首位，达到了 1191 项，比排名第二的印度多 462 项。以中国为代表的新兴经济体深受其害。

六　地缘政治影响日益加深，对世界格局产生重要影响

在国际政治格局中，经济与政治的联动效应长期存在。中东、南美等个别地区政治局势仍不稳定，一些热点地区的局势仍没有缓和的迹象。南美、中东等地区难民的日益增长，不仅给未来国际政治局势带来不确定因素，还会给相关经济体的经济复苏造成障碍，甚至会制约未来国家间的相互合作。

近年来，随着地缘政治风险的日益加剧，地缘政治逐渐成为国际政治的潜在威胁。南海争端再起，西方国家与俄罗斯关系恶化导致对俄罗斯的制裁不断加剧，ISIS 对全球地缘政治造成威胁，委内瑞拉、巴西、土耳其、

沙特等国家的政治动荡导致经济衰退等，都成为未来地缘政治的不确定因素。地缘政治的不确定性将为经济全球化进程中一些跨国公司的国际投资带来风险。首先，东道国政权的更替及政权局势的不稳定会使跨国公司之前的项目或者协议废除，从而使跨国公司遭受较大的损失；其次，战争及恐怖主义会使海外工作人员的人身安全受到威胁；再次，全球民族主义日益严重，会引发种族歧视乃至骚乱，如美国及其他国家的排华法案、反华行为；最后，一些地区潜在的国有化政策为国际投资带来诸多不可控风险。因此，在地缘政治愈演愈烈的背景下，我国的"走出去"战略、"一带一路"倡议实施起来更为艰难。

第二节　国内背景

中国国家创新驱动发展战略的提出，适逢国内经济由高速增长转为中高速增长，经济增长方式由传统的要素驱动、投资驱动向创新驱动转变的关键时期，传统的增长方式已经难以发挥作用，新的增长方式正在形成，在此过程中，创新是引领发展的第一动力。同时，供给侧改革正在稳步推进，由中国政府倡导的"一带一路"惠及沿线诸多国家，推动了国际经济全球化发展。

一　"一带一路"的实施——全球发展格局的转变

在经济全球化、文化多样化、社会信息化、世界多极化的背景下，2013年秋，习近平总书记提出了"一带一路"倡议。"一带一路"倡议的实施对经济要素在全球范围内的有序流动、资源重新配置及国际市场深度分工与融合具有重要意义。

五年来，在共商、共享、共建理念的指导下，"一带一路"倡议取得了举世瞩目的成就。一方面，推动了"一带一路"沿线国家的政治互信。政治互信是经济互通的前提和条件。在实施"一带一路"倡议的五年中，中国的国际影响力日益增强。G20杭州峰会、"一带一路"国际合作高峰论坛、博鳌亚洲论坛、"APEC会议"、中国国际进口博览会等一系列国际会议的召开极大地提升了中国的国际形象。另一方面，"一带一路"倡议促进了中国外贸增长率和与"一带一路"国家贸易增长率的上升。中国海关数据显示，2013年至2017年，中国与"一带一路"国家的进出口总额为

69756.23亿美元，与"一带一路"国家贸易增长率从7.86%增加到13.45%，"一带一路"贸易成功带动了我国国际出口的增长（见图2-4）；同时，中国及"一带一路"国家的贸易额合计占全球的40%，GDP合计占全球的34%（见图2-5）。中国的"一带一路"倡议在本国资源得到有序流动的同时，带动沿线国家实现经济协调，并开展更深层次的区域合作，对"丝路经济带"国家共同建设开放、包容、普惠的经济合作框架具有重要意义①。

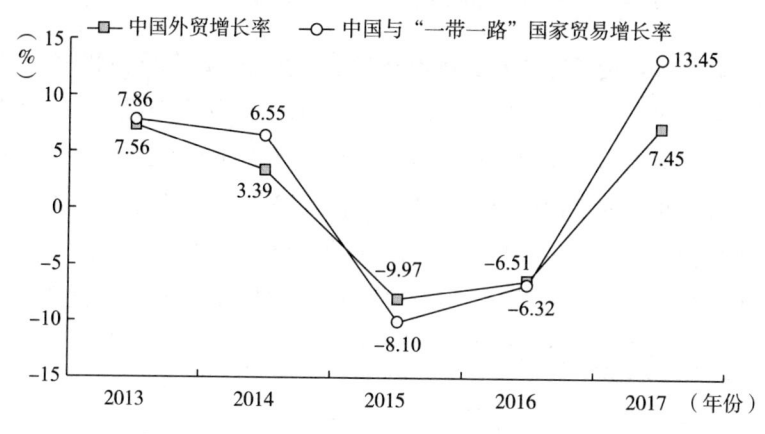

图2-4 "一带一路"五周年，互联互通成绩单

资料来源：国家信息中心"一带一路"大数据中心著《"一带一路"大数据报告（2018）》，商务印书馆，2018。

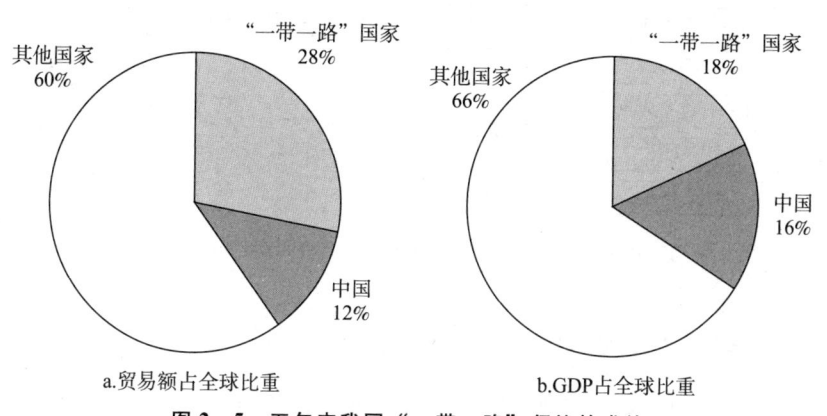

图2-5 五年来我国"一带一路"倡议的成就

资料来源：国家信息中心"一带一路"大数据中心著《"一带一路"大数据报告（2018）》商务印书馆，2018。。

---

① 资料来源：国家信息中心"一带一路"大数据中心著《"一带一路"大数据报告（2018）》，商务印书馆，2018。

"一带一路"倡议符合沿线各国的根本利益，同时也彰显了中国成为经济大国后向经济强国迈进的决心。该倡议的实施对树立中国在未来全球经济格局中的核心地位具有重要意义。从国内产业转移升级的战略调整方面来说，"一带一路"倡议有利于推动国内供给侧改革，有效化解过剩产能，同时为越来越多的民族企业走向世界奠定基础。

二 我国经济发展方式的转变

加快转变经济增长方式是我国经济发展的重点。改革开放以来，我国一直遵循粗放式发展的经济增长方式，即在政府主导的投资推动、外需拉动、工业驱动、普通人力资源投入驱动、高科技发展驱动的方式下进行，导致生态环境破坏严重、社会两极分化严重。转变经济增长方式就是要由原来的粗放式发展转变为消费推动、内需带动、工业和服务业双轮驱动、科技发展和生态文明建设同步，最终实现中国与世界包容性增长的格局（见图2-6）。

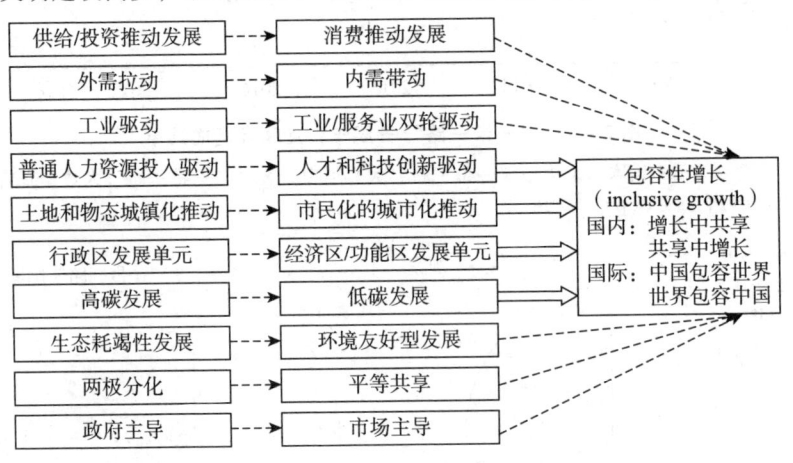

供给/投资推动发展	→	消费推动发展	
外需拉动	→	内需带动	
工业驱动	→	工业/服务业双轮驱动	
普通人力资源投入驱动	→	人才和科技创新驱动	包容性增长
土地和物态城镇化推动	→	市民化的城市化推动	（inclusive growth）
行政区发展单元	→	经济区/功能区发展单元	国内：增长中共享 共享中增长
高碳发展	→	低碳发展	国际：中国包容世界 世界包容中国
生态耗竭性发展	→	环境友好型发展	
两极分化	→	平等共享	
政府主导	→	市场主导	

图2-6 我国转变经济发展方式的内涵与方向

三 我国产业升级战略的转变

自20世纪90年代以来，我国主要是在全球价值链（GVC）主导下从事低端制造环节。该战略的实施容易造成低端锁定的局面，使得我国的产业一直处于低端的产品加工或者初级的产品生产状态，但是在当时促使我国进入了世界大产业格局。一方面，我国产业在收益分配和发展方向上容易受主导企业操控，当处于产业链下游的最终消费市场出现时，作为低端的代工企业就会受到冲击，因为代工企业无法向处于上游的国际大买家议价，所以只能受到猛烈的冲击。另一方面，切片式融入GVC弱化了区域间的一体化及地区之间产业联系的动力。我国的代工企业同国际主导企业在GVC纵向上进行分工，同国内其他产业的企业构成了横向分工。我国代工企业与国内其他产业的企业之间的竞争关系大于合作关系，从而导致地区之间的"重复建设""产业同构"甚至"恶性竞争"。[①]

GVC面临重构，这将成为我国产业升级的主旋律。我国的产业升级将遵循两个轨迹转变。一是遵循GVC下"工艺－产品－功能－链条"的一般轨迹，产业升级沿GVC向上方流动。但是这样会引发GVC发源国的战略控制，同时GVC高端环节会对全球高端市场产生依赖（见表2－4）。二是以本国固有制造能力为依托，打造一条根植于国内市场的国家价值链（NVC）。NVC的建立能够摆脱GVC高端环节的控制，但是会受制于国内消费水平及消费习惯、消费心理（见图2－7）。

表2－4 全球价值链（GVC）产业升级的一般轨迹

	工艺	产品	功能	链条
发展轨迹	委托组装、委托加工	自主设计加工（ODM）	自主品牌生产（OBM）	链条升级
非实体性程度	随着产业升级和附加价值不断提升，经济活动非实体性或者产业软化程度不断提高			

资料来源：何景师，戴航．基于产业链整合的东莞市制造业转型升级研究［J］．北方经贸，2015，（5）．

四 我国要素供给结构的转变

我国要素供给结构发生急剧变化，当前我国在人口、资源、资本和土地等供给侧方面与金融危机前均不同。

（1）人口供给的转变。2004年以来，我国人口红利供给开始逐步消失，2009年后，我国劳动力供给短缺的困境逐渐显现，预示着刘易斯拐点正在逼近。虽然刘易斯拐点区间指标的国际比较说明（见表2－5），我国还没有进入严格意义上的刘易斯拐点阶段，劳动力市场的供求关系尚未发生实质性改变，但一般认为，2015年是一个转折点。这就意味着我国的老龄人口将不断增多（见图2－8）。据统计，我国的劳动人口抚养老龄人口比例2010年为

---

① 李建军：《基于经济增长视角的加工贸易研究进展》，《经济纵横》2011年第11期。

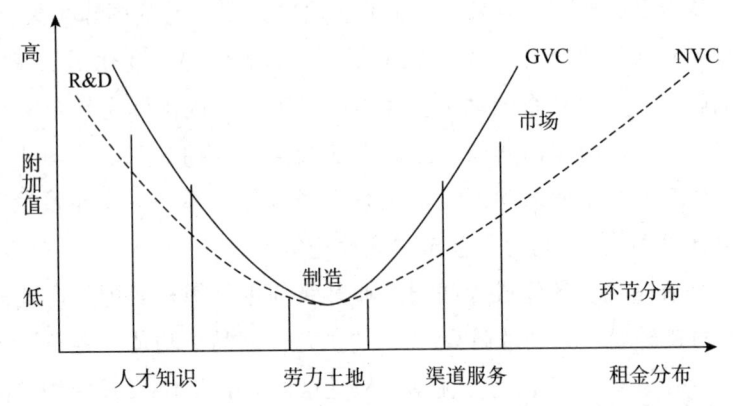

图 2-7 沿 GVC 流动与延伸打造 NVC：中国产业升级的价值链路径

39%，2017 年约为 40%。如此高的抚养比例，将给我国的经济增长带来负担，同时也将带来诸多社会问题。

表 2-5 刘易斯拐点区间指标的国际比较

	中国（2009 年）	日本（拐点区间指标）	韩国（拐点区间指标）
务农人口/就业人口	39.56%	30%~35%	30%~35%
第二产业占 GDP 比重	49%	最高 47%	最高 40%
城市化率	46.59%	70%	70%
家庭农场规模	20 亩	30~50 亩	30~50 亩
年龄抚养比	39%	56%	40%

资料来源：课题组整理。

可见，我国劳动力供给在近五年总量依然充足，但呈现三个方面的结构性短缺。一是年龄结构失衡。据研究，在一定的假设条件下，2006 至 2020 年间我国 15~24 岁的劳动人口持续下降，2006 年为 1.2 亿人，至 2020 年仅有 0.6 亿人左右；但 55~64 岁的劳动人口一直在增加，从 2006 年的 0.6 亿多人上升至 2020 年的超过 1 亿人。二是技能结构失衡。我国适龄劳动人口的技能结构与相关产业要求产生偏离，特别是新生代劳动力在思想观念和就业选择上与父辈劳动力有诸多不同，导致劳动力结构性供给失衡。三是人口空间供给不均衡。东部地区近年来频繁出现的劳动力紧缺问题，与当前我国的劳动力空间供给不均衡关系密切。改革开放以后，特别是 20 世纪 90 年代以来，我国农民工的空间转移主要是以跨区域的远距离位移为

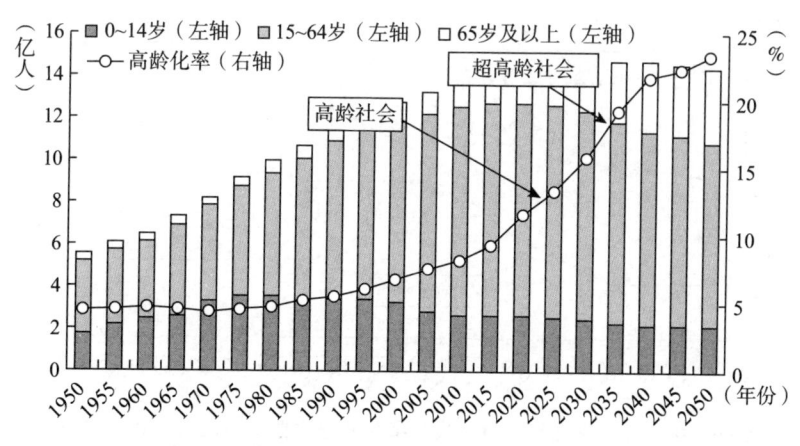

图 2-8　中国的急速高龄化趋势（1950~2050 年）

资料来源：根据 World Population Prospects：The 2008 Revision Population Database 整理。

主，这与我国率先在沿海地区发展外向型经济有直接的关系。当时沿海地区经济发展较快，较多的就业机会吸引了成千上万的农民工来到东部地区，随之而来的农民工低工资水平及"非市民待遇"等社会福利问题，使得这种跨区域转移注定会随着内地尤其是人口输出地区的经济增长而丧失竞争力。尤其是随着中西部地区经济的发展，输出地区用工需求上升，使得原来的农民工在家门口就可以找到合适的工作，而没有必要到东南沿海。同时，户籍制度的存在使得农民工只有在家乡才有存在感，从而引发了东部劳动力向内迁移的大潮。

（2）资源供给的转变。随着我国的经济发展，"资源诅咒"的陷阱日益凸显，原来依附于传统 PCC 模式的资源能源定价机制将随之改变，与此同时，相关产业和区域的发展空间也随之改变。

（3）资本供给的转变。随着美国加息周期的来临，美国及国际社会的流动宽松与紧缩之间的转换速度加快。资金将迅速向美国回流，中国等新兴经济体将面临重大考验。同时，我国 M2 的增长速度加快，也使得我国面临较大的通货膨胀压力。

（4）土地供给的转变。我国《全国土地利用总体规划纲要（2006~2020 年）》中明确提出 18 亿亩红线不能突破。然而，随着房地产对经济增长的不可替代作用日益明显，以及产业发展对土地供给的需求不断增加，土地供需矛盾将进一步突出，成为产业升级的瓶颈。

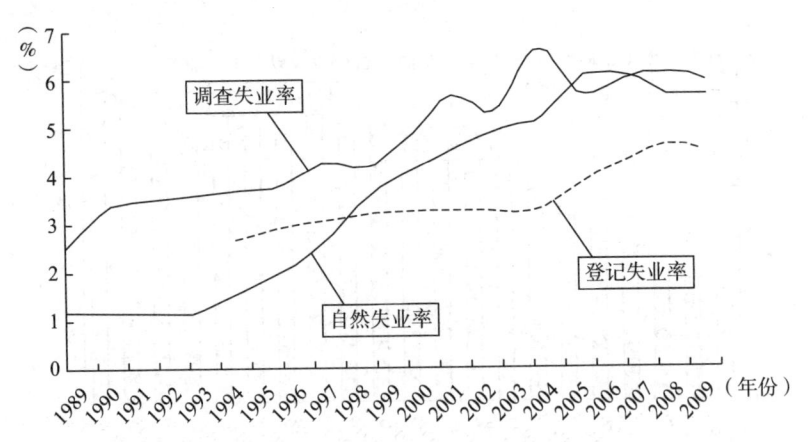

图2-9 中国调查失业率、自然失业率与登记失业率对比（1989~2009年）

资料来源：CMRC中国经济观察（总第22期）。

五 我国国内外市场环境的转变

我国经济进入新常态后，国家的市场环境发生了较大变化。国外市场方面，我国的出口已经由传统的低端制造业转变为低端制造业和高端制造业并重。服装加工、制鞋、家具生产等传统低端制造业出口持续下滑，电力设备、电信设备、医疗器械等高端装备制造业出口增长迅速，其中，新兴市场对中国机电类产品的需求成为我国"走出去"战略的关键。

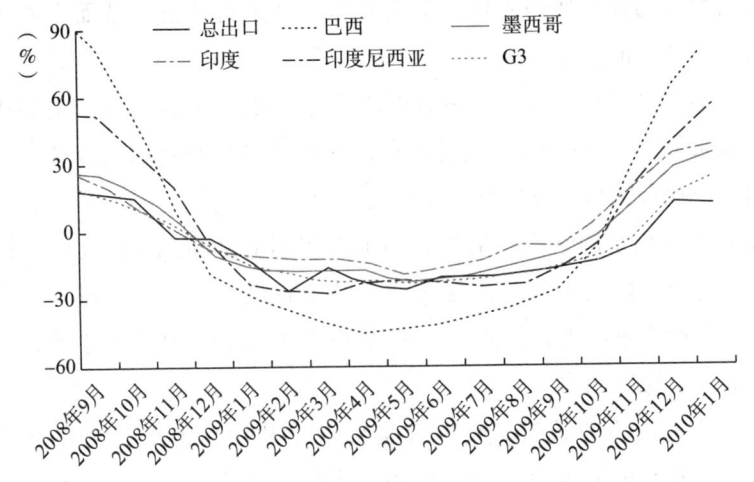

图2-10 中国向新兴市场出口的3月移动平均同比增长情况
（2008年9月至2010年1月）

资料来源：Bloomberg，CEIC，中金公司研究部。

国内市场亦发生较大变化，我国正处于由中等收入国家转向高收入国家时期。国内市场需求尤其是对高端产品的需求较大，但国内产品不能满足这一需求，出现了"供需错位"的局面。

同时，新兴的第二、第三增长梯队将会取代第一梯队，成为国内的重要消费区域（见图2-11）。我国面临新一轮的消费升级，在未来十年内，随着我国城镇化的推进，农村居民对家庭耐用消费品的需求会出现高峰，同时一些原来在城市务工的农民工对城市房地产的需求亦会随着供给侧改革的推进而扩大，城镇消费群体的消费也会进一步升级，转向对旅游、信息、文化等更高层面消费品的需求。

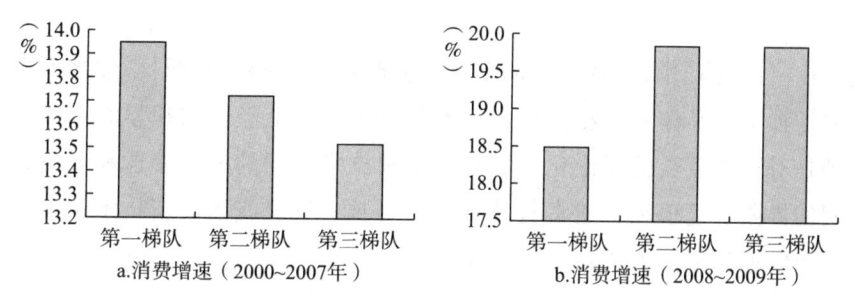

图2-11 中国市场结构中第一、二、三梯队消费增速情况（2000~2009年）

资料来源：《中国统计年鉴》，CEIC，中金公司研究部。

第三章 国家创新驱动发展战略下高新技术产业与融资约束关联

在《辞海》中,"技术"的定义是根据生产实践和自然科学原理而发展成的各种工艺操作方法和技能。技术是对生产活动经验的积累和总结,科学则是对这种经验的理论化,随着科学和技术之间的相互渗透和促进,二者间的界限日益模糊,通常将其统称为科技。发展我国高新技术产业,首先应当掌握高新技术产业与融资约束关联。

第一节 全球视角下的中国国家创新驱动发展战略

随着我国经济进入新常态,实现经济发展从要素驱动、投资驱动向创新驱动转变,是经济发展到一定阶段的必然要求,也是国家产业升级的必然结果。改革开放40年来,我国经济增长所依靠的"三驾马车"——消费、投资和出口中,消费增长乏力。同时,多年的对外开放以及国内经济发展所形成的积累,一方面使我国资本总量大幅增加,另一方面也让投资的结构性问题日益凸显,投资的边际效应递减,以投资来拉动经济增长的空间变得越来越小。严峻的国内外形势表明,我国粗放型的发展道路已难以为继,亟须改变。

一 从要素驱动、投资驱动到创新驱动

(一)要素驱动、投资驱动、创新驱动的含义

1990年,哈佛商学院迈克尔·波特教授在《国家的竞争优势》一书中,以钻石理论为研究工具,以竞争优势来考察经济表现,从竞争现象中分析

经济的发展过程，从而提出国家经济发展的四个阶段：要素驱动（factor-driven）阶段、投资驱动（investment-driven）阶段、创新驱动（innovation-driven）阶段和财富驱动（wealth-driven）阶段。前三个阶段是国家竞争优势的主要来源，一般伴随着经济上的繁荣，第四个阶段则是个转折点，国家经济可能由此开始衰退。波特的国家经济发展的四个阶段理论具体如下。第一阶段，要素驱动：该阶段中土地、矿藏、人口红利是推动国家经济发展的主要因素。第二阶段，投资驱动：由于第一阶段积累的工业能量和经济能量转换为国家投资和企业投资，大量的基础设施和现代化、高效率的工厂得以建设，资本找到了投资的归属。第三阶段，创新驱动：创新驱动是摆脱中等收入陷阱的驱动方式，本阶段中产业从粗放规模发展走向创新发展，自然科学与信息技术出现爆发式发展。第四阶段，财富驱动：国家发展到财富驱动阶段，意味着财富积累到一定程度，人们开始走向保守，认为并购成熟企业会更加安全，求稳心态出现，同时服务业快速崛起。

1. 要素驱动

要素驱动是一种原始的和初级的驱动方式，是指主要依靠各种生产要素的投入（比如土地、资源、劳动力等）来促进经济增长以及从市场对生产要素的需求中获取发展动力的方式。这适合改革开放初期我国科技创新匮乏的时期。

要素驱动没有经济发展的可持续性，随着我国对自主创新的日益重视，要素驱动带来的诸多问题日益显现。逐步从要素驱动转向全要素生产率驱动是大势所趋。在要素驱动型经济中，国家竞争优势主要依赖天然资源、自然环境、劳动力等基本生产要素的投入。要素驱动型经济的本质是一种资源密集型经济。

2. 投资驱动

投资驱动是指当经济发展到一定阶段，高储蓄率、高投资率和低消费率并存的一种经济形态。世界上很多国家都经历过低消费率、高储蓄率和高投资率并存的时期，如19世纪的美国、"二战"后的日本、1978年之后的中国。尤其是2008年金融危机爆发以来，我国的经济发展主要是靠投资驱动，这会导致某些产业的低端产品产能过剩、高端产品仍需进口。

投资驱动型经济可以通过投资来拉动经济增长，由于投资具有乘数效应，可以在很短的时间内促进经济增长，这显然起到了稳增长的作用。然而，如果投资增长过快，缺乏社会需求的支持，将会导致严重的产能过剩，进而导致大批企业破产、工人失业、银行死账无法填平，引起经济的大起大落。长期来看，会影响经济增长的稳定性和可持续性。过多的产出，如果消费不足，那么只有依赖出口，这也是最近外部环境变化对经济影响比较大的重要原因。投资过快增长，就需要更多的资源和原材料，势必会加快各类资源和能源的消耗，同时加大了环境保护的压力，这就是说"经济的增长是以牺牲资源和环境为代价"的。

3. 创新驱动

创新驱动是经济增长方式由低级向高级转变的根本动力。所谓创新驱动型经济是指创新在经济增长中占主导地位的经济增长方式，主要通过知识创新、制度创新、机制创新、管理创新、技术创新，实现资源优化再生、企业技术提升、产业结构升级、经济增长方式由低级向高级发展、产品附加值与人民生活水平不断提高、社会文明形态从低级向高级发展。创新驱动是经济发展依靠内需拉动的重要保障，是现代服务业和战略性新兴产业带动经济发展的重要保障，是经济发展依靠科技进步、劳动力素质提高、管理创新驱动的重要保障，是经济发展依靠节约资源和循环经济推动的重要保障。创新驱动是当前我国实现经济增长方式转变、可持续发展、社会与经济以及人与自然协调发展的必由之路。

创新驱动的实质是科技创新，科技创新的源头有两个：一是大学和科学院的科学新发现所产生的原创性创新成果；二是引进先进技术，消化吸收并进行创新。我国创新驱动的重点应是自主创新，可以是原始创新、集成创新，也可以是引进消化吸收创新。创新驱动的内容围绕科技创新和国家创新的制度展开，通过科教兴国和人才强国，为创新型经济提供创新人才。

一般认为，国家进入创新驱动阶段的条件是：科技进步贡献率达70%以上，研发投入占GDP的2%以上，创新依存度小于30%，创新产出高，具有国际竞争优势，以及创新扩散到多个领域。

(二) 国外经济发展驱动力的转变具有成功的实践经验

历史证明，人类社会的发展靠创新驱动。自有人类文明史以来，往往首先由科技创新促进生产力发展，进而由生产方式、思想文化和体制机制的创新协同驱动人类社会的不断进步。

我国台湾地区自20世纪60年代以来经历了：高速成长阶段（1961~1972

年，也称出口扩张期），经济发展由要素和投资共同驱动；积极调整阶段（1973~1983年），经济发展由投资驱动为主，创新驱动开始显现；结构调整转型阶段（1984~1993年），经济发展由投资驱动逐步向创新驱动演进；发展方式持续转型阶段（1994年至今），创新成为推动经济发展的主要因素。

日本的经济发展也经历了类似的几个阶段。"二战"后日本经济实力的增强，也是日本经济增长方式不断转变的结果：20世纪50年代至60年代依靠投入劳动力、资本和能源来实现经济增长；70年代以后由于石油危机和经济高速增长带来了大规模的公害等问题，日本走上了以节约能源、原材料为中心，主要依靠劳动生产率的提高来实现经济增长的道路；70年代中期以后，日本进入了创新驱动阶段，经济的集约化程度不断提高，其中日本政府在转型升级中发挥了主导作用。

二 中国国家创新驱动发展战略的提出

中国国家创新驱动发展战略的提出，是国家经历了要素驱动、投资驱动之后的必然选择，也是国家经济发展到一定阶段的必然结果。

党的十八大以来，以习近平同志为核心的党中央以新发展理念为指导，以创新驱动为依托，形成国家创新驱动发展战略。创新驱动发展战略，以科技创新为主体，全方位推进科技创新、企业创新、产品创新、市场创新、品牌创新，促进科技成果向生产力转化，推动科技和经济紧密结合。根据波特的国家竞争优势理论，创新驱动有助于推动经济发展方式向依靠持续的知识积累、技术进步和劳动力素质提升转变，促进经济向形态更高级、分工更精细、结构更合理的阶段演进。

（一）国家创新驱动发展战略的含义

党的十八大提出了国家创新驱动发展战略，指出科技创新是提高社会生产力和综合国力的战略支撑，必须摆在国家发展全局的核心位置。强调要坚持走中国特色自主创新道路，实施创新驱动发展战略。创新驱动发展战略有两层含义：一是中国未来的发展要靠科技创新驱动，而不是传统的劳动力以及资源能源驱动；二是创新的目的是驱动发展，也就是通过科技创新来驱动经济发展。

创新驱动发展战略是国家命运所系。国家力量的核心支撑是科技创新能力。创新强则国运昌，创新弱则国运殆。我国近代落后挨打的重要原因是与历次科技革命失之交臂，导致科技弱、国力弱。实现中华民族伟大复兴的中国梦，必须真正用好科学技术这个最高意义上的革命力量和有力杠杆。

创新驱动发展战略是在全球新一轮科技革命、产业变革和军事变革加速演进，以人工智能、绿色、信息为代表的第五次工业革命的背景下产生的。同时，我国传统发展动力不断减弱，粗放型增长方式难以为继，因此必须依靠创新驱动打造发展新引擎，培育新的经济增长点，持续提升我国经济发展的质量和效益。

创新驱动发展战略同时也是一个制度变迁问题。制度创新重于技术创新，人才激励重于技术开发，营造环境重于集聚要素。因此，实施创新驱动发展战略，应当在核心技术方面，提高产业和企业的竞争力。这更需要加快制度创新的步伐，为技术创新提供完善、高效的配套机制，营造良好的创新环境和氛围。[①]

（二）国家创新驱动发展战略的具体内容

2016年5月，中共中央、国务院颁布了《国家创新驱动发展战略纲要》，将创新驱动发展战略正式纳入国家宏观发展战略中。该纲要指出，实现创新驱动是一个系统性的变革，要按照"坚持双轮驱动、构建一个体系、推动六大转变"进行布局，构建新的发展动力系统。

1. 战略目标

国家创新驱动发展战略主要分为三个阶段，如表3-1所示。

表3-1　我国创新驱动发展战略的三个阶段及其目标

阶段	时间	总体目标	具体目标	具体目标分解
第一阶段	2020年	进入创新型国家行列，基本建成中国特色国家创新体系，有力支撑全面建成小康社会目标的实现	创新经济格局初步形成	若干重点产业进入全球价值链中高端，成长起一批具有国际竞争力的创新型企业和产业集群。科技进步贡献率提高到60%，知识密集型服务业增加值占国内生产总值的20%
			自主创新能力大幅提升	形成面向未来发展、迎接科技革命、促进产业变革的创新布局，突破制约经济社会发展和国家安全的一系列重大瓶颈问题，初步扭转关键核心技术长期受制于人的被动局面，在若干战略必争领域形成独特优势，为国家繁荣发展提供战略储备、拓展战略空间。研究与试验发展（R&D）经费支出占国内生产总值比重达到2.5%

---

① 资料来源：中共中央、国务院印发的《国家创新驱动发展战略纲要》。

续表

阶段	时间	总体目标	具体目标	具体目标分解
第一阶段	2020年	进入创新型国家行列，基本建成中国特色国家创新体系，有力支撑全面建成小康社会目标的实现	创新体系协同高效	科技与经济融合更加顺畅，创新主体充满活力，创新链条有机衔接，创新治理更加科学，创新效率大幅提高
			创新环境更加优化	激励创新的法规健全，知识产权保护更加严格，形成崇尚创新创业、勇于创新创业、激励创新创业的价值导向和文化氛围
第二阶段	2030年	跻身创新型国家前列，发展驱动力实现根本转换，经济社会发展水平和国际竞争力大幅提升，为建成经济强国和共同富裕社会奠定坚实基础	主要产业进入全球价值链中高端	不断创造新技术和新产品、新模式和新业态、新需求和新市场，实现更可持续的发展、更高质量的就业、更高水平的收入、更高品质的生活
			总体上扭转科技创新以跟踪为主的局面	在若干战略领域由并行走向领跑，形成引领全球学术发展的中国学派，产出对世界科技发展和人类文明进步有重要影响的原创成果。攻克制约国防科技的主要瓶颈问题。研究与试验发展（R&D）经费支出占国内生产总值比重达到2.8%
			国家创新体系更加完备	实现科技与经济深度融合、相互促进
			创新文化氛围浓厚	创新文化氛围浓厚，法治保障有力，全社会形成创新活力竞相迸发、创新源泉不断涌流的生动局面
第三阶段	2050年	建成世界科技创新强国，成为世界主要科学中心和创新高地，为我国建成富强民主文明和谐的社会主义现代化国家、实现中华民族伟大复兴的中国梦提供强大支撑	创新型格局已经形成	科技和人才成为国力强盛重要战略资源，创新成为政策制定和制度安排的核心因素
			自主创新能力全面形成	劳动生产率、社会生产力提高主要依靠科技进步和全面创新，经济发展质量高、能源资源消耗低、产业核心竞争力强。国防科技达到世界领先水平
			创新型体系世界领先	拥有一批世界一流的科研机构、研究型大学和创新型企业，涌现出一批重大原创性科学成果和国际顶尖水平的科学大师，成为全球高端人才创新创业的重要聚集地
			创新制度、市场和文化环境优化	尊重知识、崇尚创新、保护产权、包容多元成为全社会的共同理念和价值导向

资料来源：根据《国家创新驱动发展战略纲要》整理。

2. 战略任务

国家创新驱动发展战略以知识创新、制度创新、机制创新、管理创新和科技创新为主，以创新来驱动经济发展，最终实现国家经济的良性循环及产业和消费的升级。根据《国家创新驱动发展战略纲要》，战略任务有以下8个方面。

（1）实现产业技术体系创新。实现产业的科技创新，要在产业内部实现技术体系的全面创新，这就要加快工业化和信息化深度融合，将网络化、数字化、智能化等科技创新作为提升产业竞争力的关键，为此应当构建现代产业技术体系。①发展智能绿色制造技术，推动制造业向价值链高端攀升。②发展新一代信息网络技术，增强经济社会发展的信息化基础。③发展生态绿色高效安全的现代农业技术，确保粮食安全、食品安全。④发展安全清洁高效的现代能源技术，推动能源生产和消费革命。⑤发展资源高效利用和生态环保技术，建设资源节约型和环境友好型社会。⑥发展海洋和空间先进适用技术，培育海洋经济和空间经济。⑦发展智慧城市和数字社会技术，推动以人为本的新型城镇化。⑧发展先进有效、安全便捷的健康技术，应对重大疾病和人口老龄化挑战。⑨发展支撑商业模式创新的现代服务技术，驱动经济形态高级化。⑩发展引领产业变革的颠覆性技术，不断催生新产业、创造新就业。

（2）增强原始创新能力。原始创新能力是一个国家走向强国的根本保证。实践表明，加强对关系全局的科学问题研究，对提升我国产业创新的整体水平，保障国家安全具有重大作用。为此，应当做到：①加强面向国家战略需求的基础前沿和高技术研究。②大力支持自由探索的基础研究。围绕支撑重大技术突破，推进变革性研究。③建设一批支撑高水平创新的基础设施和平台。针对国家重大战略需求，建设一批具有国际水平、突出学科交叉和协同创新的国家实验室。加快建设大型共用实验装置、数据资源、生物资源、知识和专利信息服务等科技基础条件平台。

（3）优化区域创新布局，打造区域经济增长极。聚焦国家区域发展战略，以创新要素的集聚与流动促进产业合理分工，推动区域创新能力和竞争力整体提升。区域经济发展是国家经济发展的重要组成部分。应当结合区域经济发展，重塑区域经济格局。具体包括：①建立区域创新发展格局。东部地区注重提高原始创新和集成创新能力，全面加快向创新驱动发展转型。中西部地区在重点领域实现创新牵引，培育壮大区域特色经济和新兴产业，柔性汇聚创新资源。②跨区域整合创新资源。推动区域间联合组织技术攻关，各区域应当共同设计创新议题。推动优势地区建成具有全球影响力的科技创新中心，构建跨区域创新网络。提升国家战略区域科技创新能力，打造区域协同创新共同体，统筹和引领区域一体化发展。③开展区域全面创新改革试验，建设创新型省份和创新型城市，培育新兴产业发展增长极。优化国家自主创新示范区布局，推进国家高新区按照发展高科技、培育新产业的方向转型升级。

（4）深化军民融合，促进创新互动。按照军民融合发展战略总体要求，发挥国防科技创新重要作用，加快建立健全军民融合的创新体系，形成全要素、多领域、高效益的军民科技深度融合发展新格局。①健全宏观统筹机制。遵循经济建设和国防建设的规律，构建统一领导、需求对接、资源共享的军民融合管理体制，统筹协调军民科技战略规划、方针政策、资源条件、成果应用，推动军民科技协调发展、平衡发展、兼容发展。②开展军民协同创新。建立军民融合重大科研任务形成机制，从基础研究到关键技术研发、集成应用等创新链一体化设计，构建军民共用技术项目联合论证和实施模式，建立产学研相结合的军民科技创新体系。③推进军民科技基础要素融合。推进军民基础共性技术一体化、基础原材料和零部件通用化。推进海洋、太空、网络等新型领域军民融合深度发展。开展军民通用标准制定和整合，推动军民标准双向转化，促进军民标准体系融合。统筹军民共用重大科研基地和基础设施建设，推动双向开放、信息交互、资源共享。④促进军民技术双向转移转化。推动先进民用技术在军事领域的应用，健全国防知识产权制度，完善国防知识产权归属与利益分配机制，积极引导国防科技成果加速向民用领域转化应用。放宽国防科技领域市场准入，扩大军品研发和服务市场的开放竞争，引导优势民营企业进入军品科研生产和维修领域。完善军民两用物项和技术进出口管制机制。

（5）壮大创新主体，引领创新发展。建设多层次的创新主体。同时明确各类创新主体在创新链不同环节的功能定位，系统提升各类主体创新能力。具体包括：①建设世界一流创新型企业。鼓励行业领军企业构建高水平研发机构，形成完善的研发组织体系，集聚高端创新人才。培育一批核心技术能力突出、集成创新能力强、引领重要产业发展的创新型企业。②加快中国特色现代大学制度建设，建设世界一流大学和一流学科。引导大学加强基础研究和追求学术卓越，组建跨学科、综合交叉的科研团队，系统提升人才培养、学科建设、科技研发三位一体创新水平。③明晰科研院所功能定位，建设世界一流科研院所。应当健全现代科研院所制度，形成符合创新规律、体现领域特色、实施分类管理的法人治理结构。建设综合性、高水平的国际化科技创新基地。④发展面向市场的新型研发机构。围绕区域性、行业性重大技术需求，实行多元化投资、多样化模式、市场化运作，发展多种形式的先进技术研发、成果转化和产业孵化机构。⑤建立专业化技术转移服务体系。完善全国技术交易市场体系，发展规范化、专业化、市场化、网络化的技术和知识产权交易平台。

（6）实施重大科技项目和工程，实现重点跨越。在关系国家安全和长远发展的重点领域，部署一批重大科技项目和工程。包括：①面向2020年，攻克高端通用芯片、高档数控机床、集成电路装备、宽带移动通信、油气田、核电站、水污染治理、转基因生物新品种、新药创制、传染病防治等方面的关键核心技术。②面向2030年，启动航空发动机及燃气轮机重大项目，在量子通信、信息网络、智能制造和机器人、深空深海探测、重点新材料和新能源、脑科学、健康医疗等领域，充分论证，把准方向，明确重点，再部署一批体现国家战略意图的重大科技项目和工程。③部署面向2020年的重大专项与面向2030年的重大科技项目和工程，形成梯次接续的系统布局，并根据国际科技发展的新进展和我国经济社会发展的新需求，及时进行滚动调整和优化。

（7）加快建设科技创新领军人才和高技能人才队伍。应当围绕重点学科领域和创新方向培养一批具有世界水平的科学家、科技领军人才、工程师和高水平创新团队，注重培养一线创新人才和青年科技人才，对青年人才开辟特殊支持渠道，支持高校、科研院所、企业面向全球招聘人才。优化人才成长环境，实施更加积极的创新创业人才激励和吸引政策，推行科技成果处置收益和股权期权激励制度。同时确立企业家在创新创业中的重要作用，倡导企业家精神，树立创新光荣、创新致富的社会导向，依法保护企业家的创新收益和财产权。改革人才培养模式，把科学精神、创新思维、创造能力和社会责任感的培养贯穿教育全过程。

（8）建设和完善创新创业载体，发展创客经济。具体包括：①依托移动互联网、大数据、云计算等现代信息技术，发展新型创业服务模式，建立一批低成本、便利化、开放式众创空间和虚拟创新社区，建设多种形式的孵化机构，构建"孵化+创投"的创业模式。②引导社会资本参与建设面向小微企业的社会化技术创新公共服务平台,推动小微企业向"专精特新"发展。③推动创客文化进学校,设立创新创业课程,开展品牌性创客活动,鼓励学生动手、实践、创业。支持企业员工参与工艺改进和产品设计,鼓励一切有益的微创新活动。

实施创新驱动发展战略,必须从体制改革、环境营造、资源投入、扩大开放等方面加大保障力度。应当改革创新治理体系,顺应创新主体多元、活动多样、路径多变的新趋势,推动政府管理创新,形成多元参与、协同高效的创新治理格局,多渠道增加创新投入,全方位推进开放创新,完善突出创新导向的评价制度,实施知识产权、标准、质量和品牌战略,培育创新友好的社会环境,营造崇尚创新的文化环境。国家创新发展战略是国家经济发展到一定阶段的必然要求,应当建立以政府为主导,国家、企业、科研机构和社会协同参与的多层次创新体系。[①]

第二节 国家创新驱动发展战略与高新技术产业的关系

国家创新驱动发展战略是我国重要的发展战略,在我国的"一带一路"倡议、新对外开放战略中占据重要地位。研究国家创新驱动发展战略,既要明确国家创新驱动发展战略的基本内涵,还应当明确国家创新驱动发展战略与高新技术产业的相互关系。一方面,国家创新驱动发展战略包含发展高新技术产业,技术创新是创新驱动发展战略的重要一环,决定创新驱动发展战略的实现。发展高新技术产业作为国家创新驱动发展战略的重要组成部分,在国家创新驱动发展战略体系中扮演着重要角色。另一方面,发展高新技术产业是国家创新驱动发展战略的前提和基础,也是国家制定政策方针的出发点。

一 技术创新、知识创新是国家创新驱动发展战略的重要组成部分

从宏观安全角度上来说,国家创新驱动发展战略包含知识创新、制度创新、机制创新、管理创新、技术创新等诸多方面的创新。其中,高新技

---

① 资料来源:中共中央、国务院印发的《国家创新驱动发展战略纲要》。

术产业是上述创新的出发点和落脚点，也是国家创新驱动发展战略转化为生产力的必要载体。各种研究创新成果均需要通过高新技术产业转化为现实的生产力。因此，技术创新、知识创新是国家创新驱动发展战略的重要组成部分，高新技术产业则是国家创新驱动发展战略的最终实现者。

二 科技创新是提高社会生产力和综合国力的战略支撑

科技创新是国家创新驱动发展战略的基础，是我国制定产业政策及实行经济干预最基本的出发点。实现科技创新要：促进资源高效配置和综合集成，把全社会的智慧和力量凝聚到创新发展上来；坚持走中国特色自主创新道路，以全球视野谋划和推动创新，提高原始创新、集成创新和引进消化吸收再创新能力，更加注重协同创新；深化科技体制改革，推动科技和经济紧密结合，加快建设国家创新体系，着力构建以企业为主体、市场为导向、产学研相结合的技术创新体系；完善知识创新体系，强化基础研究、前沿技术研究、社会公益技术研究，提高科学研究水平和成果转化能力，抢占科技发展战略制高点；实施国家科技重大专项，突破重大技术瓶颈；加快新技术新产品新工艺研发应用，加强技术集成和商业模式创新；完善科技创新评价标准、激励机制、转化机制；实施知识产权战略，加强知识产权保护。科技创新是提高社会生产力和综合国力的战略支撑，必须摆在国家发展全局的核心位置。

第三节 高新技术产业及其相关范畴的界定

在国际上，高新技术是由高技术延展而来的，是相对于传统的技术而提出的。高技术（high technology）是由美国著名学者戴曼斯叙在《高技术》杂志中提出的。后来美国国家商务部界定高新技术产业应该通过三个标准来评价，即研究开发人员占总从业人员的比例、R&D 经费占产品总销售额的比重以及技术的复杂程度超过一定的规定标准。

一 高新技术产业及其特征

高新技术的概念最早见于 20 世纪 70 年代美国国家科学院出版的《技术和国家贸易》一书。高新技术是一个相对动态的概念，是指在当时具有高科技含量的一些新兴技术，意指具有当前顶端的科学成就的、主导生产力发展方向的知识密集型技术。高新技术是相对的，即相对于同时代的领先技术，以前的高新技术经过科技发展现在已经成为常规技术，而现在的高新技术，也会成为未来的常规技术。基于此，随着科技的不断发展和进步，某一时期的高新技术也会不断调整。

（一）国际上高新技术产业的界定

国际上，关于高新技术产业的含义尚无一个统一的界定。一般认为，判断高新技术产业的主要标准为产业内生产的产品是否是高技术产品。国际上的主要国家均对高新技术产业进行了界定。目前，发达国家普遍采用的方法，是在标准产业分类法基础上，将R&D经费投入强度和专业科技人员占总就业人数的比值（科技人员密度），作为综合指标来进行高新技术产业的划分。

（1）世界经济合作与发展组织（OECD）于1994年对高新技术产业进行了界定：所谓高新技术产业是指一个产业的研究与试验发展经费（R&D经费）占总产值的比例远远高于其他产业平均水平，该产业以具有持续发展潜力的研究及开发作为基础，并且是充满活力的高度综合的行业领域。随着经济发展和技术进步，OECD对高新技术产业的划分也在进行调整。高新技术的评价比例是不断变化的，20世纪80年代高新技术产业的划分标准为R&D经费占行业总产值的4%，20世纪90年代的标准是8%。

（2）美国商务部评价高新技术产业的标准：一是R&D经费在销售收入中所占的比重，二是产业内部的研究与开发人员占全体员工总数的比重。美国商务部认为，高新技术产业包括生物技术、信息技术及新材料技术三大领域内的产业。《科学美国人》杂志对高技术企业的定义是"一般需10%以上的高级工程师和科学家"。

（3）加拿大政府认为，高新技术产业的总体技术水平是由R&D经费和劳动力的技术素质来体现的。

（4）法国政府认为，高新技术产业的特点是新产品使用标准化的生产线，行业内具有高素质的技术员工，具有一定份额的市场，并且已经形成新分支产业。

（5）在澳大利亚，高新技术产业的判断标准为，新工艺和新技术应用到新产品中。

（6）在欧盟，对高新技术产业的定义有狭义和广义之分。狭义的定义如：Arthur. D. Litter Group 认为高新技术产业是建立不足 25 年的独立经营单位，这些企业以利用发明创造成果为基础或以技术创新为基础，并承担技术风险。Shearman 和 Burrell 认为高新技术产业是在新的产业中诞生的独立的企业。

（二）我国关于高新技术产业的界定

在中国，所谓高新技术产业是指以高新技术为基础，从事高新技术产品开发、研究、生产和技术服务的各种企业的集合，高新技术产业实质是知识密集型和技术密集型的产业。高新技术产业中产品的主导技术属于国家确定的高新技术领域，包括其中处于前沿的新工艺或新技术。

在中国，1986 年的《高技术研究发展计划》（简称"863 计划"）第一次提出高技术。1988 年的"火炬计划"，又将高技术的概念进一步延伸为高新技术，也就是高技术和新技术。

1991 年，国家科学技术委员会规定，下列十一类产业确定为高新技术产业：

A. 微电子和电子信息技术

B. 空间科学和航空航天技术

C. 光电子和光机电一体化技术

D. 生命科学和生物工程技术

E. 材料科学和新材料技术

F. 能源科学和新能源技术

G. 生态科学和环境保护技术

H. 地球科学和海洋工程技术

I. 基本物质科学和辐射技术

J. 医药科学和生物医学工程技术

K. 其他在传统产业基础上应用的新工艺新技术

根据 2002 年 7 月国家统计局印发的《高新技术产业统计分类目录》，中国高新技术产业的统计范围包括航天航空器制造业、电子及通信设备制造业、电子计算机及办公设备制造业、医药制造业和医疗设备及仪器仪表制造业等行业。

由科技部、财政部和国家税务总局联合发布的《高新技术企业认定管理办法（新版）》将高新技术企业界定为在国家重点支持的高新技术领域内，持续进行研究开发与技术成果转化，形成企业核心自主知识产权，并以此为基础开展经营活动，在中国境内（不包括港、澳、台地区）注册的居民企业。

从国家战略上来说，我国的高新技术产业一共分为八大类：

A. 电子信息技术产业

B. 生物与新医药技术产业

C. 航空航天技术产业

D. 新材料技术产业

E. 高技术服务业

F. 新能源及节能技术产业

G. 资源与环境技术产业

H. 先进制造与自动化产业

从事上述领域的生产、研究和开发、技术服务类业务的企业是高新技术企业。

我国各省份和部门在相关文件中都对高新技术企业有所解释，概括起来一般是指：以科技人员为主体，以技术创新为主旨，主要从事科技成果产品化以及技术开发、技术转让、技术咨询、技术服务等活动的各类科技经济实体。显然，高新技术企业的定义是从企业的主要经营业务方面来说的，其中最突出的是主营业务与科学技术的高度相关性，这也说明了高新技术企业日常的经营活动，无论是产品的研发、技术转让、成果转化，还是咨询服务，都要围绕科学技术展开。

显然，高新技术企业与一般企业最大的不同点，在于它与科研活动和技术创新之间紧密依存，在于"高技术"是企业本身的基础和核心，而不只是在经营业务上有相关性。然而，这种以主营业务与科学技术的高度相关性来界定高新技术企业的方法也存在一定的问题。

剔除以技术咨询与技术服务为主要业务的典型科技类咨询服务企业后，技术在企业生产经营中主要包括三个阶段的内容，即技术开发、技术转让和科技成果产品化。技术开发阶段无疑是科技创新活动的核心阶段，开发后的技术成果转让也属于单纯科技产品的盈利行为，至于第三类科技成果产品化，则很难确切说明其具有的科技性。

高新技术企业中有一部分是一般性高新技术企业，其中涉及的科技水平不具有高新技术的最典型的市场风险性特征，因此如果不经过技术开发过程，而是专门从事此类科技产品生产和销售的企业，并不属于严格意义上的高新技术企业。从某种程度上说，大量的产品都具有一定的科技成分，尤其是一般性水平的科技成分，如果将生产销售这些产品的企业都划为高新技术企业的范畴，容易造成对高新技术企业定义上的泛化，影响实际操作中的准确性。

二 高新技术产业的分类

按照不同的分类标准，可以将高新技术产业内部的企业划分为不同的类型。

(一) 高新技术企业和一般高新技术企业

按照科技领域和水平可划分为高新技术企业和一般高新技术企业。高新技术企业是以高技术和新技术为支撑的企业。高技术概念的形成源于20世纪60年代出版的《高格调技术》一书，1983年《韦氏第三版新国际词典增补9000词》首次收入该词，并将其定义为"使用尖端方法或仪器的技术"。日本一些专家认为：以当代尖端技术和下一代科学技术为基础建立起来的技术群称为高技术，包括微电子技术、电脑技术、软件工程、光电子技术、通信技术、空间技术、电子机械技术和生物技术等。我国国防科学技术工业委员会将高技术定义为："基本原理及概念建立在综合科学研究基础上，处于当代科学技术前沿的，对发展生产力、促进社会文明、增强国防实力起到作用的技术群。"国内学者一般将高技术产业延伸为"高新技术产业"，相关的企业和产品为"高新技术企业"和"高新技术产品"。因此，我们所说的高新技术产业一般指"高新技术企业"。国家创新基金将其支持的高新技术企业定义为：企业应当主要从事高新技术产品的研制、开发、生产和服务业务，企业负责人应当具有较强的创新意识、较高的市场开拓能力和经营管理水平，企业每年用于高新技术产品研究开发的经费不低于销售额的3%，直接从事研究开发的科技人员应占职工总数的10%以上，已有主导产品并将逐步形成批量和已形成规模化生产的企业，必须有良好的经营业绩。具体来讲，高新技术是指基本原理及概念建立在现代最新科学成就和最新工艺基础上的，包括信息技术、生物技术、空间技术、海洋技术、新能源、新材料等六大领域在内的，在世界或本国领先的现代技术群体。高新技术属于知识、技术、资本和信息密集的新兴技术，包括三类现代先进技术：一是现代尖端技术和前沿技术，这类技术在短时间内还不可能实际应用，如目前处于研制试验阶段的正负离子对撞机；二是发展中的新兴高新技术，即在短期内有产业化前景的新兴技术，如激光、遗传工程等；三是已经成熟并进入产业化阶段的高新技术，如与改造传统产业相关的技术。

高新技术企业是一个动态的概念，随着时间地点的变化而有不同的界定。现代高新技术企业有"七高七新"的特点：所谓"七高"是指高投入、高产出、高智力、高难度、高竞争、高风险、高势能，所谓"七新"是指知识新、技术新、工艺新、方法新、设备新、材料新、产品新。可见，高新技术企业运用了当代最新科学知识、尖端技术和主导技术，对一个国家的经济社会具有重要影响，如高增值作用和广泛的渗透功能。

（二）民营科技企业和国有科技企业

高新技术企业按照产权属性，可划分为民营科技企业和国有科技企业。我国 20 世纪 70 年代后期的"真理标准"大讨论，促成了由"以阶级斗争为纲"到"以经济建设为中心"的转变，为我国民营科技企业的诞生与发展奠定了思想基础。80 年代初期，随着我国的科技人员采取各种方式走出科研院所和高等院校，从事民营科技事业，民营科技企业开始出现。

民营科技企业是指以科技人员为主体，按照"自筹资金、自愿组合、自主经营、自负盈亏"的原则创办，以从事科技研究、技术开发、技术转让、技术咨询、技术服务和科技产品的研制、中间试验、生产及销售为主要业务的经济实体。它既包括实行集体经济、股份合作经济和私营经济的民营科技企业，也包括由国有科研院所、大专院校、大中型企业等企事业单位和社会团体创办的实行国有民营的科技型企业。

与国有科技企业相比，民营科技企业具有专业技术人才多、科研起点高的特点；民营科技企业由于自负盈亏，经营者即为大股东，经营好坏直接与个人利益挂钩，因此生产动力足，经营者更敢于开拓创新；民营科技企业发展与市场需求高度契合，经营机制完全自主、灵活；民营科技企业人员精干，精打细算，综合竞争能力强。

(三) 中小科技企业和大型科技企业

高新技术企业按照企业规模的大小，可划分为中小科技企业和大型科技企业。在高新技术企业中，绝大多数属于民营中小科技企业，国家对于这类企业在政策倾斜和各项优惠措施方面有一些重点扶持。

在研究中小科技企业与大型科技企业划分时，首先要明确大型企业与中小型企业的界定。中小型企业是相对于大型企业而言的企业规模形态。实践中，中小型企业由于所在国家不同、经济规模不同、同一国家所处发展阶段不同、行业不同，因此划分的标准也有所不同，划分基本遵循了三种原则：一是相对性原则，表现为地域经济规模的相对性、时间的相对性、行业的相对性等；二是目的性与灵活性原则；三是定性与定量相结合的原则，定量的原则是指用一个或几个数量指标来确定企业规模的大小，定性的原则是以企业的经济特征和控制方式来定义企业规模。

结合上述中小企业以及高科技概念的论述，本书为中小科技企业做了如下定义。所谓中小科技企业，是从事技术创新处于国际、国内领先水平的高新技术产品开发与经营的法人企业和自然人企业，其产品符合国家产业、技术政策，代表市场的发展方向，企业产品开发需要高投入，具有高成长、高风险、高回报的特征，是中小企业中最为活跃的企业群体。

2003年2月，国家计委、国家统计局、国家经贸委、财政部等有关部门联合发布了《中小企业标准暂行规定》。新的划分标准不再沿用旧标准中各行各业分别使用的行业指标，而是统一按销售收入、资产总额和营业收入的多少分类，主要考察的指标是销售收入和资产总额。高科技中小企业是中小企业的一个组成部分，对它的界定同样应该按此划分标准。但是鉴于中小科技企业的自身特点，在对中小科技企业进行划分界定时，同样规模的高科技中小企业与一般中小企业相比，有两点需要注意。

一是中小科技企业的员工相对较少，在划分的实践应用中，应有所考虑。例如于1999年6月25日正式运作的中国科技型中小企业技术创新基金，在确定资助对象时，除了考虑企业销售额、资产总额外，还要对企业员工人数进行限制（如500人以下）。

二是同样规模的高科技中小企业与一般中小企业相比，固定资产相对少，无形资产多，确定资产规模操作复杂性较强，实施过程中由于统计口径的不同，容易出现界定高科技中小企业性质与规模上的模糊性。

严格地讲，科技型中小企业与高科技中小企业不是同一个概念，前者的外延要比后者的大，即科技型中小企业包括高科技中小企业，亦可以这样说，高科技中小企业是科技型中小企业的主体，在国家的政策应用中，往往不对两者做严格的区分。这一点可以从原国家科委在《国家高新技术产业开发区高新技术企业认定条件和办法》以及国家科技部与财政部的科技型中小企业技术创新基金的实施条件中得到证明，两者对高科技企业与科技型企业的认定基本相同，现实中人们也习惯用高科技中小企业的称谓。另外，从投资者的投资决策角度上看，在科技型中小企业当中，高科技中小企业的高技术、高成长（高市场空间）、高收益一直是吸引投资者，特别是风险投资者的主要因素，因此对科技型企业的投资，投资者往往有高科技、高成长、高收益的定位。鉴于国家对科技型中小企业、高科技中小企业政策的同向性以及现实中人们的习惯称谓，这里对科技型中小企业、高科技中小企业不做严格的区分。

第四节 高新技术产业的界定标准

世界上各国对高新技术产业的界定标准各不相同。欧盟从四个指标来界定高新技术产业：经济增长率、国际竞争力、就业潜力、R&D 投入。美国权威部门规定用 R&D 经费在销售总产值中的比重和科技人员及研发人员占整个产业人数的比重两个指标界定高新技术产业。法国则采用产品循环理论界定高新技术产业。该理论认为产品生命周期分为早期阶段、增长阶段、成熟阶段和衰退阶段，当新产品的生产使用标准生产线，拥有一定市场并已形成新分支产业时，为高新技术产业。

为了在实际操作过程中更好地、更准确地实施国家对于高新技术产业的相关优惠政策和措施，保证国家高新技术产业政策的实施，实践中，我国为高新技术产业制定了科学明确的认定标准，用以指导高新技术产业的申报和确认等管理工作。2016 年 1 月，由科技部、财政部和国家税务总局联合发布了《高新技术企业认定管理办法》。根据该办法，高新技术企业的具体认定标准包括企业的研发能力、企业的研发强度和企业的技术性收入等几方面的内容（见表 3-2）。

表3-2　我国高新技术企业的认定标准

序号	认定标准	具体规定
1	基本条件	在中国境内（不含港、澳、台地区）注册企业，企业申请认定时须注册成立一年以上
		企业通过自主研发、受让、受赠、并购等方式，获得对其主要产品（服务）在技术上发挥核心支持作用的知识产权的所有权
		对企业主要产品（服务）发挥核心支持作用的技术属于《国家重点支持的高新技术领域》规定的范围
2	企业的研发能力	企业从事研发和相关技术创新活动的科技人员占企业当年职工总数的比例不低于10%
3	企业的研发强度	企业在中国境内发生的研究开发费用总额占全部研究开发费用总额的比例不低于60%
		最近一年销售收入小于5000万元（含）的企业，比例不低于5%
		最近一年销售收入在5000万元至2亿元（含）的企业，比例不低于4%
		最近一年销售收入在2亿元以上的企业，比例不低于3%
4	企业的技术性收入	近一年高新技术产品（服务）收入占企业同期总收入的比例不低于60%
5	其他要求	企业创新能力评价应达到相应要求
		企业申请认定前一年内未发生重大安全、重大质量事故或严重环境违法行为

资料来源：根据2016年《高新技术企业认定管理办法》整理。

一　企业的研发能力

这一指标主要表现在人力资源配置上，考察的是科技人员占总劳动力的比重，包括对职工学历的要求，以及对专门从事科研工作人员人数的要求。一般规定，具有大专以上或同等学力的科技人员占职工总数不低于30%。[1] 2016年《高新技术企业认定管理办法》规定，具有大专以上学历的人员占职工总数的比例不低于30%，企业从事研发和相关技术创新活动的科技人员占企业当年职工总数的比例不低于10%。[2]

二　企业的研发强度

这一指标旨在引导企业在资源配置上注重科技研发的投入，在企业财

---

[1] 资料来源：《关于高新技术产业若干界限问题的说明》。
[2] 资料来源：2016年《高新技术企业认定管理办法》。

务报表中表现为用于科技研发活动的经费投入占企业年收入的比例。在科技部发布的《高新技术企业认定管理办法》中，规定企业为获得科学技术（不包括人文、社会科学）新知识，创造性运用科学技术新知识，或实质性改进技术、产品（服务）而持续进行了研究开发活动，且近三个会计年度的研究开发费用总额占销售收入总额的比例符合如下要求：

（1）最近一年销售收入小于5000万元（含）的企业，比例不低于5%；

（2）最近一年销售收入在5000万元至2亿元（含）的企业，比例不低于4%；

（3）最近一年销售收入在2亿元以上的企业，比例不低于3%。

其中，企业在中国境内发生的研究开发费用总额占全部研究开发费用总额的比例不低于60%。

三　企业的技术性收入

结合企业在研发方面的人力和资本投入，这一指标主要检验研发成果对企业盈利能力的贡献，具体体现为研发的新产品收入占总收入的比重，一般要求技术性收入占企业年收入的60%以上。我国明确规定，高新技术企业的资产负债率不超过70%，技术性收入占年收入的20%以上，但各省规定也有不同。对于引进或是转让知识产权的企业，一般要求拥有自主知识产权的主导产品、研究开发与引进成果转化的新产品的销售收入加上技术性收入（如开展技术开发、技术转让、技术咨询、技术服务、技术培训、技术工程设计和承包收入，以及技术入股的增值和中试产品收入等）的总和占本企业当年总收入的50%以上。

高新技术企业的标准量化也存在一定的问题。科技人员占总劳动力的比重、职工学历的要求，显然不能作为高新技术企业认定的标准。专科以上学历无法说明其从事的具体工作有科研性质，更无法说明企业因此而具有科技成分。在专门从事研究开发的科研人员方面，也不应该将人数作为唯一的衡量标准，而应注重这些人员的研发活动的效率，即企业在投入产出方面的效益。具体指标可以包括这些科技人员的科研成果（包括发明专利、论文著作等）数量，以及这些成果所带来的新增技术性收入（包括直接的技术转移或是开发成为新产品后带来的企业盈利等）。而现有的指标过于直观简单，容易造成高新技术产业的泛化，在现实中使很多企业为了得到高新技术产业的各种优惠措施只在账目上向这几项指标贴近，却没有真正在科技性上进行提升。

目前设定的指标标准水平不高、简单化，很容易造成政策在执行过程中出现问题。经常出现的现象是，能够达到指标标准的企业很多，理论上说，这些企业都应该被认定为高新技术企业，并享受相关政策倾斜待遇，然而，实际工作中，我们是靠行政管理手段来确定的，行政管理部门通过审批来确定哪家企业为高新技术企业，导致高新技术企业在确定过程中存在较多的人为因素，出现不合理甚至寻租的行为。

第五节 高新技术产业的特点与其融资约束

高新技术产业与其他传统产业相比，在生产经营内容、领域、盈利模式上都有很大不同，这些特点也决定了在传统融资模式下，高新技术产业很容易遇到融资瓶颈。

一 高新技术产业的特点

高新技术产业不同于其他产业，它具有自身的产业特征。高新技术产业的主要特点有知识密集性、高投入性、高风险性、高收益性。

（1）知识密集性。一般而言，高新技术产业是依靠先进的科学技术知识、手段从事生产和服务的产业。上述产业的特点是生产工艺和生产技术是建立在最先进的科学技术基础之上，其中高技术人才和研发人员在总职工中的比重较大，产品技术性能非常复杂。高新技术产业代表着国家科技及产业的发展水平。随着社会的不断发展，以知识密集型产业为代表的高新技术成果转入生产的过程日趋加快，这也显示出国家经济增长方式的转变趋势，即整个社会的生产逐渐向知识密集型产业发展。

（2）高投入性。高新技术产业的高投入性体现在人才投入、研究开发经费投入两个方面。一般而言，创新性、尖端性和超前性是高新技术产业的特性，上述特性要求产业具有大量的研究开发人员及较高的知识密集程度。由于科技人才是高新技术产业赖以生存的根本，具有稀缺性的特征，因此对科技人才的投入成为高新技术产业重要的投入之一。另外，新产品开发和新设备制造技术同样需要大量的投入。因此，在高新技术产业的前期，人员和研究开发都需要高投入。

（3）高风险性。高新技术产业是一个不断创新技术的产业，技术创新本身具有十分明显的不确定性，技术风险存在于每一个环节。除此之外，市场风险、管理风险、资金风险等也是高新技术产业面临的主要风险。高新技术产业每推出一种产品，都会伴随着风险。一般来说，只有少数产品最终能够成功进入市场。这也就意味着高新技术产业的每一个环节都具有一定的风险性。

（4）高收益性。高收益性来源于其技术和产品的高创新性，这种创新在一定时期内具有垄断性特征。市场的旺盛需求和技术的垄断，能吸引愿意支付高价格的购买者，会带来高额的利润回报。高新技术企业在创业成功之后，通常可以得到数十倍于初始投入的巨大收益。在风险投资基金投资的高新技术项目中，成功的项目所带来的利润足以弥补他们的全部损失，并使其保持较高的盈利水平。

二 高新技术产业与其融资约束

（一）知识密集性与金融支撑性资产约束

不同于一般资本密集型企业与劳动密集型企业，高新技术企业属于知识密集型企业，其生产经营活动都是围绕着科学与技术开展的，企业本身就拥有先进的科研成果和创新技术。知识产权类无形资产占总资产的比重非常大，并且成为衡量一家高新技术企业价值及其发展前景的主要指标。

高新技术产业的厂房、设备、原材料等有形资产的比重相对较低，更多的资产表现为专利、商业机密等知识产权，使得企业在传统资产抵押贷款融资方式面前，经常出现可支撑融资的资产数量不足的问题，很难与金融机构管理要求所需的资产相匹配。

（二）高投入性与内源融资约束

高新技术产业所需的技术水平，设备的先进程度、更新速度，以及对人才的要求大大高于传统企业，因此对资金的需求量也往往更大。高新技术企业的高投入性体现在新技术开发阶段的研究经费，新建企业时的固定资产投入，企业开发新产品时的产品设计、市场营销成本，以及后续的研究与开发费用等方面。一项新技术、一个新产品从构想到成功上市、规模化生产需要经历很长的一段过程，这期间需要有大量持续、稳定的资金投入,并且研发和生产的结果具有不确定性。因此,在高新技术企业的定量指标中,我国要求高新技术企业要将不低于企业当年总销售额2%的资金用于研究开发,以确保企业的研发投入强度和研发工作的持续性,但内源融资还远远不够,高新技术企业拥有强烈的外部融资需求。

(三) 高风险性与外源融资约束

高新技术产业主要依靠科技的先进性,这就需要不断地技术创新,而新技术的研发本身具有较高的风险。对于前人未曾涉足的领域进行尝试性的探索,这一行为本身就具有很高的不确定性。因而,在新技术产品的研制过程中,试验失败而导致的产品不成熟、不稳定所带来损失是经常出现且数量较大的。开发的新产品投放到市场后,由于产品的独创性和前沿性,市场对这一新技术、新产品的接受和认知程度也具有很大的不确定性,企业通常需要大量的资金培养新的消费习惯,开拓新的消费市场。开发的新产品能否快速找到合适的产品定位,迅速收回成本,都有很强的不确定性,这种风险性也使得传统融资模式对高新技术产业多采取规避态度。

(四) 高收益性与融资循环约束

高新技术产业的技术成果一旦研发成功并获得市场认可,凭借其高附加值产生的经济效益远远超过一般的传统企业。如果加上其独有的技术垄断优势,便可以在市场中获得超额垄断利润。此外,高新技术产业还能产生很高的关联效益。高新技术产业的技术创新活动能够推动整个产业的技术不断升级,从而带动全社会生产效率的提高,产生很大的社会效益。此外,很多高新技术来自交叉学科和边缘学科的最新发展,一项成果的成功带有很强的扩散性和渗透性,直接影响相关领域的技术发展。因此,各国都将高新技术产业的优先发展摆在战略的高度上,研究解决高新技术产业的融资瓶颈也就具有很强的紧迫性和重大的现实意义。

综上,与传统产业相比,高新技术产业具有知识密集性、高投入性、高风险性、高收益性的特征。同时,也存在知识密集性与金融支撑性资产约束之间的矛盾、高投入性与内源融资约束之间的矛盾、高风险性与外源融资约束之间的矛盾、高收益性与融资循环约束之间的矛盾。上述矛盾导致高新技术产业无法获得金融支持,因此探索如何发挥金融的推动作用,促进高新技术产业的发展显得尤为重要。

第四章　高新技术产业发展及其融资约束的理论述评

高新技术产业是科学技术与经济活动紧密结合的产物，是第一生产力的拥有者，是推动经济快速增长的重要力量。近年来，我国及西方学者从不同角度论述了高新技术产业及其发展过程的融资约束。

第一节　科技进步与经济发展理论述评

亚当·斯密在其《国富论》中指出，劳动、土地、资本、技术进步和社会经济制度环境是影响经济增长的主要变量，生产技术的进步能够降低生产费用，提高农业生产率和劳动生产率，从而增加国民财富。在工业中，随着劳动和资本投入的增加，生产规模和收益是递增的，这种收益递增规律是生产技术进步和分工发展的结果。

亚当·斯密之后的古典经济学家，如大卫·李嘉图、萨伊、穆勒、李斯特、马尔萨斯等，也对技术进步与经济增长的关系进行了分析和论述。古典经济学家在研究一国如何积累财富时侧重于要素积累对经济增长的作用，认为要素存量对经济增长有决定性作用，投资和积累过程是经济增长的核心。

大卫·李嘉图在《政治经济学与赋税原理》中提出了认识经济增长的一个重要概念，即报酬递减规律。他同意亚当·斯密对资本积累的强调，然而通过其论证指出，在土地上增加投资，得到的回报会不断减少。他的模型缺乏技术进步的概念，在报酬递减规律的支配下，人口增长和资源消耗与资本积累和市场扩大之间的竞争，最终将使资本积累停止，人口保持稳定，经济增长最终将趋于停止，即达到所谓的"停滞状态（stationary state）"。

马尔萨斯通过对现有人口发展趋势的分析,认为产出受制于有限的土地,人口的压力会使经济状况恶化到劳工们处于仅能维持生存的最低生活水平。马尔萨斯分析道:一旦工资高于最低生存线,人口将会增加,低于最低生存线的工资水平将会导致死亡率升高、人口减少,只有工资在最低生存线上才会实现人口的稳定均衡。[1]

虽然古典经济学认识到了劳动生产率对经济增长的影响和技术进步的可能性,但他们对于技术的描述不够详尽,而且缺乏对技术进步因素在经济增长中具体作用机理的研究。

20世纪50年代开始,在新古典和古典综合派的基础上形成的现代经济增长理论,通过引入外生技术进步因素来修正总量生产函数,以解释经济持续增长的动力问题。哈罗德(Roy Honod)和多马(Domar)提出著名的哈罗德-多马模型,索洛(Robert Solow)和斯旺(T. W. Swan)提出的索洛-斯旺模型,以及后来罗宾逊(W. Robinson)、卡尔多(N. Kaldor)、罗斯托(W. Rostow)、丹尼斯(E. Denison)等人提出的新剑桥经济增长模型、经济增长阶段理论和经济因素分析理论等,都对各类生产要素和技术进步对经济增长的贡献进行了实证分析,基本结论是,经济增长的来源主要分为两个部分:一是生产要素的投入,包括资本投入和劳动投入;二是技术进步,也称为全要素生产率的提高,包括生产要素质量的变化、知识的进展、资源配置的改善、管理水平的提高、规模经济以及其他因素。哈罗德-多马模型认为经济增长主要依靠增加资本存量,这样才能和劳动力的增长以及能提高单位工作时间产量的技术改进保持步调一致。[2] 随后,为了解释经济增长的长期持续性,索洛-斯旺模型首先在生产函数中引入了技术因素变量。它假设技术是一种外生变量,并且保持一种固定的增长速度,即技术进步率。由于技术进步的存在,即使资本-劳动比率不变,资本的边际收益也会不断提高,因此,技术进步可以抵消资本边际收益随人均收入增加而递减的倾向,使其永远保持在零或某一贴现值之上,保证人均资本积累过程在很长一段时间内不会停下来,从而使人均收入的增长保持一种持续势头。从这一增长过程可以看出,技术进步是经济长期增长的

---

[1] 戴维·罗默:《高级宏观经济学》,上海财经大学出版社,2003。
[2] Solow Robert, M., "A Contribution to the Theory of Economic Growth", *Quarterly Journal of Economics*, 1956, Vol. 70, pp. 65 – 94.

决定因素。① 但是，这一时期的研究还是将技术进步本身作为外生变量。

最早将技术进步内生化的是阿罗在1962年提出的"干中学"模型。阿罗将技术进步内生化，并将其对经济增长的贡献进行了分析。阿罗（Arrow）和谢辛斯基（Sheshinski）的经济增长模型率先将技术内生引进经济增长模型，其科学手段是将技术进步作为资本积累的副产品，即干中学效应，同时知识的外溢（或投资的外部性）导致整个经济生产率的提高。但是在阿罗的模型中，经济增长仍然取决于外生的人口增长率。他认为，技术上的改善既不是自发产生的，也不是由公共部门提供的公共投入品，它来自私人部门的生产或投资活动。阿罗虽将技术进步内生化，但并未改变资本边际收益递减的趋势，无法保持长期增长。②

乌沙华（Uzawa）提出了与此类同的经济增长模型，他认为人力资本生产部门不递减的要素边际收益可以抵消物质生产部门递减的要素边际收益，从而保障经济的持续发展。但是，如果人口或劳动力的自然增长率不大于零的话，技术进步对经济增长的作用就很难发挥。谢尔（Shell）在阿罗模型的基础上重新内生化知识，他认为知识是有意识地创造出来的，而不像阿罗所描述的那样是在生产过程中自然积累形成的。但是，谢尔仍然认为创新者投资创造知识的动力不是对利润的追逐，而是源于好奇心理。而后，新增长理论在20世纪80年代开始了新一轮研究上的突破。③

20世纪80年代中期开始，以罗默（Romer）、卢卡斯（Lucas）、格鲁斯曼、克鲁格曼、贝克尔为代表的经济学家们，进行了一系列以内生技术进步为主要内容的研究，形成了"内生增长理论"，亦即"新增长理论"。罗默继承了阿罗的干中学的概念，强调经济外部性的作用，提出了一个以知识生产和知识溢出为基础的知识溢出模型，用技术外部性或知识的溢出来解释经济增长，认为技术（知识）的外部性完全可以保证产出相对资本与技术的弹性大于1，因而资本的边际收益由递减转变为递增。这样一来，人均收入的增长率随时间变化而递增，经济增长表现为发散（divergence）的

---

① 童星：《对Solow-Swan增长理论解释的修正》，《商业研究》2006年第8期。
② Arrow, Kenneth, J., "The Economic Implications of Learning by Doing", *Review of Economic Studies*, 1962, Vol. 29, pp. 155–173.
③ 张亚斌，曾铮：《有关经济增长理论中技术进步及R&D投资理论的述评》，《经济评论》2005年第6期。

过程。罗默的这一结论克服了阿罗模型的不足。此后，卢卡斯也沿用了乌沙华用人力资本解释经济增长的方法，建立了卢卡斯模型。对乌沙华模型进行发展的还有里贝罗（Rebelo），他认为核心资本的存在是经济增长的源泉，只要保护核心资本的收益，促进核心资本的成长，就会有经济的长期增长。但是，罗默、卢卡斯和里贝罗的工作仍然建立在阿罗、谢辛斯基和乌沙华的研究基础上，没有引进自发性技术变迁的理论，技术的进步仍然不是技术创新者为了追求自身利益最大化而进行的技术投资的结果。[①]

这些研究的结论是：经济可以实现内生的增长，经济增长主要由知识积累来推动，内生技术进步是经济实现持续增长的主要动力和决定因素，新思想、技术发明、人力资源以及劳动分工和专业化水平的提高，是提高生产率、促进经济长期增长的关键因素。熊彼特提出，公司企业在技术竞争中可能生产出新的产品。沿用这一理论基础，在产业组织研究领域，一些学者提出，创新是有风险的，只有赢取了 R&D 竞赛的单个企业的 R&D 投资才是有效的。赞成这一观点的产业组织经济学家有劳瑞（Loury）、李（Lee）、威尔德（Wilde）以及雷因格纳姆（Reinganum）。西格斯托姆在以上研究的基础上，批判了继承弗农（Vernon）产品生命周期论的一些国际贸易理论学家从单个企业角度分析所得到的结论。这些经济学家认为，成功的产品创新十分容易，或者说只是由大量的研发投入决定的。可以看出，西格斯托姆研究的出发点是在单个行业中进行的 R&D 竞赛，是一个中观的研究体系。[②]

近些年，西方学者还通过大量的实证分析证明了技术进步对于经济增长的重要作用。基特尔曼（Gittleman）和沃尔夫（Wolf）1994 年的研究结论认为，研究开发活动足以解释发达国家之间经济增长速度的差异。[③] 乔治·M·克里斯对欧盟成员国的研究与开发活动、技术创新与生产率增长情况进行深入研究后发现，技术进步几乎已经成为长期经济增长的同义词。经济增长水平（以人均 GDP 计算）与技术发展水平（以国外专利数量计算）之间存在密切的关系。

---

① 张亚斌，曾铮：《有关经济增长理论中技术进步及 R&D 投资理论的述评》，《经济评论》2005 年第 6 期。

② 张亚斌，曾铮：《有关经济增长理论中技术进步及 R&D 投资理论的述评》，《经济评论》2005 年第 6 期。

③ 张陆洋：《高新技术产业发展的风险投资》，经济科学出版社，1999 年第 10 期。

改革开放以来，我国高新技术产业蓬勃发展，高新技术产业在我国经济发展中的作用越来越重要。中西方学界、政府、社会大众的共识是，发展高新技术产业，支持科技创新是推动经济和社会快速良好发展的重要方式。据此，在地方，高新技术产业也成为政府重点扶持和培养的对象。

国内学者研究认为影响经济增长的因素很多，诸如科技进步、劳动力、资本、产业结构以及各要素在生产过程中的结合与改进等。在这些影响经济增长的因素中，科技进步是最重要的，科技进步不仅能推动经济总量的增长、促进经济效益的提高，还能推动经济增长方式的转变、促进经济结构的调整。一般来说，经济增长与科技投入之间存在互动互促关系。经济增长伴随着科技进步，科技进步又会加速经济增长。经济增长越快，经济总量越大，科技投入也应越高；科技投入越高，则经济增长越快。随着科技进步对经济增长的贡献率不断提高，应越来越重视对科技的投入。经济可持续快速增长，就有更大的力量进行科技投入，促进科技进步，使经济以更快的速度增长，从而促进科技进步与经济增长的良性循环，反之亦然。同时，经济增长与科技产出之间也是一种互动关系：一方面，经济增长越快，经济对科技产出的要求就越高；另一方面，由于科技人员社会地位和待遇的提高，其科技活动的积极性也进一步提高，导致科技成果数量和质量的提高。与此同时，由于经济增长的巨大需求，科技成果向现实生产力的转化率也会越来越高，形成良性互动。[①]

第二节 高新技术产业发展融资约束理论述评

国外对金融支持与产业之间关系的研究起步较早，有较多文献对金融理论、产业发展以及金融支持产业发展等方面做出了研究，大量的文献对高新技术产业本身、金融体系以及二者之间的关系有详细的阐述。

一 国外融资理论及启示

1. 金融对产业发展的支持作用

西方现代企业融资理论是西方金融环境、资本市场和公司治理发展到

---

① 张亚斌，曾铮：《有关经济增长理论中技术进步及 R&D 投资理论的述评》，《经济评论》2005 年第 6 期。

一定阶段的产物。该理论以 MM 理论为主线不断放宽假设，研究得出税收、非对称信息、代理、激励、契约、接管及产品和要素市场对企业融资结构有决定作用。现代融资理论以企业价值最大化为目标，十分关注初始投资者与新投资者、股东与经营者、股东与债权人之间的矛盾与协调，同时将公司治理结构、产品策略、破产机制考虑在内，其研究方法和思路对我国高新技术产业融资理论研究有重要意义。我国大部分高新技术产业面临产权不清、破产机制疲软以及不同程度的预算软约束和信贷软约束，同时法律法规不健全、经理人市场匮乏、金融压抑等种种问题困扰着企业，这些情况使得我国高新技术产业融资和资本结构问题比西方现代融资理论所研究的情况更加复杂。Weston 和 Brigham 采用了 30 个国家 1880 年至 1990 年间的数据进行实证研究，说明企业是不断向前发展的，处于一种不断发展的状态之中，企业的经营状况以及企业的资金积累不断发展，企业的资金需求量与融资结构的选择会随着企业的发展不断变化。Myers 是对企业融资次序理论研究较早的学者。他认为企业在进行融资时会考虑到企业的控制权与企业融资成本，企业在融资时一般先进行内源融资，先由内部资金来满足企业资金发展需求，当内部资金不足以满足企业发展时才会进行外部融资。外源融资也有先后之分，首先考虑对企业控制权较低的债务融资，最后考虑股权融资。Gary J. Becker 研究了工业与装备研发业的金融支持问题，他认为在医疗机构中建立有效的金融支持体系，能让包括设备经销商、医院、患者、医生在内的各方面都受益。Alan MacPherson 和 David Pritchard 研究了外资金融对美国工业的支持作用与效应，并重点以波音商业飞机技术通过金融支持扩散到日本为例。他认为对日本的商业外包的动机是访问日本市场、传播风险、获得资本，这个过程可降低美国的研发支出。Zhaozhen Fan 讨论了金融对国防科技产业发展的支持作用，认为国防科技产业的改革与发展必须依靠强大的金融支持，应当建立稳定的资本增长机制、发展风险投资，还应开放更多领域的投资、采取多元化的金融发展方式。Lin Yu 研究了能源工业低碳发展的金融支持，认为资金因素是低碳能源产业发展的关键要素之一，他分析了能源产业低碳排放的内涵和低碳发展的金融支持原则，指出了当前中国能源产业实现低碳排放金融支持的不足之处，并提出了促进银行合作、进行金融创新、加强金融支持等解决途径。

2. 金融对高新技术产业发展的支持作用

高新技术产业的经济支持研究，主要呈现出两派观点，"分别是公共财政的支持与商业金融的支持。公共财政支持方面的学者通常认为，高新技术企业的经营通常伴随着较高的不确定性和风险，因此金融市场和金融企业存在一个倾向，他们会通过逃避投资技术创新来避免潜在的损失。早在 20 世纪 70 年代，Mansfield 通过对大量样本的研究，表明了对于高新技术产业，私人投资的回报率远低于公共投资的回报率。Lemer 比较了高新技术企业所接受的各种资金的长期绩效，结果发现：对于研究和开发机构而言，公共资金比私人资金溢出效应更强，即公共资金比私人资金更为高效，更能促进高新技术产业的就业和销售增长。Jian Hongyu 研究了农业收入分配调控效应的金融支持问题，对金融支农支出的边际规模效应和结构效应进行了定量检验，分析了财政支农支出的规模和结构对城乡居民收入差距的影响"。[①]

二 国内高新技术产业融资理论

目前，我国高新技术产业融资理论主要集中在制度设计和资本结构这两个方面，角度比较全面，得出的结论也能在一定程度上解释现实情况，并能解决某些现实问题。但与国外研究相比深度不够，缺乏一个普遍适用的理论模型。

钱海章、张玉明、于春红等将高新技术产业生命周期划分为种子阶段、创建阶段、成长阶段、成熟阶段，并根据各阶段的风险匹配不同的融资策略，分析了高新技术产业在不同生命周期的最优融资顺序：高风险阶段，以内源融资、非正式金融、风险投资为主，企业进入稳定成长、成熟阶段后股权融资、兼并及债权融资等方式将被纳入考虑范围。熊波则从技术成果转化的角度研究了实验阶段、产品阶段、商品阶段、产业阶段的融资渠道和方式，并量化了各类型的资本成本，以融资成本最小化来达到优化融资结构的目的。熊波指出非对称信息所导致的逆向选择和道德风险会使高新技术企业在技术成果转化过程中面临融资障碍，而私人权益资本市场中的机构投资者能满足其需求。戴淑庚认为我国的科技与资本融合存在明显的制度障碍，有必要通过融资工具、融资机构、融资制度三个方面的创新来融通资金，引导资本流向高新技术产业，包括贷款证券化、金融期权等融资租赁工具创新，民营金融机构、金融科技集团、信托公司、财务公司、

---

① 江新宽：《广西高校技术产业发展的金融支持问题研究》，广西大学硕士学位论文，2011。

保险公司等机构创新，利率市场化等融资制度创新。吴博使用两个多元回归模型对高新技术产业的资本结构影响因素进行研究。回归结果显示，企业规模、无形资产的比例、应付股利、市盈率、企业规模、净营运资金、管理层持股等对所有上市公司的市场杠杆均有影响，而其中净营运资金、非负债税盾、市盈率、主营业收入变动性对高科技上市公司资本结构影响更加显著。

近年来，我国学者在缓解高新技术产业融资难的政策研究方面进行了深入的探讨。林毅夫和李永军认为，发展和完善中小金融机构是解决我国中小科技企业融资难问题的根本出路。肖万春、邓彬研究了适于湖南省长远发展的高新技术产业发展模式，分析了金融对高新技术企业发展的重要意义。王卫彬、朱传波归纳了浙江省推进科技与金融结合的探索过程，提出要尽快建立和健全多层次的科技投融资体系。吴先满等通过课题研究，提出要想实现科技金融深化与创新就要坚持"纵向到底、横向到边"，并提出了高新技术产业倍增计划的具体可行措施。谷明月对青海省高新技术产业金融支持中的阻碍因素做出研究。她在文中采用了因果检验方法，提出形成阻碍的主要原因是青海省金融规模过小。陈倩重点研究了美国硅谷银行的相关机制以及支持高新技术产业发展的方式后，总结出了硅谷银行在服务高科技创业企业方面的创新举措。

综上所述，国内外对于高新技术产业的金融支持已经有了较为深入的研究，很多专家也提出了富有针对性的建议。通过深入洞察我国高新技术产业所面临的金融支持，我们发现：已有的文献对高新技术产业的金融支持多做定性的描述，缺少有价值的定量分析。同时，现有的研究多是在我国经济高速发展、产业结构较为合理的状况下展开的。随着我国经济进入新常态，由高速增长转向中高速增长，国家提出以科技创新为核心的全面创新。在此背景下，研究如何发挥金融推动力，实现经济平稳较快发展，特别是进行有价值的实证研究是十分必要的。

第五章 金融体系对高新技术产业发展的支持：形成机制分析

金融支持，是将企业作为中心，通过融资环境、融资过程的改善，为确保企业顺利运营而给予的资金方面的支持。高新技术产业发展所需要的金融支持是广义上的，既包括银行、政府、资本市场等实体机构资金的直接性支持，也包括这些支持主体所出台的优惠政策、法规、措施等间接性支持。

第一节 传统企业主要融资渠道分析

一般情况下，企业的常规融资渠道决定了企业的发展需要与融资环境相适应。

美国经济学家梅耶（Mayer）的传统融资理论，即啄食顺序理论（Pecking Order Theory）提出了一个可以使公司发行的股票和债券的价值最大化的最优资本结构，通过对不同性质的资本进行排序，可以给出决策者应当遵循的行为模式。[1] 该理论认为，"传统企业融资的顺序一般是：内源融资、外源融资、间接融资、直接融资、债券融资、股票融资。即在有选择条件的情况下，在内源融资和外源融资中首选内源融资；在外源融资中的直接融资和间接融资中首选间接融资；在直接融资中的债券融资和股票融资中首选债券融资"。

---

[1] S. Myers, "Determinants of Corporate Borrowing", *Journal of Financial Economics*, 1977, Vol. 9.

一 传统产业融资渠道及其分类

一般来说,传统产业的融资渠道,是指协助企业的资金来源。它主要包括内源融资和外源融资两个渠道(见图5-1)。其中内源融资即公司内部融通的资金,是指企业在生产经营活动中产生的资金,它主要由留存收益和折旧构成。内源融资是企业不断将自己的储蓄转化为投资的过程。外源融资是指企业通过一定方式向企业之外的其他经济主体筹集资金。外源融资是吸收其他经济主体的储蓄转化为投资的过程。外源融资主要包括银行贷款,发行股票、企业债券等。此外,企业之间的商业信用、融资租赁在一定意义上也属于外源融资。现在,由于依靠内源融资已很难满足企业快速增长的资金需求,外源融资已逐渐成为企业获得资金的重要方式。

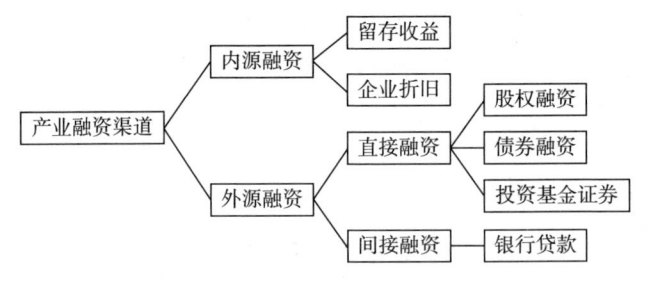

图5-1 传统产业的融资渠道

二 内源融资

内源融资理论从资本结构的MM理论发展而来。1958年莫迪利安尼和米勒发表了题为《资本成本、公司财务和投资理论》的经典论文,提出了被称为"MM定理"的资本结构理论。他们认为,"在没有税收、不考虑交易成本以及个人和企业贷款利率相同的条件下,企业的价值与其资本结构无关。虽然这一结论的前提过于苛刻,与现实相距甚远,但它开拓了现代资本结构理论的道路,指明了其发展方向,标志着现代资本结构理论的建立"。随后,包括莫迪利安尼和米勒在内的众多学者都通过放宽假定对"MM定理"进行修正,分别产生了权衡理论和优序融资理论,其中优序融资理论对"MM定理"最大的修正就是放弃了充分信息这一假定,引入信息非对称的思想。

最先对融资顺序进行研究的是Donaldson,他观察到企业似乎并不根据特定的资本结构进行融资,他们更倾向于选择按一种偏好顺序进行融资:

首先是内源融资,其次是债券融资,最后是发行股票。

内源融资的来源包括企业积累、银行或信用社贷款、亲戚朋友筹款、民间借贷等。

内源融资的优点如下。第一,具有较强的自主性。由于内源融资来源于自有资金,上市公司在使用时具有很大的自主性,只要股东大会或董事会批准即可,基本不受外界的制约和影响。第二,企业的融资成本较低。企业不必向外支付借款成本,因而风险很小。第三,不会损害股东的收益和控制权。由于未分配利润融资而增加的权益资本不仅不会稀释原有股东的控制权和降低每股收益,反而可以增加公司的净资产。第四,帮助公司的股东获得税收收益。如果公司将税后利润全部分配给股东,则需要缴纳个人所得税。[①]

内源融资的缺点也是较为明显的,主要是受公司盈利能力及积累的影响融资规模受到较大的制约。同时,分配股利的比例会受到某些股东的限制,他们可能要求股利支付比例要维持在一定水平上。如果进行了内源融资就会使公司给股东分配的股利减少,不利于吸引股利偏好型的机构投资者,也可能影响今后的外源融资。

三 外源融资

外源融资是指企业外部的资金来源,主要包括:银行贷款,发行股票、企业债券,企业之间的商业信用,融资租赁。外源融资的方式包括直接融资和间接融资两种。直接融资与间接融资的区别标准在于债权债务关系的形成方式。

直接融资是资金供求双方通过一定的金融工具直接形成债权债务关系的融资形式,是一种以股票、债券为主要金融工具的融资方式。其工具主要包括商业票据和直接借贷凭证、股票、债券。直接融资能最大限度地吸收社会游资,直接用于企业的生产经营,从而弥补了间接融资的不足。

间接融资是指资金盈余单位通过存款,或者购买银行、信托、保险等金融机构发行的有价证券,将其暂时闲置的资金先行提供给这些金融中介机构,然后再由这些金融中介机构以贷款、贴现等形式,或通过购买需要

---

① 张娜:《高科技企业创新融资方式》,山东大学硕士学位论文,2006。

资金的单位发行的有价证券,把资金提供给这些单位使用,从而实现资金的融通。在直接融资中,资金盈余单位与资金短缺单位之间不发生直接关系,而是分别与金融中介机构发生一笔交易。间接融资包括银行信用(以银行作为金融中介机构所进行的资金融通形式)和消费信用(银行向消费者个人提供用于购买住房或者耐用消费品的贷款)。间接融资的基本特点是资金融通通过金融中介机构来进行。

外源融资具有速度快、弹性大、资金量大的优点,因此,在并购过程中一般以外源融资作为筹集资金的主要来源。但其缺点是保密性差,企业需要负担高额成本,因此产生较高的风险,在使用过程中应当注意。

实践中,当公司要为自己的新项目融资时,应优先考虑使用内部的盈余,其次是采用债券融资,最后才考虑股权融资,即内部融资优于外部债权融资,外部债权融资优于外部股权融资。

第二节 金融体系对高新技术产业的支持:形成机制分析

高新技术企业特有的高科技性导致的高风险、高投入特性,决定了其融资条件与传统企业有很大的差别,资金需求量也较一般生产性企业大,风险也大。首先,对内源融资而言,创业者大多拥有专利技术和科技创新成果,自身的资金数量有限,不可能满足企业创立和发展的全部需要。其次,对间接融资而言,高新技术产业可抵押资产少、新生公司信誉较低,风险性高,间接融资有一定困难。最后,对直接融资而言,资本市场的上市门槛高,多为中小型企业的高新技术产业很少有机会在主板市场上进行大规模的融资。

传统产业融资途径与高新技术产业的融资条件不匹配,因此需要外力因素,包括政府和市场双重融资力量,结合高新技术产业的特点,提供全方位的有效的金融支持。

高新技术产业与传统产业最大的不同在于其发展模式具有突出的阶段性特点。高新技术产业从新技术的研发、产品开发、规模生产到投入市场,每一阶段都有其他产业所不具备的典型特点,因而每一阶段所需资金的特点也不相同,这也决定了其融资模式在各个发展阶段有不同选择。

一 种子期：金融需求不大，但风险高

高新技术产业发展的第一阶段为技术研发阶段，也叫种子期。本阶段属于知识密集型阶段，是研发人员对新技术的设想、摸索和研究阶段，可能形成在未来具有一定商业价值的科研项目。后续阶段要完成技术开发与产品试制等大量工作，因此，这一阶段与最终的产品化和产业化还有相当大的一段距离。这个阶段的主要特点是有一些创意、技术的雏形和一些核心的成员，最迫切的任务是攻克技术上的难关，将构想中的产品开发出来，获得雏形产品。此时，创业者需要资金进行研究开发，或继续验证这个创意。

这一阶段对资金的需求量较小，但往往超过了创业者个人的支付能力，因而需要融资。同时，由于还不能产生收入现金流，最好是融入可以长期使用的资金。另外，融资中存在各种隐形风险。这一时期的不确定性因素很多，如研究成果出现的时间不确定、商业目的不明确，阶段性工作成果能否带来经济效益也有相当高的不确定性，且在申请专利之前研究成果容易被外界所共享，因此这一阶段的投资成功率最低。如果创新不成功，或创新成果的商业性不强，资金投入很可能有去无回。而且，由于没有过去的经营记录和信用基础，企业几乎不可能获得商业银行贷款。创业者的融资希望在于获得政府基金的资助，更多的在于得到企业孵化器、风险投资者的支持。因此，与此阶段相匹配的融资渠道一般是自筹资金、私人借贷、企业专项科研经费、各级政府拨付的科研经费，以及私人风险资本投资等。其中股权融资是主导融资方式，具体形式有企业孵化器和科技型中小企业技术创新基金。

企业孵化器又称为企业创业中心，是一种介于市场与企业之间的社会经济组织，通过提供研发、生产、经营的场地，通信、网络与办公等方面的共享设施，系统的培训和咨询，以及政策、融资、法律和市场推广等方面的支持，降低新创企业的创业风险和创业成本，提高初创企业的成活率和成功率。企业孵化器的主要目的是帮助初创企业成为能够独立运作并健康成长的企业。我国企业孵化器大致分为七种类型：综合性高新技术产业孵化器、专业技术孵化器、大学创业园、海外学人创业园、国际企业孵化器、企业孵化器网络、专利技术孵化器与流动孵化站。[1] 目前，我国企业孵

---

[1] 高菲：《吉林省科技企业发展中的金融支撑问题研究》，《华章》2010年第2期。

化器有250多个，数量居世界前列，共孵化高新技术企业1万多家，其中在孵企业8000余家，已毕业企业3000家。需要指出的是，企业孵化器是一个综合服务系统，直接融资服务只是综合服务中的一项，而且不是最重要的一项。所以，从融资的角度看，它更多的是提供间接与隐性的融资。对处于初创阶段尤其是种子期的高新技术企业而言，入驻孵化器是一项不错的融资选择。

科技型中小企业技术创新基金是经国务院批准设立的用于支持科技型中小企业技术创新的政府专项基金，不以营利为目的，实行公开、公平、公正、竞争、择优的管理原则。根据入选企业的不同特点和项目所处的不同阶段，以下列方式提供支持：贷款贴息、无偿资助、资本金投入。

风险投资行业是为具有高增长潜力的企业创业者提供风险资本和其他资源的行业，目的是获得投资的高额回报率。风险资本是投入到新兴的有巨大竞争潜力的科技型初创企业中的一种权益资本，它通常要求企业以一定的股份形式为承诺。它分为非正式风险投资者（又称"投资天使"）和正式风险投资者，后者包括风险投资基金与风险投资公司。

"投资天使"基本都是富有的个人或成功的创业者。他们的投资数额往往比较小，对一家企业的投资通常为2万~20万元。这些投资者可能单独投资，也可能和其他"投资天使"联合投资。通常，这些"投资天使"对他们所投资的市场和技术有很深的了解，他们的经验和关系网络可能会给所投资企业带来比其投入资金更多的价值。一个对创业者非常有利的因素是，因为"投资天使"的投资决定往往包含"希望参与创业过程"或者"帮助其他创业者起步"等非经济因素，所以其对潜在的无形投资估价一般不如正式的风险投资者的估价彻底。"投资天使"尤其适合还未开发出雏形产品的种子期融资。正式的风险投资者通常只对自己熟悉的行业或者自己了解的技术领域的企业进行投资，所资助的企业大多分布在自己公司所在地的附近地区，而且偏爱发展潜力巨大的中小公司。他们的投资注重规模效应，一般倾向于投资100万元以上，对少于100万元的投资基本不予考虑，某些实力强的基金单项投资额超过1000万元的情况并不鲜见。它们在投资前往往会进行专业、彻底的投资调查及评估。

二 初创期：资金需求大，易遇融资瓶颈制约

高新技术产业发展的第二阶段为产品开发阶段，也叫初创期。本阶段由科技成果向产品转化，促使新的高新技术企业产生，或是原有研发企业着手对新产品进行试生产，主要包括购买新型设备、产品设计及销售等诸多环节的实施，因而需要大量资金支持。此阶段是科研成果能否转化为产品的关键阶段，也是最为困难和危险的阶段。在初创期，企业的主要任务是，使研制的产品成功地进入市场以实现商品化。一旦产品符合市场需求或成功地创造出市场需求就要进行批量生产，这时企业既要完善相应的组织机构、增加生产设备、进行人员培训等，又要开拓潜在的产品市场。

初创期是产品开发成功至产品开始进入市场的阶段，这是高新技术产业化过程中一个极其重要的阶段。这一时期，虽然新技术的可行性得到检验，企业的组织机构开始形成，技术风险逐渐下降，但市场风险、管理风险以及财务风险仍然很高。为了创造中试及生产条件，加快速度抢占市场，此阶段资金需求量非常大，若无资金支持，企业很难发展下去。企业要做到技术与市场的结合：创业企业的技术要具有市场可实现性；创业企业产品的技术水平要拥有明显的市场竞争优势。这种优势让竞争对手在短时期内难以跟随、模仿，使企业在一定时期内获得高额的垄断性利润。创业企业的技术要具有可持续发展的能力，这是因为风险投资不仅是寻求快速回报的短期投资，也是对企业未来发展前景的期权投资。

由于创建阶段的技术风险和市场风险未得到有效释放，企业仍处于现金流出远大于现金流入的阶段。大量的资金需求和巨大的不确定性，使此阶段的企业很难通过自身积累满足资金需求，极有可能遇到融资瓶颈。加之此阶段同样缺乏经营、信用记录，因此企业要想得到商业银行贷款极其困难，而且创建不久的企业也无法承担银行贷款融资导致的沉重债务负担。同时，非营利机构，如政府基金（国家导向型资金），由于受法律条件限制也不再适用于此阶段。因此，在本阶段风险投资、天使资金以及大公司的战略性投入开始逐步增加，市场化的商业性资金来源逐步占据主要地位。其中，天使资金倾向于投资预期销售额及利润增长率在10%~20%的小型初创企业，以及资金需求在20万~150万元的小型初创企业。而风险投资基金与风险投资公司则倾向于投资预期销售额及利润增长率在20%以上的

初创企业,以及资金需求在 80 万元以上的小型初创企业。

三 成长期:资金需求增大,易获间接融资

高新技术产业发展的第三阶段为规模生产阶段,也叫成长期。此阶段是产品推向市场,扩大生产,提高市场占有率,达到规模生产的阶段。此阶段的企业已经具备了间接融资的可能,但还达不到直接融资的要求,如果对未来前景的判断良好,还可以吸引风险投资人投资。在成长期,新产品逐渐获得消费者认可,已经达到了一定的市场占有率水平,开始有较好的经营业绩,会创造出新需求或者代替满足原有需求的老产品。新产品的市场空间很大,因而其销售额会快速增长。此时技术风险已基本释放,市场风险与管理风险也大大降低,为了达到预期的市场占有率和规模经济的目标,企业需要不断增强生产能力,在生产和营销方面进行大量投入,因而所需资金量较前两个时期更大。

这一阶段的资金称作成长资本,主要来源于原有风险投资的增资和新的风险投资的进入。同时,企业开始拥有较为稳定的顾客和供应商以及较好的信用记录,银行贷款等稳健资金会择机进入,信用融资也开始起步,部分市场前景特别被看好的企业已经能够利用股票市场进行早期的股票发行。此外,此阶段的企业发展非常迅速,往往需要注入新的资本金,企业一般会引入新的股东,因此,战略投资也开始较大规模地进入高新技术企业。[1]

四 成熟期:融资风险低,易获资金支持

高新技术产业发展的第四阶段为投入市场阶段,也叫成熟期。成熟期是产业化的完成阶段,成熟期的企业已经具有一定的品牌效应,技术成熟,产品进入大工业生产和延伸阶段。企业规模大幅扩大,企业利润大幅提高,产品市场占有率较高,基本上没有技术风险,市场风险、管理风险和财务风险虽在一定程度上存在,但较前期有所降低。在成熟期,销售额的增长速度开始放慢,如果不断地追加生产,可能导致生产能力和产品过剩,价格与利润下滑。本阶段的工作重点是完善现代企业制度,通过成功上市转型为成熟的公众公司。本阶段的发展目标是力争取得和保持行业领先地位,

---

[1] 高菲:《吉林省科技企业发展中的金融支撑问题研究》,《华章》2010 年第 2 期。

根据需要向知名跨国公司发展。这一阶段的资金需求是最为庞大的，但融资环境也得到了很大改善。由于已经过了高速扩张阶段，融资需求又比较容易得到满足，因此一般不存在融资瓶颈。

这一阶段的资金称为成熟资本。随着各种风险的大幅降低，高额利润率已不再是企业的主要追求，对追求高风险、高回报的风险投资已不具有吸引力。同时，企业的收入现金流充足稳定，拥有稳固的资信能力，银行贷款、债券发行等债权融资已成为常规的融资手段。成功上市更是企业成功和创业者完成资本原始积累的标志。同时，到达此阶段的高新技术产业已经基本实现了预先期望的企业利润和生产规模，从而倾向于以内源融资为主要融资渠道。以往阶段的投资主力——风险投资已经很少增加投资了，有的企业甚至给风险投资的退出提供渠道。对于风险投资者来说，选择在这一阶段退出，可以获得最佳回报水平，完成自身良性循环。此外，这一阶段的高新技术产业也可通过引进外资获得资金。如国际融资，经国家有关部门批准，从国际金融市场融入资金，这种方式主要解决企业引进国外先进技术和先进设备的外汇问题。又如合资经营，通过和外商合资，采用项目融资的方法共同投资建设项目，既可以解决技术引进问题，又可以获得所需的资金。其中，BOT方式协议外商经营若干年后就交给中方，非常适用于交通、发电等高新技术产业。

高新技术产业各个阶段的风险、收益和资金需求情况见图5-2。可以看出，高新技术产业在发展过程中，对资金的需求呈递增趋势，企业面临的风险却是递减的，企业收益从无收益、单方面投入，到收益为零，出现收益临界点，继而收益迅速增加。

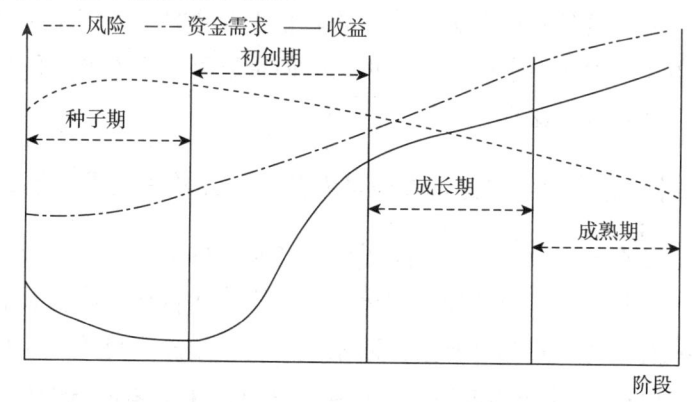

图5-2 高新技术产业各个阶段的风险、收益、资金需求情况分析

高新技术产业不同阶段的特征如表 5-1 所示。在种子期，高新技术产业的风险最大，企业成功率较低一般为 10% 左右，而资金需求较小。处于初创期的高新技术产业风险依然较大，成功率较高，一般为 50%，并有较大的资金需求，如果企业成功，将会迎来止损点，初步进入盈利阶段，但这时的盈利能力依然较弱。可见，前两个阶段的高新技术产业与传统融资模式是不匹配的，金融支持的可得性较差。在后续的成长期，企业的状况有所好转，成功率较高，一般为 70% 以上，资金需求量大。高新技术产业到了成熟期，尽管资金的需求量更大，但此时企业已有稳定的收益带来的现金流，风险也在逐渐减小，可利用的传统融资渠道较为畅通，金融支持的可得性较好，成功率也非常大。

表 5-1　高新技术产业不同阶段特征

生命周期	风险性	成功率	资金需求
种子期	技术风险，极大	较低	较小
初创期	创业风险，大	较高	较大
成长期	经营风险，中	高	大
成熟期	较小	非常高	大

第三节　高新技术产业融资难的内外机理分析

融资难是各国高新技术产业普遍存在的现象，高新技术产业由于信息不对称等原因，很难获得资金支持。高新技术产业自身的资本量小，很难获得在资本市场直接融资的机会，再加上间接融资渠道不畅，使得我国高新技术产业面临融资难的困境。

一　财政税收投入的有限性与高新技术产业的资金需求量大的矛盾

首先，依靠国家财政投入的高新技术产业扶持基金覆盖面很窄，远远不能满足高新技术产业种子期的整体资金需求。如科技型中小企业技术创新基金的三种支持方式都是有条件限制的：贷款贴息一般要求项目总投资在 3000 万元以下，实施周期不超过 3 年，贴息总额不超过 100 万元；无偿资助一般要求项目总投资在 1000 万元以下，实施周期不超过 2 年，资助总额不超过 100 万元；对资本金投入的限定条件是该项目即将启动，数额预计一般不超过企业注册资本的 20%。

且在此之前，受资助企业要符合下列条件方可申请科技型中小企业技术创新基金的支持：第一，具备独立企业法人资格；第二，主要从事高新技术产品的研制、开发、生产和服务业务；第三，领导班子有较强的市场开拓能力和较高的经营管理水平，并有持续创新的意识；第四，职工人数不超过 500 人，具有大专以上学历的科技人员占职工总人数的比例不低于 30%，直接从事研究开发的科技人员占职工总人数的比例不低于 10%；第五，有良好的工作业绩，资产负债率不超过 70%；第六，每年用于高新技术产品研究开发的经费不低于销售额的 3%，注册不足 1 年的新办企业不受此款限制；第七，有严格的财务管理制度、健全的财务管理机构和合格的财务管理人员。可见，最终符合条件受到该政府基金资助的高新技术企业寥寥无几。

其次，在新的税收制度下，有些中小科技企业的税收优惠被取消了，而且作为民营科技企业又无法享受国有企业先缴后退的待遇，再加之部分税种的税额、税率上扬，征税范围扩大，企业的税负明显增加。除此之外，新增的"固定资产投资方向调节税"也只能通过国家投资（一般只投资于公共设施和大型项目）实行零税率优惠，而非用税收杠杆对非政府的投资进行限制。这些都使得中小科技企业的内源融资受到限制，从而在更大程度上依赖外源融资。

二 政府制度的制约机制与高新技术产业的高风险性的矛盾

近年来，一些股权交易的柜台市场和"第三市场"开始在一些地方出现，但是，由于政府过于担心这些市场的风险问题，以及"国有资产流失问题"，国家按照市场经济的法则，出台了一系列的金融法规和政策，关闭了地方性的股权交易系统，取消了各类柜台交易。这使得主要为中小科技企业提供资本融资服务的渠道出现了闭塞。

三 商业银行规避风险使得中小科技企业难以获得贷款支持

在发达国家，中小科技企业资金有很大一部分来自金融机构的贷款。在我国，中小科技企业要得到银行贷款却相当困难，因而存在较为严重的债务融资缺口。随着企业规模的扩大，内部资金的重要性不断下降。对中小科技企业来说，非正式渠道是最主要的资金来源。但随着企业规模的扩大，这部分的份额趋于下降，商业银行贷款逐渐增多。对大企业来说，商业银行贷款是第二重要的资金来源，仅次于企业留存收益。这表明银行更支持那些相对成功的规模较大的高新技术企业。同时，中小科技企业贷款申请的被拒绝率要大大高于大型企业。

四　风险投资的发展不能满足高新技术产业的融资需求

风险投资的发展在一定程度上缓解了高新技术产业的融资难问题，然而，并不是所有的高新技术产业都可以获得风险投资的支持。风险投资的特性决定了其在缓解高新技术产业融资难方面的作用是有限的，因此，风险投资仍不能解决大多数高新技术产业的融资难问题。如前所述，正式与非正式的风险投资机构均有相应的限定条件。虽然风险投资机构在高新技术产业发展的四个阶段都有投资，但在种子期和成熟期阶段投资的总和一般不到所有投资的10%。风险投资机构主要的投资阶段是创业期与成长期。

五　资本市场对高新技术产业有诸多限制

现阶段的股权融资渠道只有深圳和上海的两个股票市场。目前，股票市场以国有企业为主，中小企业难占一席之地，这是因为不仅有严格的上市要求和审批程序，还要求企业具备一定的实力。我国中小科技企业规模普遍较小，能在一级市场进行融资的更是少之又少。因此，我国现有的市场不可能成为中小科技企业外源融资的有效渠道。从我国目前股票市场融资情况看，主板市场更多地向国有企业和大中型企业倾斜，且上市门槛较高。难以登陆主板市场的中小科技企业、民营科技企业只好在二板市场上市。

高新技术产业还可以凭借自身的资信能力向社会公众发行债券进行融资。但是，我国目前发行债券和可转债的程序非常复杂，发行门槛较高，与发行股票的条件基本等同。所以，能够发行债券的高新技术产业的范围还是很小。

六　民间资本的法律欠缺制约了高新技术产业的合理融资

长期以来，我国对"民间集资"采取不予提供法律保护的歧视性政策，基于商业契约的一些融资活动常被看作"非法集资",所以中小科技企业的民间融资渠道因为缺乏必要的法律保护而十分不畅。

  我国高新技术产业在发展过程中面临各种困难,其中融资难是最主要的方面,制约着高新技术产业的成长和进步。融资难已经严重影响了高新技术产业的发展,也影响着国民经济的正常、全面发展。因此,解决高新技术产业的融资难问题已成为促进我国经济合理发展的一个重要课题。

第六章　高新技术产业发展的金融支持：发达国家和地区的考察

针对高新技术产业的发展特点，各国对高新技术产业的金融支持主要分为政府支持和市场支持两个方面。

政府支持主要包括直接提供资金、制定优惠法规，以及提供担保。高新技术产业在发展初期，特别需要政府的政策倾斜和研发资金的投入，从而带动社会资金向技术创新活动转移。国家的税收优惠和政策性补贴都能为企业的健康成长提供动力。

在市场支持方面，我们将发达国家和地区的做法分成两种形式。一种是以资本市场为主导的直接融资形式，也称距离型融资（Arm's-Length Financing），这种形式以美国和英国为典型，；另一种是以银行为主导的间接融资形式，也称关系型融资（Relational Financing），这种形式以日本和德国为典型。一些发达国家和地区发展高新技术产业的经验是，在这两种典型的融资模式之上配合政府政策倾斜，为高新技术产业提供良好的金融支持。

本章在以直接融资为主要支持体系的国家中选取美国、英国为代表，以间接融资为主要支持体系的国家中选择日本、德国为代表，重点考察这两种市场融资形式以及与其配套的政策措施。除此之外，我们将我国台湾地区的实践作为新型经济发展地区的代表进行研究。

第一节　美国高新技术产业的金融支持体系

美国是世界高新技术产业的领跑者。20世纪末美国经济增长的主要原因在于其高新技术产业的蓬勃发展。美国高新技术产业的迅速发展得益于其拥有较为完善的金融支持体系。其中，多层次的资本市场体系和政府对科技的研究开发投入、技术服务及政策导向尤为重要。

一 多层次的资本市场体系对高新技术产业的金融支持

美国的高新技术产业是依托资本市场的发展成长起来的。美国拥有全世界最发达的资本市场，其成熟的债券市场和股票市场，成为美国金融体系的核心，也是高新技术产业蓬勃发展的重要基础和保障。

高新技术产业能够获得融资支持，得益于1929年大危机后资本市场的兴起和快速发展。1929年大危机后，美国将大部分引发危机的原因归于商业银行参与了证券业务和其不正当经营做法，因此开始强化对银行业的管制，并分别于1933年、1934年推出了《格拉斯-斯蒂格尔法案》《证券交易法》，对商业银行的经营进行了诸多限制，削弱了其资源配置的功能和地位，约束了其在金融体系中的发展。在此背景下，相对于银行业而言，资本市场由于受到较少的管制而迅速发展，逐渐形成了庞大的资本市场体系，在这个体系的支持下，高新技术产业的发展也融合了这种特点，以外部融资的直接融资方式为主，通过股票市场筹集大规模的资金。这种融资模式的特点在于，融资成本较小，股东对企业的管制相对松散和灵活，主要依靠外部评级机构等部门的监管。可见，美国高新技术产业的融资模式也在一定程度上反映了美国的文化精神。

美国股票市场最大的特点是多层次性，针对不同规模的上市公司，不同层次的资本市场设置了不同的上市门槛。除了其全国性的证券交易所——纽约交易所（NYSE）之外，最值得借鉴的是其强大的场外市场交易系统（OTC），OTC市场包括三个层次：纳斯达克（NASDAQ）市场、电子柜台交易（OTCBB）市场和粉红单市场。

第一个层次，NASDAQ（National Association of Securities Dealers Automated Quotation）市场。NASDAQ是一个全国范围内的电子询价系统，培育了美国一大批高科技明星企业，如微软、英特尔、苹果、戴尔、亚马逊等，大大推动了美国高新技术产业的发展，使美国迎来了"新经济时代"。目前NASDAQ已经超越纽约交易所（NYSE）、美国交易所（AMEX），发展成为交易量居全球第一的大型交易市场，其中三成以上的上市公司属于高新技术产业，包括：软件行业上市公司的93.6%、半导体行业上市公司的

84.8%、计算机及外围设备行业上市公司的 84.5%、通信服务业上市公司的 82.6%、通信设备业上市公司的 81.7%、生物技术上市公司的 82%。①

第二个层次,OTCBB(Over The Counter Bulletin Board)市场。OTCBB 是券商们建立的区域性的 OTC 市场,以满足一些处于发展初期、尚未达到 NASDAQ 条件的小企业的上市需求。与 NASDAQ 相比,OTCBB 门槛很低。它对企业没有任何规模和赢利的要求,只要经过 SEC 核准,有 3 名以上做市商愿意为该证券做市,就可向 NASD 申请挂牌,挂牌后企业按季度向 SEC 提交报表,就可以在 OTCBB 上市流通了。与主板市场相比,OTCBB 市场的上市程序比较简单,费用也更低。由于其主要面向的是小企业,这些企业的规模小、发行数量少、价格低、流通性差,因此较高的风险也是 OTCBB 市场的显著特点。所以,OTCBB 市场非常适合科技型小企业的融资。目前,运行良好的 OTCBB 市场已经成为美国主要的非主板市场。此外,在 OTCBB 市场上市的公司,如果发展状况非常好,达到主板市场要求,例如净资产达到 400 万美元,税后利润超过 75 万美元,或市值达到 5000 万美元,并且股东在 300 人以上,每股股价达到 4 美元,便可直接升入 NASDAQ 小型资本市场,如果净资产超过 1000 万美元,还可直接升入 NASDAQ 全国市场。因此,也有人把 OTCBB 市场称为 NASDAQ 的预备市场。

第三个层次,粉红单市场(Pink Sheet Market)。在创立 OTCBB 市场之前,粉红单市场由美国国家报价机构(National Quotation Bureau)于 1904 年设立,主要负责发布场外交易证券的报价信息,提供证券报价,并将分散在全国的做市商联系起来。粉红单市场的创立,有效地促进了早期小额股票市场的规范化,提高了市场运行效率,解决了长期困扰小额股票市场的信息分散问题。它是美国唯一一家对上市既没有财务要求,也不需要发行人进行定期和不定期的信息披露的证券交易机构。粉红单市场是美国 OTC 市场的初级报价形式,OTC 市场的上市报价要求由高到低依次为:NASDAQ→OTCBB→粉红单市场。粉红单市场既不是在 SEC 注册的股票交易所,也不是 NASDAQ 系统的 OTC,而是隶属于一家独立的私人机构(Pink-sheets LLC),有自己独立的自动报价系统——OTCQX。粉红单市场的功能就是为那些选择不在交易所或 NASDAQ 挂牌上市,或者不满足挂牌上市条

---

① 唐青生:《NASDAQ 二板市场及其对我国的启示》,《云南财经学院学报》2000 年第 5 期。

件的股票提供交易流通的报价服务。在粉红单市场报价的是"未上市证券（Unlisted Securities）"，具体包括：①由于已经不再满足上市标准而从 NAS-DAQ 股票市场或者从交易所退市的证券；②为避免成为"报告公司"而从 OTCBB 退到粉红单市场的证券；③其他的至少有一家做市商愿意为其报价的证券。

美国多层次的资本市场除了能为高新技术产业提供多层次的融资平台，还具有以下两个方面的作用。首先，为间接融资的贷款提高了资产流动性。在商业银行和各种投资机构对高新技术产业进行贷款后，为了提高自身资产的流动性，降低风险，贷款方可以将其贷款资产进行证券化创新，再到二级证券市场上出售，以提前锁定利润，规避风险。其次，多层次的资本市场体系完善了融资资金退出机制，为风险投资的迅速发展提供了良好的环境。鉴于高新技术产业科技创新活动的高风险性和高收益性相结合的特点，风险投资家和风险投资机构成为与高新技术产业创新活动较为匹配的融资渠道。通过市场化的运作，风险投资寻找较有发展潜力的中小科技企业，为其解决创新初期的资金短缺问题，并为其提供各种的专业经验与社会资源，最终目标是将发展非常成功的高新技术企业推向资本市场，获得巨大利润后成功退出，完成风险投资过程。

二 美国政府对科技的研究开发投入、技术服务和政策性导向

美国政府对科技创新活动的投入，包括科研活动经费和基础研究硬件设施建设，其投入总额在近年来是全世界最高的。2016 年，美国仍然是研究与开发经费最多的国家，为 5110.89 亿美元，占全球研发投入的 27%，中国位居第二，为 4512.01 亿美元，日本为 1686.45 亿美元，德国为 1184.73 亿美元。另外，韩国、法国、俄罗斯、英国、印度、中国台湾、巴西、意大利、加拿大、澳大利亚和西班牙等国家和地区的研究与开发经费也占较大比重。美国对科技的投入保障了其高度的创新能力，同时也为高新技术产业发展的核心——技术创新提供了强大的物质支持。

美国政府对科技研究与开发的投入集中在国家科学技术开发项目上，用的是公共预算资金，这种性质的资金因产权关系的约束是不能用于以私人企业为主体的高新技术产业的。因此，政府在高新技术产业的发展过程中，更多的且更重要的是发挥其导向性作用，这种导向性作用集中表现在

对科技研发过程的资助,为高新技术产业提供税收优惠政策、贷款担保,鼓励金融机构和其他投资机构为高新技术产业融资服务等方面。

为了能在一定程度上降低高新技术产业创业初期的风险和成本,美国政府为高新技术产业提供税收方面的优惠。美国在1981年通过《经济复兴税法》,将高科技开发研究投资税由49%降为25%,又于1986年降至20%。并规定高科技公司的资本所得税可以与资本损失相冲抵,若基本年度损失部分大于利得部分,可以冲抵前三年后七年的资本利得部分。①

在鼓励金融机构向高新技术产业贷款方面,1978年,美国政府修改了《雇员退休收入保障法》,对养老基金投资的管理条例进行重新解释,允许养老基金和保险公司等机构对小企业、新企业和创业基金发行的证券进行风险投资。1993年,美国国会通过了鼓励银行向高新技术产业贷款的法案,该法案规定:银行向高新技术产业贷款可占项目总投资的90%,如果企业破产,政府负责赔偿90%,并拍卖高技术企业的资产。②

为支持高新技术产业获得贷款等投资,美国政府通过在小企业管理局(SBA)内部设立专门的官方机构——创新、研究与技术办公室,专门对小型高新技术产业的研发计划进行管理,并为中小企业科技成果商品化提供各项技术支持。这一机构还针对中小科技企业信用程度低、难以获得中长期贷款的问题,通过担保方式支持金融机构向中小企业发放贷款。1993年,美国国会通过了《高新技术产业贷款法案》,该法案规定:通过SBA,国家以担保方式鼓励银行向中小型高新技术产业提供贷款,对75万美元以下的贷款提供总贷款额75%的担保,对10万美元以下的贷款提供80%的担保,偿还期最长可达25年。SBA不干预贷款机构的贷款决策,贷款发放后,也不干预企业的日常运作,只在企业不能偿还贷款时才出面代偿。③

为了支持民营风险投资公司发展,使其有能力为高新技术产业提供金融支持,联邦政府根据一定的条件出资帮助民营风险投资公司。美国政府设立的小企业投资公司(SBIC)就是专门面向包括民营风险投资公司在内的小型企业进行债务融资的投资机构。它除了可以自筹资金外,还可以向

---

① 赵玉林、李晓霞:《国外高新技术产业投融资体系中的政府行为分析》,《中国软科学》2000年第5期。
② 戴淑庚:《美国高新技术产业融资模式研究》,《世界经济研究》2003年第11期。
③ 戴淑庚:《美国高新技术产业融资模式研究》,《世界经济研究》2003年第11期。

SBA 申请贷款，并享受税收优惠。SBIC 可以直接向企业提供贷款、协调贷款和担保贷款。

此外，美国政府还引导企业与高校合作，鼓励工业部门与大学在技术开发方面进行联合，同时加强技术转移，促进创新成果的商业化。

三 风险投资体系发展较为成熟

美国的风险投资企业创办者具有十分丰富的企业运作经验。他们不仅可以为中小企业提供资金支持，还可以为所投资企业的运作以及业务计划和战略提出建设性意见。由于美国风险投资体系日趋成熟，有发展前景的技术创新均可获得资助。美国的大规模风险投资占世界风险投资规模的半数以上，美国当地吸引了其中约 1/3 的风险资本。美国大约 50% 的风险投资基金都设在硅谷，2015 年以硅谷为核心的旧金山地区拿到的风险投资在 250 亿美元左右，占美国所有地区的 41.6%（2014 年第一季度这一比例更是高达 55%），创下 2000 年互联网泡沫危机以来的新高。许多美国高科技公司都采用了股票期权这种激励方式，公司员工有权在一定期限内以一定的价格收购一定数量的公司新股，而股票的最终价格变化反映了职工的利益和风险，同时价格的变化与员工努力程度几乎是一致的。[①]

美国还有技术配股、职务发明受益分享等鼓励机制。风险投资体系和高新技术产业的发展相互促进，形成良好的循环机制，许多优秀的高新技术产业都是依靠风险投资发展起来的，因此风险投资对美国高新技术产业的发展具有举足轻重作用。

第二节 英国金融支持高新技术产业的经验借鉴

英国是世界上资本主义工业化最早的国家。作为世界上最早的创新型国家，英国既领导了第一次工业革命，也经历了科技领先地位的丧失过程。20 世纪末，英国政府开始培育国家创新体系，努力使英国继续保持在世界科技创新领域中的优势地位，并取得了大量成果。同时，英国高度关注其在科技前沿领域的发展。英国的金融科技产业在 2008 年全球金融危机后迅

---

① 王晓君：《美国硅谷高新技术产业发展的经验借鉴》，《商业经济》2018 年第 3 期。

速发展。2015年，英国金融科技产业的规模为66亿英镑，从业人员达到61000人，在规模上仅次于美国。

1. 多层次资本市场

英国资本市场体系的结构包括以下几个层次。①主板市场。伦敦证券交易所是全国性的集中市场，它有200多年的历史，是吸收欧洲资金的主要渠道。②全国性的二板市场。英国的二板市场——AIM由伦敦证券交易所主办，是伦敦证券交易所的一部分，属于正式的市场。其运行相对独立，是为英国及海外初创的、高成长性公司服务的全国性市场。③全国性的三板市场。OFEX是由伦敦证券交易所承担做市商职能的，由JP Jenkins公司创办的全国性的三板市板，属于非正式市场。三板市场主要是为中小型高成长企业进行股权融资提供服务的市场。

2. 注重金融担保

为了推动英国高新技术产业的发展和科技创新，解决高新技术产业融资困难，英国政府牵头签署了担保计划，简称"EFG"计划。高新技术产业中的科技型企业，特别是中小微初创型科技企业，通过担保获得充足的资本授信，担保贷款额的提升和企业创新呈现正向反馈关系。除担保贷款额的投放，该担保计划还提供一定的财税倾斜以及利息减免，并且赏罚分明，通过对失信违约企业进行制裁，确保担保计划的持续有效运用。

2. 推进和引入财政创新服务活动

政府财政资金的支持使英国科技型企业获得了丰厚的回报。每年，在政府组织的大型政府公开采购竞标活动中，科技型企业获得了大量的订单和资金，这是一个政府主导的为科技型企业引流的模式，也可以视作政府为有效地加强其对科技型企业支持的一种手段。

第三节　日本高新技术产业的金融支持体系

日本的高新技术产业发展于"二战"结束以后。"二战"后日本一片废墟，20世纪70年代，日本基本完成工业化之后，逐渐将发展重点转移到高新技术产业上，在80年代初提出"科技立国"，并且慢慢从起初的"模仿-改良"，发展到后期的"研发-创新"，随之而来的是出口的大量增加和经济的快速腾飞。

从20世纪70年代开始,在完成了建设工业体系的目标后,日本把高新技术产业作为新发展阶段的主导产业。"二战"后日本中小企业得到了迅速发展,有力地推动了日本经济的高速增长,其较为健全、完善的中小企业融资体系是中小企业崛起的重要保证。日本自1980年正式提出"科技立国"的方针以来,年研究与开发投入达到GDP的30%。

一 日本科技产业的现状分析

日本是把科技创新作为国家发展战略的创新型国家。"二战"后,日本经济重建对稀缺资本有计划配置的客观需求和政府干预经济的发展战略促进了银行体系的扩张,抑制了资本市场的发展,形成了银行主导型融资体系。企业高度依赖银行贷款,银行与企业之间具有很强的相互依存性,在融资、持股、信息交流和公司治理方面形成了稳固的关系。

1. 科技研发投入情况分析

2005~2015年,日本的年均科研经费达到国内生产总值的3%,居发达国家首位。2016年,日本的研发投入总额为18.4万亿日元(OECD估算为16.9万亿日元)。

从融资来源来看,日本的研究与开发投入主要来自企业资金。

从研发支出从承担部门到使用部门的流向来看,企业的研发支出费用承担比例最大,且基本由企业自身使用;由企业流向大学的比例较小,只占大学研发费用总额的2.8%。

从外部研发支出来看,日本企业的外部研发支出长期保持增长趋势,其中用于国外拓展的研发支出增加幅度最大;从大学的支出来看,日本的国家公立大学有很多外部研发支出。

从高新技术产业各个行业的研发支出来看,计算机、电子及光学产品制造业的研发支出在减少;而运输设备制造业的研发支出不断增加,2015年为3.6万亿日元。

2. 研发人才情况

2017年,日本的研发人员达66.6万人,仅次于中国和美国。在日本的制造业中,工科类的研究人员较多。

3. 研发产出情况

日本的研究与开发产出居于发达国家前列。1901~2018年的诺贝尔奖颁发历史中，日本是欧美之外获奖人数最多的国家，达27人，包括物理学奖11人、化学奖7人、生理学或医学奖5人、文学奖3人、和平奖1人。尤其是进入21世纪后，日本人的获奖次数仅次于美国人，居世界第二。21世纪以来，已有18名日本人获得诺贝尔奖。

2014~2016年，日本的论文数量与10年前相比，略有下降，且随着其他国家的论文数量增加，排名有所下降；同时，排名下降明显的还有关注度高的论文数，包括排名前10%的被引论文数、排名前1%的被引论文数。

日本的"经济学和管理学""社会科学和一般科学"的论文数量在过去20年间，与全球整体的论文数量相比有了大幅增长，所占比例也不断增加，但排名有所下降，"经济学和管理学"由10年前的第10名下降至第15名，"社会科学和一般科学"由10年前的第14名下降为第24名。

从专利家族数量来看，1991~1993年美国排名第一，日本排名第二，但2001~2003年以及2011~2013年日本超越美国，排名第一。日本向多个国家申请的专利数量在增加。

虽然引用了论文的日本专利家族数位居全球第二，但在日本的专利家族中，引用了论文的专利家族的占比为9.4%。

4. 科技与创新情况

从全球主要国家的产业贸易出口结构来看，高科技产业占比最大的国家有很多，其中日本的中高科技产业占比为60%。日本的高科技产业贸易收支比，在全球主要国家中偏低。不过，日本的中高科技产业贸易收支比在全球主要国家中位居第一。

二 日本对高新技术产业金融支持的经验

日本的高新技术产业从引进、模仿国外技术到自主创新，取得了快速的发展。在这个过程中，日本采取的对R&D投入巨大、重视高科技人才、建立完善的"产官学"联合研究机制和大力兴办科技园区等一系列措施对高新技术产业的快速发展至关重要。其中，持续的金融支持是日本高技术产业长期发展的重要基础。

1. 银行中介对高新技术产业的资本支持

日本的银行体系由中央银行、民间金融机构、政策性金融机构等组成，形成了以中央银行为领导，民间金融机构为主体，政策性金融机构为补充的金融体系。其中，民间金融机构又由商业银行、专业性金融机构和非存款类金融机构组成，商业银行和专业性金融机构为企业提供了间接融资的渠道，而非存款类金融机构为企业融资提供了直接融资渠道。

日本的商业银行主要有都市银行、地方银行和第二地方银行协会加盟银行（以下简称"第二地方银行"），他们是民间金融机构的主体，日本的银行法中称其为普通银行。都市银行是以大城市为基础，在国内设立众多分支机构的全国性大银行，它主要为大城市提供金融服务。地方银行的总部设在全国都、道、府、县的中心城市（一县一行），并以总部所在地区为主要服务对象。第二地方银行起源于日本传统的民间金融机构——拔会，在逐步发展成为互助银行的基础上，最终形成第二地方银行。无论是在经营基础、资本规模、业务内容等方面，还是在资金运营、筹资结构等方面，第二地方银行都与地方银行大同小异。

日本的都市银行主要为大企业提供贷款服务，而地方银行、第二地方银行及中小企业金融机构主要为中小企业提供资金支持。

在日本金融大改革之前，银行在金融体系中处于主体地位，为企业提供的金融支持也是最多的，并与企业形成了紧密的联系。尤其是日本的大企业与一些大银行形成了主银行制，银行负责向特定的大企业提供高额贷款。由于日本的创新主体是大企业，因而许多高科技项目是在大企业的推动下进行的，这些高科技项目可以享受到银行提供的贷款。日本企业的绝大部分资金是外源融资，而在外源融资中银行贷款融资又远远超过有价证券融资。直到20世纪80年代这一结构才开始有变化，日本企业逐渐增加了内源融资，减少了外源融资，但是其中银行贷款融资的比例仍然远大于有价证券融资的比例。所以，在这一时期银行贷款是企业最重要的资金来源之一，也是高新技术产业的重要资金来源。

商业银行的资金来源于公众和机构的存款，资金规模大，具有较高的流动性，而且银行须按照"安全性、流动性、营利性"三性原则来进行管理，并受到较严格的监管。因此，商业银行对风险贷款持慎重的态度，并根据企业信用等级和过往的信贷业务状况确定贷款的发放额度。由于高新技术产业在发展前期存在巨大的技术风险和市场风险，且风险与收益极不对称，银行一般不会为这一阶段的高新技术产业提供贷款。这一阶段的高新技术产业主要通过自有资金、政府投资和创业投资来获得发展所需的资金。处于成长期和成熟期的高新技术产业风险减少了很多，银行才考虑向其提供贷款。因此，高新技术产业通常需要在进入高速成长期后才能较多利用银行贷款。

都市银行为中小科技企业提供无须抵押物或者第三方担保的大额信用贷款，以满足其中后期的大量资金需求。这类高新技术产业一般都与都市银行有密切联系。对中小科技企业来说，第三方担保贷款是其主要的融资模式。第三方担保贷款，一般是由政府机构提供担保后，地方银行或专业金融机构向中小科技企业发放贷款。为此，日本政府设立了专门的金融机构，为中小科技企业提供低于市场 2~3 个百分点的较长期的优惠贷款。如中小企业金融公库和国民金融公库主要为中小科技企业提供科技贷款（特别贷款）。这些金融机构或者以优惠的条件直接为中小企业贷款，或者建立使其他金融机构放心给中小企业贷款的信用保证制度，或者认购中小企业为充实自有资本而发行的股票和公司债券等。此外，日本还设立信用保证协会和中小企业信用公库以为中小企业从民间银行获得信贷提供担保。

2. 资本市场与高新技术产业化融资

日本的高新技术产业主要通过债券市场和股票市场进行产业化融资。

（1）债券市场与高新技术产业化融资。从债券市场融资来看，当高新技术产业发展到一定阶段且被投资者信任时，企业可以通过发行普通社债和可转换债券来筹集资金。普通社债的融资额远远超过了可转换债券的融资额，这主要是由可转换债券的性质决定的。可转换债券是企业发行的在一定期限内依据约定条件可以转换成股份的企业债券，它的利率较普通债券的利率低，因而筹资成本低。但它有稀释大股东股份份额和增加转股后资本成本等缺点，因而企业发行可转换债券是很慎重的。目前，日本高新技术产业主要通过发行普通社债来进行融资，并且有增长的趋势。

（2）股票市场与高新技术产业化融资。日本的股票市场在这一期间内也得到了一定的发展，为企业募集资金提供了另一种渠道。日本证券交易商协会下属的 OTC 市场为场外交易市场核心，和东京证券交易所相比，它以吸引中小企业挂牌为主，是高新技术产业融资的主要场所。

中小科技企业主要通过在主板市场上市进行股权融资。二板市场主要为中小型高新技术企业的融资服务。1992~1996 年，日本上市公司在主板市场的融资呈增长趋势，因而作为上市公司核心的中小科技企业在主板市场的融资也在不断增长。而在 JASDAQ 市场上融资的中小型高新技术企业的融资规模则较中小科技企业的融资规模小，而且每年的融资额变化很大。这一方面是由于日本的 JASDAQ 市场发展缓慢，无法满足日本中小型高新技术企业的融资需求；另一方面是因为在日本，大企业作为高科技研发和创新的主体，可以利用资金和技术上的优势发展大型高科技项目，并在市场上形成垄断地位，这些高新技术产业可以很轻易地在主板市场上融得资金。然而，大多数企业却没有如此幸运，它们只能在发展到一定阶段并满足上市标准后才能在二板市场上融得发展所需的资金。

政策鼓励创业风险投资发展局、中小企业创业综合支援中心和中小企业科的主要任务是为中小企业提供专业的创业咨询服务，包括专家咨询、经营管理讲座、创业指导和各类创业信息论坛等，并为中小科技企业与风险投资搭建信息平台。

3. 风险投资的迅速发展

日本是亚洲最早发展创业风险投资的国家之一。日本政府高度重视风险投资发展与科技企业创新，从扶持中小科技企业发展、积极引导社会资金进入风险投资机构、改善现有风险投资机构管理模式、健全多层次资本市场、完善风险资本的退出机制等方面促进风险投资发展。

为了促进风险投资的发展，日本政府采取了一系列优惠政策。一是提供资金支持。利用中小企业金融公库、国民金融公库为中小企业提供优惠贷款，通过中小企业信用保险公库为中小企业提供贷款担保，由科技厅下设的新技术开发事业团提供无息贷款，对开发新产品、采用新技术的开发型中小企业，提供相当于研究经费 2/3 的低息贷款。二是降低公司成立条件。日本政府为了刺激经济复苏，提高创业热情，灵活降低了企业注册资本。三是减免税收。日本实行了"天使税制"。该税制规定对符合条件的风险企业投资的天使投资人可以选择适当的优惠政策。同时，还规定"组合条款"可以投资事业组合作为公司的组织形式，这就解决了高新技术产业中某些企业的双重纳税问题。四是完善政策法规。从 20 世纪 90 年代开始，日本政府相继颁布了《中小企业创造活动促进法》《投资事业有限责任组合法》《中小企业信用保险法特例》《关于促进中小企业的新事业活动的法律》等法律法规，为风险投资企业提供了更多的优惠政策，为风险投资的发展营造了良好的政策环境。

第四节 德国高新技术产业的金融支持体系

19世纪后期,德国才开始进行产业革命,由于资本市场不发达,投资不活跃,所以工商业主要靠银行系统而不是证券市场筹集资金。商业银行既为企业提供流动资金、中长期贷款、风险资本,又为企业发行股票和债券筹集资金,从而形成了企业与银行互相依赖和互相依存的密切关系。银行在融资体系中起着支配作用,其融资体制与日本相似,但是由于德国在政治、经济、金融及历史文化等方面有自己的特点,所以形成了独具特色的全能银行制度和"职工参与决定制"的企业治理结构。

一方面,德国银行的集中和垄断没有受到像美国那样的政策和法律限制,实行的是与英美等国家的"专业化银行制度"迥异的"全能银行"(universal banks)制度(亦称为"综合化银行制度")。在这种情况下,商业银行可以对非金融企业进行不超过银行总资产15%的股权投资,可以从事证券投资、信贷、信托等各种金融业务。另一方面,法律限制工业企业在银行以外的国内国际资本市场上融资。这就使得证券公司没有存在的必要,也迫使企业高度依赖银行融资。德国银行业务的全能化,使银行投资于证券的资金占流通总额的2/5,银行长期贷款占企业外源融资的60%,这无疑加强了银行对企业的渗透和控制,既加速了企业集中和合并,也促进了经济的发展。此外,近年来银行在救助一些困难企业方面,也发挥了积极的作用。德国企业的金融支持具有特有的模式和特点。

一 德国高新技术产业的直接融资

德国的全能银行制度抑制了非银行金融机构的成长和资本市场的发展,创新型中小企业的创业资金中有55%的来自银行,12%的来自保险公司。创业投资的退出方式以回购风险投资所投股本和出售所投资的企业为主,以上市交易为辅。在1997年以前,有少数德国企业在英国的ATM国外股市上市,回购的方式也是回购股本和出售企业。法兰克福证券交易所从1997年开始开设类似于美国的NASDAQ市场的新兴交易市场Der Nener Market,专门为新成立的企业和创新型中小企业的股票提供交易场所。新兴交易市场自设立以来交易很活跃。① 因此，政府考虑让比较大的中型企业能够更多地通过资本市场筹集资金。

二 以"职工参与决定制"为特征的企业治理结构

德国企业的治理结构有两方面特点：一是不同于英美等国，主要股东与企业关系密切，对经理人员有较强的监督；二是不同于其他国家，职工广泛参与企业治理。

德国企业治理结构与日本有相似之处，法人持股比重往往较大，而且大股东在企业股份中所占份额往往较大。法人持股导致了股票流动性较低，股票市场的作用不大。德国企业治理结构中最具有特色的是"职工参与决定制"。该制度的内容归纳起来有两方面：一是职工参与决定有关自身的问题；二是职工参与决定企业重大经营决策。①

三 比较完善的中小高新技术产业金融体系

中小企业在德国科技发展乃至德国经济发展中发挥着重要作用。"二战"后，德国政府为重振国家经济，一直积极扶持中小企业发展，联邦政府在经济部成立了中小企业管理局，各联邦州也设有类似的管理机构。在融资方面通过建立专门的金融机构，实施中小企业开发促进奖金等措施形成了比较健全的支持中小企业发展的金融体系。②

1. 专门的融资机构

德国把为中小企业提供适当和稳定的贷款作为一项重要的政策，为此形成了专门的金融机构为中小企业提供融资服务。这些金融机构主要包括储蓄银行、合作银行、大众银行、复兴贷款银行（KFW）、欧洲和共同体投资银行等。这些金融机构由于获得了政府的金融支持，能为中小企业提供低息和长期贷款，通常贷款利率要比市场利率低2%～2.5%，而且提供的贷款多于商业银行贷款。②

2. 信贷担保机构

德国的信贷担保机构由手工业和行业工会、储蓄银行、合作银行和大

---

① 由于新市场出现弄虚作假、欺骗投资者的丑恶现象，为了整顿股市，重新制定企业上市标准，德国宣布于2003年年底关闭新兴交易市场。

② 马连杰：《德国中小企业的融资体系及对我国的启示》，《经济导刊》1999年第3期。

众银行联合成立。政府提供必要的基金并设立担保银行，联邦各州也都有担保银行。信贷担保机构通常为中小企业提供贷款总额的60%的担保，最高的达80%。中小企业可以通过信贷担保机构获得贷款。由于有政府提供的担保，中小企业往往能够获得超过正常数额的贷款，因此有利于中小企业扩大规模和开发利用新技术。信贷担保可有力促进有风险的项目和落后地区经济的发展。

3. 促进中小企业技术和科研开发

德国政府十分重视中小企业技术和研究开发，采取了多项措施促进高科技中小企业发展。

(1) 设立中小企业开发促进奖金。为了促进高科技中小企业的发展，国家研究技术部、经济部设立了中小企业开发促进奖金。这项措施是国家为中小企业开展技术创新而设立的专项贷款和补贴。其目的是为那些拥有高技术、市场潜力的中小企业提供风险资本支持。中小企业开发促进奖金对中小企业科研开发人员的费用和技术项目的投资给予补贴，经主管部门批准每人每天最高的补贴费用可达300马克。

(2) 提供中小企业技术创新的低息贷款。国家给中小企业的技术创新提供长期的低息贷款，主要的措施包括以下几个方面。第一，鼓励企业自行开发项目，如果企业员工在250人以下，那么属于企业自行开发的项目可以获得占投资总额30%的低息贷款；如果企业员工在250人以上则可以获得占投资总额25%的低息贷款。第二，鼓励企业加强国际国内科研合作开发。与国外合作开发的项目最高能得到50万马克的贷款支持；与国内合作开发的项目最高可得到30万马克的贷款支持。第三，鼓励企业与科研机构联合开发项目，如果企业和高校联合开发项目，一般可以申请到占投资额40%的低息贷款。这些措施促进了中小企业技术水平的提高和产品质量的改善，有助于帮助中小企业适应不断变化的市场。

(3) 为化解高科技中小企业的创业风险，德国在1995年开始实行资本参与计划，联邦政府在2000年前已拨款9亿马克，用于加强联合研究。此外，联邦政府还决定实施促进中小企业的创业计划，资金来源是复兴信贷银行，这项计划的目的是开发新产品、新工艺以及为服务行业与市场营销工作提供资助。

(4) 对中小企业提供科技资助。为了提高中小企业的竞争能力，联邦政府非常重视科技扶持。在 20 世纪 70 年代，联邦政府经济部和各州经济部创立了《首次革新资助计划》，1972～1980 年为 186 个项目资助了 6300 万马克，其中 80% 用于中小企业。近年来，联邦政府研究与技术部、经济部都设有中小企业专项资助资金。此外，联邦政府还成立专门的科技成果转让机构，使众多大学及研究机构的科研成果能够迅速转化为生产力，使不少中小企业受益匪浅。[①]

四 银行的混业模式使高新技术产业的融资得到了全能服务

德国银行的经营模式是混业模式，该模式为科技企业提供了全能服务。同时，银行金融业务和金融产品的丰富性和多样性有助于提升对科技企业的服务质量，如专业的信贷支持，丰富的信贷供给、信托业务，以及以股权融资的实现等。这些业务的出现极大地促进了高新技术产业的创新与进步，全能银行的资本渗透和支持贯穿高新技术产业发展的始终。

第五节 中国台湾地区高新技术产业的金融支持体系

我国台湾地区高新技术产业的发展始于 20 世纪 80 年代，90 年代是其快速发展时期。1990～2000 年，台湾地区高新技术产业年均成长率为 14.4%，目前已成为台湾地区制造业的主流产业。2004 年，台湾地区高新技术产业的产值为 56 亿元新台币，占台湾地区制造业生产总值的比重由 2000 年的 36.3%，逐年提高到 55.8%，高新技术产业成为台湾地区出口贸易的重要产业。十多年来，台湾地区高新技术产业研发投入呈现成长趋势，其中以民间研发投入成长为最。2004 年，台湾地区研发支出占当地生产总值的比重为 2.05%，其中民间研发投入的占比为 40%。

台湾地区高新技术产业的迅速崛起，得益于其能够充分顺应 20 世纪 80 年代中期以后国际产业分工的新趋势，利用代工生产模式和逆向整合而成的内部产业聚集效应，通过北部的"新竹科学工业园区"、中部的"云林科技园区"和南部的"台南科技工业园区"建立以中小型高新技术产业为主的垂直整合型的产业群聚地，抓住代工生产和代工设计链条中的环节，形

---

① 胡小平主编《中小企业融资》，经济管理出版社，2000 年，第 149 页。

成单一产品的专业厂商,同时,运用岛内资本市场、创业投资以及高素质的人力资源,充分发挥自己的比较优势和后发性优势,形成参与国际竞争的独特优势。对台湾地区中小科技企业的发展来说,特有的金融制度起到了至关重要的作用。

一 完备的政策性金融体系

我国台湾地区中小企业政策性金融体系最初建立在"美援"的基础之上,开创之初就以侨资、外资的引进和管理为政策重点,促进了台湾地区中小企业外向度的提高。在"美援"结束后,台湾地区又积极组建和完善自己的政策性金融机构。目前,台湾地区中小企业政策性金融体系比较完备,除中小企业专业银行和一般银行外,还有为中小企业提供信用保证并分担金融机构融资风险的中小企业信用保证基金、台湾当局出资组建的中小企业开发股份公司、提供融资诊断服务的省属行库中小企业联合辅导中心以及柜台市场等。

台湾当局利用商业银行对政策性金融机构施以竞争压力,确保其效率。政策性金融机构虽然由台湾当局出资组建,但多数情况下台湾当局只是作为股东之一参与,并没有全盘包办,这就迫使这些政策性金融机构无法彻底放弃其追逐利润的经营目标。加上台湾岛内资金供应丰裕,银行贷款利率较低,一般政策性金融机构的贷款利率也只是比普通商业银行的利率低1~2个百分点,这个不大的利率差别不足以使中小企业一味依赖政策性金融机构。因此,在台湾地区对高科技中小企业发展的金融支持中,商业银行与政策性金融机构都扮演着重要角色。

二 优惠的财政金融政策

我国台湾地区将资讯工业作为产业发展重点,先后修订了"信息电子业发展执行计划"和"资讯软件工业辅导重点",并配以"奖励投资条例"等相应措施,将资讯工业的生产与产品研发列入"重要生产事业特别奖励适用范围",指定专业银行为资讯工业提供中长期低息贷款和短期融资便利。如台湾"中央银行"出台了"策略性科技工业投资计划贷款""中小企业开发性计划及中小企业升级贷款""外币资金融通"等,用以协助专业银行,配合产业升级的资金需求。从邮政储蓄金中拨出1000亿元新台币办理"中长期资金贷款计划",凡民间投资计划金额达 2 亿元新台币以上者,可申请该贷款计划。此外,台湾当局积极参与重要新兴工业的投资,如"行政院经建会"于 1992 年拨出"中美基金"专案资金 8 亿元新台币,与"中华开发信托公司"联合办理"新兴工业开发性投资计划"。另外,台湾当局通过设置各种基金,如"行政院"开发基金、研究发展基金、研究信用保证基金等,参与高新技术产业融资,推动高新技术产业的发展。

三 成熟的创业投资机制

1983 年,台湾"行政院"首次颁发《创业投资事业管理规则》,并以"财政部"作为创业投资的主管部门,采取措施大力扶植创业投资事业的发展。一是直接提供资金。台湾"行政院开发基金"通过公营的"交通银行"成立"种子基金",参与创业投资公司的设立。二是税收优惠政策。台湾当局在"奖励投资条例"和"促进产业升级条例"中,对创业投资者实行一定的税收优惠与减免,以调动投资者的积极性。三是解除投资条件限制。台湾"行政院"先后三次修改"创业投资事业管理规则",放宽各种相关限制。1994 年,台湾"财政部"又允许保险公司、民营银行投资创投公司,使创投公司的资金来源更加广泛。

从 1996 年开始,随着高新技术产业的快速发展,创业投资进入高速增长期,成为台湾地区高新技术产业发展的助推器。2004 年底,台湾地区已有 259 家科技创业投资公司,累计创业投资金额为 1772.11 亿元新台币,估计至少带动了高新技术产业资本形成 19000 亿元新台币的规模,有 400 多家高新技术企业依赖科技创业投资的资金运作。目前台湾地区创业投资的规模排名世界第二,仅次于美国。

台湾地区的风险投资机构大都采用信托基金这一管理运作机制。这种机制由投资者设立的创业投资公司(基金),采用委托管理方式将其基金委托给某家由有经验的管理团队组成的管理顾问公司管理和经营。

创业投资机构多采用信托基金的方式运作,重视企业的后期投资增长。创业投资主要投资于高新技术产业的扩展期和成熟期,尤其以扩展期为主。这主要是由于其缺乏通晓技术和金融的风险投资人才,所以从控制风险的角度考虑加大了后期投资的比重。

四 发达的资本市场

台湾地区中小企业融资大多依靠资本市场，台湾地区高新技术产业取得外部资金的主要方式有两类。一是在负债部分，以贷款及发行公司债券为主。若贷款金额庞大，则大多以银行财团联贷方式进行。另外，近年来台湾地区企业赴海外筹资蔚然成风，故在债券发行方面，发行海外可转换公司债券的企业也不少。二是在权益部分，除以传统的现金增资发行新股方式向大众募集资金外，发行海外存托凭证也是重要的集资渠道。

此外，台湾地区通过设立二板市场——柜台市场（OTC），为风险投资退出提供渠道，也为高新技术产业融资提供渠道。从产业领域来说，台湾地区OTC的产业定位不同于美国的NASDAQ市场，台湾地区的店头市场在主要扶持高科技公司上市的同时，也侧重促进传统行业的发展。台湾当局根据岛内情况和经济发展状况对OTC市场进行了比较符合实际情况的制度设计，因而成为中小企业的孵化器，使其获得加速发展，同时使台湾地区高新技术产业出现了前所未有的发展势头，产业升级达到新的层面。

五 全面的服务体系

台湾当局为给中小企业发展提供制度空间和向科技转型的主要渠道，采取了一系列措施：形成以"中小企业发展条例"和相关法规为依托的全面服务中小企业的完整辅导体系，从融资、租税、用地、国际市场开拓、公共工程采购、人力资源等方面为中小企业提供法律保障；自上而下建立了专门为中小企业服务的机构，如台湾"行政院"成立的"中小企业政策审议委员会"、"经济部"设立的"中小企业处"、各部门相应成立的一些专为中小企业服务的机构或设立的基金以及各县市设立的"中小企业服务中心"等。在台湾当局的允许和推动下，社会和民间机构也为中小企业发展提供协助，如中小企业创新孵化中心、产业投资基金及中小企业银行等。此外，台湾当局还鼓励和建立了大量行业协会等民间机构，促进中小银行发展，以配合高科技中小企业发展。

第六节　启示与借鉴

健全、完善的融资体系是高新技术产业健康发展的重要保障，世界上大多数国家和地区根据自己的情况，构建适合自己的高新技术产业融资体系。这些政策法规从不同侧面保障了高新技术产业融资。其中，政府在制定政策上的作用是十分重要的。学习和借鉴发达国家和地区的成功经验，并在此基础上完善我国高新技术产业金融支持体系是十分必要的。

一　政府的政策引导在高新技术产业融资中发挥指导作用

从美国、日本、德国、英国和我国台湾地区的实践经验来看，各国、各地区政府均通过政策、法律引导社会资本支持高新技术产业融资。因而，我国政府应当充分重视高新技术产业，积极发挥调控作用，通过制定有利于高新技术产业发展的财政、金融、产业等方面的各项政策，为企业的发展提供支持。

二　完善信用担保体系

高新技术产业由于规模小、信用低、风险大等问题，很难从商业银行获得贷款，这将导致一些资金需求量大且有潜力的优质高新技术产业面临融资难问题，最终导致项目失败。纵观各国、各地区高新技术产业金融支持的历史，不难看出，美国等发达国家和地区都有较为成熟的高新技术产业信用担保体系，在帮助企业获得资金支持的同时，也分散了商业银行等金融机构的风险。

三　建立多层次的资本市场

高新技术产业融资可分为直接融资和间接融资。通过发达的资本市场进行直接融资是一些发达国家和地区高新技术产业获得资金的重要渠道。因而，要建立包括主板、中小板、创业板在内的场内市场与包括全国股转系统和地方区域性市场在内的场外市场互为补充的多层次资本市场。另外，在不同层次的资本市场之间建立转板、退市机制，并充分重视风险投资的作用，也是完善高新技术产业金融支持体系的关键。

四 积极引导天使投资和风险投资的发展

从美国的实践来看，天使投资与风险投资为高新技术产业的前期发展提供了资金支持，我国要进一步探索天使投资组织化和联盟化的运行机制，尤其要鼓励民间资本天使化，积极引导民间资本从地下走向阳光，让政府主导的孵化器成为创业者与天使投资的媒介，为天使投资营造有效的退出机制。国家在宏观层面应该改变税收结构，积极引导风险投资支持早期高新技术企业。目前，对于投资于高新技术企业的风险投资，国家统一给予一定的税收退还，这种一刀切的退税政策显然不够合理。国家可以针对高新技术企业不同阶段设定不同的退税比例，从而激励风险投资对企业研发和创新进行支持。除此之外，国家还要进一步完善风险投资的市场退出机制。

第七章　我国科技发展变迁及现阶段国际比较

科技是国之利器，国家赖之以强，企业赖之以赢，人民生活赖之以好。中国要强，中国人民生活要好，必须有强大科技。① 科技决定国力，科技改变国运。科技是人类进步的阶梯，是打开未来之门的钥匙。科技兴则民族兴，科技强则国家强。高新技术产业是伴随着科学的不断进步和技术的不断革新而产生和发展的。我国的高新技术产业同西方发达国家的一样，经历了从产生、发展到逐步壮大的过程。

第一节　1949 年以来我国科技发展成就

1949 年以来，党和政府尊重科技人员的首创精神和创新实践，并不断进行战略和政策上的提升，我国科学技术经历了从无到有、从小到大的历程。先后形成了科技创新政策的五个里程碑：第一个是 1978 年的全国科学大会，初步确立了"科学技术是生产力"这个马克思主义观点，使科学技术的发展步入了新的阶段；第二个是 1985 年中共中央作出的《关于科学技术体制改革的决定》，提出了"经济建设必须依靠科学技术，科学技术工作必须面向经济建设"的战略方针；第三个是 1995 年中共中央、国务院作出的《关于加速科学技术进步的决定》，提出了科教兴国战略；第四个是 2006 年国务院发布的《国家中长期科学和技术发展规划纲要（2006—2020

---

① 《习近平在全国科技创新大会、两院院士大会、中国科协第九次全国代表大会的讲话》，中国网，https://news.china.com/focus/zglzjxs/11178554/20160605/22812001_all.html。

年)》,提出了自主创新战略;第五个是2016年中共中央、国务院发布的《国家创新驱动发展战略纲要》,确立了建设科技强国的战略目标。2016年5月30日习近平总书记在"科技三会"上的重要讲话,以及2018年5月28日在"两院"院士大会上的讲话,再次发出建设世界科技强国的总号召。

一 1949年以来我国科技的发展变迁

我国的科技发展,从1958年至今,可大体划分为四个阶段,分别是初步发展阶段(1958~1977年)、重点发展阶段(1978~1988年)、快速发展阶段(1989~2011年)和科技创新发展阶段(2012年至今)。

1. 初步发展阶段(1958~1977年)

从1958年我国研制成功第一台数控机床,到1978年我国实施改革开放战略,在这20年间,我国将航天技术、计算机技术、半导体技术、自动化技术、核技术等列为高新技术,并且在人、财、物方面对这些领域进行了大量投入,开展了600多项中心课题的研发工作,并形成了我国最初的高新技术产业。然而,鉴于当时紧张的国际形势和我国对国防工业技术的迫切需要,这个阶段的高新技术产业几乎全部集中在国防、军事和空间技术上,特别是在航天、核技术等方面自主研发的高新技术技术取得了很大的突破,著名的"两弹一星"就是这个时期的突出成果,为强化我国的国防技术力量和战略防御能力做出了卓越的贡献。"两弹一星"最初指原子弹、氢弹、人造卫星。"两弹"中的原子弹和氢弹后来合称核弹,另一弹指早期研发的导弹。后来"两弹一星"指导弹、核弹、人造卫星。1960年11月5日,中国研制的第一枚导弹发射成功,1964年10月16日15时中国第一颗原子弹爆炸成功,使中国成为世界上第五个有原子弹的国家。1967年6月17日上午8时中国第一颗氢弹空爆试验成功。1970年4月24日21时中国第一颗人造卫星发射成功,使中国成为世界上第五个发射人造卫星的国家。中国的"两弹一星"是20世纪下半叶中华民族创建的辉煌伟业。

2. 重点发展阶段(1978~1988年)

从十一届三中全会确定实施改革开放战略开始,我国明确了高新技术发展的重要地位,随后国家投入了大量资金,在微电子技术、电子计算机、激光技术、光纤通信技术、人工智能、生物工程和新材料等领域开展重点研发工作。随着改革开放的顺利推进,市场经济的实行,加上国际局势的逐步缓和，1986年3月，王大珩、王淦昌、陈芳允、杨嘉墀4位科学家给邓小平写信，提出要跟踪世界前沿研究，发展我国高科技。国家领导人对这封信十分重视，并批准实施了国家《高技术研究发展计划纲要》。因为信件的提交日期为1986年3月，该计划又得名"863计划"。"863计划"采取"军民结合，以民为主"的方针，将研究和开发、商品生产、市场开拓、形成产业作为发展高新技术的一个有机整体进行统一部署，造就了新一代高水平人才，缩小了同世界先进水平的差距，极大地推动了我国高新技术及其产业的发展，形成了新时期中国科技工作的大格局。计算机技术、生物工程、信息技术、杂交水稻的发展使科学技术开始由国防建设发展到居民生活领域，并给居民生活方式带来巨大变化。

3. 快速发展阶段（1989~2011年）

在这一阶段，我国开始实施"火炬计划""863计划"等重点项目，旨在促进科技研发活动，由此我国高新技术产业进入了新的发展阶段。到"十二五"期间，我国以国家战略需求为导向，加快实施国家科技重大专项。近年来，我国围绕培育和发展战略性新兴产业，如节能环保、新一代信息技术、生物工程、高端装备制造、新能源、新材料、新能源汽车等高新技术产业。2003年，我国载人航天技术取得重大突破。除此之外，2001年袁隆平研究培育出高产杂交水稻（"南优二号"），因此获得了中国国家最高科学技术奖，是世界上成功利用水稻杂交优势的第一人（"杂交水稻之父"）。在这一阶段，互联网技术迅速发展，并日益和生产、居民生活联系起来。

4. 科技创新发展阶段（2012年至今）

党的十八大以来，党中央坚持马克思主义科技观的基本原理与我国科技创新实际相结合，把创新摆在国家发展全局的核心位置，高度重视科技创新，围绕实施创新驱动发展战略、加快推进以科技创新为核心的全面创新，提出一系列新思想、新论断、新要求。创新驱动发展战略全面实施，科技体制机制改革进一步深化，研发投入持续增加，创新活力得到激发，重大成果不断涌现，体系建设逐步完善。我国科技步入快速发展轨道，中国成为具有全球影响力的科技创新大国。"互联网+"已经作为重要的国家战略，服务各个领域；AI人工智能的发展步入世界先进行列；大数据和云计算得到快速发展；我国第一艘航空母舰——辽宁舰已经建成并进入服役阶段。"中国制造"正在逐渐转变为"中国创造"。

二 1949年以来我国科技发展的主要成就

1949年以来，尤其是1958年我国研制成功第一台数控机床以来，我国的科技发展取得了巨大成就。

1. 初步发展阶段的主要成就（1958~1978年）

1949年以后到1978年以前，我国科技发展主要在国防科技领域。本阶段取得的主要成就包括：首先，建立科研机构，1949年设立中国科学院，郭沫若任院长；其次，制定中国科学发展远景规划；最后，以原子能、火箭、电子计算机等高科技为重点发展科技。本阶段主要科技成果如下。

（1）"两弹一星"研制成功。1964年10月16日，中国第一颗原子弹在新疆罗布泊爆炸成功，中国在原子弹理论、结构设计，以及各种零部件、组件、引爆控制系统的设计和制造等方面，都达到了相当高的水平。1967年6月17日，中国第一颗氢弹在新疆罗布泊空爆成功，这次试验是中国继第一颗原子弹爆炸成功后，在核武器发展方面的又一次飞跃，标志着中国核武器的发展进入了一个新阶段。1970年4月24日，中国发射首枚地球人造卫星"东方红一号"，这是我国自行设计、制造的第一颗人造地球卫星。它的发射成功，使我国成为世界上第五个独立自主研制和发射人造地球卫星的国家。1975年，中国又首次成功发射返回式遥感卫星，中国在空间技术领域跻身世界先进国家行列。"两弹一星"的研制成功，为中国提高国际地位、扩大国际影响提供了重要的保证。同时也加强了中国的国防能力，标志着中国科技水平进入世界前列，为社会主义建设创造了安定的环境。

（2）生物化学取得了较大突破。1965年，由龚岳亭、邹承鲁、杜雨苍、季爱雪、邢其毅、汪猷、徐杰诚等科学家组成的研究小组合成了世界上第一个人工蛋白——结晶牛胰岛素。经过严格鉴定，它的结构、生物活性、物理化学性质、结晶形状都和天然牛胰岛素相同。这项研究为人类认识生命、揭开生命奥秘做出了重要贡献，开辟了人工合成蛋白质的时代。

（3）基础科学研究取得较大突破。1966年5月，中国数学家陈景润证明了"任何一个充分大的偶数都是一个素数与一个自然数之和，而后者仅仅是两个素数的乘积"（即"1+2"），成为哥德巴赫猜想研究史上的里程碑。该证明结果被国际数学界称为"陈氏定理"。

（4）葛洲坝水利枢纽建成。1970年12月25日，中国葛洲坝一期工程开工建设。到1988年底，整个葛洲坝水利枢纽建成。葛洲坝水利枢纽工程是举世瞩目的大型水利工程，位于长江三峡的西陵峡出口，能发挥发电、航运、泄洪、灌溉等多种效益。

（5）杂交水稻研制成功并开始种植。1973年，袁隆平利用基因多样性培育出杂交水稻"南优二号"，并研究出整套制种技术。1976年，"南优二号"大面积推广后，全国粮食总产量比1965年增长47.2%。袁隆平的杂交水稻让我国用不足世界10%的耕地解决了世界22%的人口的粮食问题。

2. 重点发展阶段的主要成就（1978~1988年）

1978年，邓小平在全国科学大会开幕式上做了极为重要的讲话，确立了"科学技术是生产力"的观点，我国迎来"科学的春天"。这次大会预示着中国的科学技术事业将由乱到治、由衰到兴。1985年，中共中央发布的《关于科学技术体制改革的决定》提出了"经济建设必须依靠科学技术，科学技术工作必须面向经济建设"的战略方针。中国科技体制改革进入有领导、有组织的全面实施阶段。本阶段我国科技发展的成就主要包括以下几个方面。

（1）首张用激光照排机输出的中文报纸诞生。1979年7月，北京大学王选等人用自己研制的照排系统，一次成版地输出一张由各种大小字体组成、版面布局复杂的报纸，这项成果为汉字告别铅字印刷开辟了通畅大道，被誉为中国印刷技术的再次革命。

（2）航空航天科技取得较大发展。1980年，我国向南太平洋发射大型运载火箭取得成功。1980年5月18日，我国"东风五号"洲际导弹全程飞行试验取得圆满成功，表明我国导弹技术达到一个新的水平。1981年9月20日，首次用一枚大型运载火箭把三颗空间物理探测卫星送入地球轨道。1982年10月，水下潜艇发射运载火箭成功。1984年4月，成功发射一颗对地静止轨道试验通信卫星"东方红二号"，4月16日卫星定点于东经125°赤道上空；1988年9月，载着"风云一号"气象卫星的"长征四号"火箭发射成功。到1985年10月，中国依靠自己的力量共发射了17颗不同类型的人造地球卫星。

（3）1981年11月，王德宝等人工合成了完整的酵母丙氨酸转移核糖核酸，这是世界上第一个人工合成的转移核糖核酸（tRNA）。

（4）1983年12月，我国第一台每秒钟运算1亿次以上的计算机——"银河"巨型机由国防科技大学计算机研究所在长沙研制成功；1986年，北京市计算机应用技术研究所实施的国际联网项目——中国学术网启动；1987年9月，北京市计算机应用技术研究所正式建成我国第一个Internet电子邮件节点，连通了Internet的电子邮件系统，并向德国成功发送了第一封电子邮件，内容是"越过长城，走向世界"，揭开了中国人使用互联网的序幕。

（5）1988年3月，在北京医科大学第三临床医学院妇产科教授张丽珠等科学家的努力下，中国第一个试管婴儿诞生。这个试管婴儿的诞生在我国生殖医学发展史上具有里程碑意义。

（6）1988年10月，我国第一座高能加速器——北京正负电子对撞机首次对撞成功。正负电子对撞机又称为同步辐射装置，它产生的同步辐射光作为特殊光源，可在生物、医学、化学、材料等领域开展广泛的应用研究工作。

3. 快速发展阶段的主要成就（1989~2012年）

1989年后，我国科技进入了快速发展阶段。在1995年5月召开的全国科学技术大会上，时任中共中央总书记的江泽民正式提出科教兴国战略，这是中国科技事业发展进程中的第三个重要里程碑。1997年，政府批准了中国科学院关于建设国家创新体系的方案，投资实施知识创新工程。1998年6月，成立国家科技教育领导小组，表明我国从更高的层次上加强对科技工作的宏观指导和整体协调。1999年8月，政府召开全国技术创新大会，提出要努力在科技进步与创新上取得突破性进展。2006年2月，中共中央、国务院发布《国家中长期科学和技术发展规划纲要（2006—2020年）》，这是我国市场经济体制基本建立后和加入世贸组织后的首个国家科技规划。这一阶段我国科技取得了快速发展。

（1）1991年12月，中国第一座核电站——秦山核电站并网发电。这是中国第一座自行设计和建造的30万千瓦商用核电站，标志着中国已掌握了核电技术，成为世界上第七个能够独立设计制造核电站的国家。

（2）1993年，中国科学院北京真空物理实验室操纵原子成功写出"中国"二字，标志着中国开始在国际纳米科技领域占有一席之地。

（3）1994年12月，长江三峡水利枢纽工程破土动工，2006年5月全线建成。"三峡工程"是世界上工程量最大、难度最大、施工期流量最大的水利工程。

（4）1998年3月，国产歼-10型飞机首次试飞成功。歼10战斗机是中国自行研制的第三代战斗机，也是中国最新一代单发动机多用途战斗机。2006年，歼10战斗机正式列装解放军航空兵。

（5）1999年9月，中国加入人类基因组计划，负责测定人类基因组全部序列的1%，也就是三号染色体上的三千万个碱基对。中国是第六个参与国，也是参与这一研究计划的唯一的发展中国家。2000年6月，参与人类基因组计划的美国、英国、德国、日本、法国、中国等六国联合宣布，人类基因组工作框架图绘制完成。

（6）1999年11月，"神舟一号"飞船在酒泉卫星发射基地顺利升空，经过21个小时的飞行后顺利返回地面。这是我国发射的第一艘无人实验飞船，标志着我国载人航天技术获得了新的突破。

（7）2000年，"夏商周年表"正式公布，把我国历史提前了1000多年。在这份年表上，夏代开始年约为公元前2070年，夏商分界约为公元前1600年，商周分界约为公元前1046年，解决了我国历史纪年中长期存在的疑难问题，为探索中华文明的起源打下了基础。

（8）2000年，北斗导航定位系统两颗卫星成功发射，标志着我国拥有了自己的第一代卫星导航定位系统，具有重大的经济和社会意义。北斗导航定位系统由北斗导航定位卫星、以地面控制中心为主的地面部分、北斗用户终端三部分组成。北斗导航定位系统的第三颗和第四颗卫星分别于2003年5月25日和2007年2月3日发射成功。

（9）2002年，中国科学院计算技术研究所成功研制出我国首枚高性能通用微处理芯片——"龙芯一号"CPU，标志着我国已初步掌握当代CPU关键技术，改变了我国信息产业无"芯"的历史。

（10）2003年10月15日，中国首位航天员杨利伟乘"神舟五号"飞船成功升空，绕地球飞行14圈后安全着陆，我国首次载人航天飞行获得圆满成功。

（11）2007年10月24日，我国第一颗绕月探测卫星——"嫦娥一号"发射成功，并进入预定轨道。"嫦娥"的月球之行担负了四大任务：绘制立体的月球地图、探测月球上元素的分布、评估月球上土壤的厚度和氦-3的资源量以及记录原始太阳风数据。11月26日，国家航天局公布了第一张"嫦娥一号"拍摄的月球照片。

（12）2008年9月25日，我国自行研制的"神舟七号"载人飞船在酒泉卫星发射中心发射升空，并准确进入预定轨道。9月27日，航天员翟志刚打开神舟七号载人飞船轨道舱舱门，首度实施空间出舱活动。这是我国航天员首次实现太空行走。

（13）高铁建设取得巨大成就。2009年，中国"和谐号"动车组在武广线投入运营。

4. 科技创新发展阶段的主要成就（2012年至今）

2012年党的十八大以后，党中央深入实施创新驱动发展战略，推进体制改革与科技创新双轮驱动。2016年2月，国务院印发《实施〈中华人民共和国促进科技成果转化法〉若干规定》。2016年，国务院办公厅印发《促进科技成果转移转化行动方案》。2016年8月，国务院发布"十三五"国家科技创新规划，明确了科技创新的总体思路、发展目标、主要任务和重大举措。这一阶段，我国科技事业发生历史性变革、取得历史性成就。

（1）中国高铁走向世界。2012年12月26日，世界里程最长的高铁——京广高铁全线通车。2014年12月26日，世界上一次性建成里程最长的高铁——兰新高铁全线贯通。2017年9月21日，世界上商业运营速度最快的高铁列车——京沪高铁"复兴号"实现350公里时速运营。截至2017年底，中国高铁运营里程近3万公里，位居世界第一位。"八纵八横"高铁网络正在修建。同时，中国高铁以先进的技术、完善的设备及全球互利共赢的理念被世界所认可，代表着今天的中国产业从"制造"到"创造"的升级。

（2）5G领跑世界。根据预测，到2020年中国5G将实现商业化推广，到2025年中国5G用户数量有望达到亿级规模。

（3）北斗卫星导航系统已覆盖全国317座城市，广泛应用于我国智慧城市建设。18颗卫星的发射，率先为"一带一路"沿线国家提供基本服务。

（4）2017年8月，"墨子号"量子科学实验卫星首次实现了从卫星到地面的量子密钥分发和从地面到卫星的量子隐形传态。将"绝对保密"的量子通信从理论向实用再次推进了一大步，并为我国未来继续引领世界量子通信技术发展奠定坚实基础。

（5）2017年5月，国产大型客机C919在上海浦东国际机场圆满实现首飞。作为我国首次按照国际适航标准研制的150座级干线客机，C919首飞成功标志着我国大型客机项目取得重大突破，是我国民用航空工业发展的重要里程碑。

（6）2017年6月，基于国产众核处理器的"神威·太湖之光"超级计算机以每秒12.5亿亿次的峰值计算能力以及每秒9.3亿亿次的持续计算能力，再次斩获世界超级计算机排名榜单第一名。本次夺冠也实现了我国国产超算系统在世界超级计算机冠军宝座的首次三连冠。

（7）大口径射电望远镜完成。2016年7月，直径500米、迄今全球最大的"锅盖"在贵州喀斯特天坑架设完成。这个500米口径球面射电望远镜，是世界上最大和最具威力的单口径射电望远镜。它被称为"天眼"，用来倾听宇宙深处的声音、观测宇宙奥秘。

（8）2013年12月2日，"嫦娥三号"探测器从西昌卫星发射中心发射升空，奔向38万千米外的月球；12月15日4时35分，"嫦娥三号"着陆器和巡视器成功分离，"玉兔号"巡视器顺利驶抵月球表面．实现了中国人奔月的梦想，标志着中国首次地外天体软着陆成功。这也是人类时隔37年再次在月球表面展开探测工作。

（9）实现"量子反常霍尔效应"。清华大学薛其坤院士领衔的团队于2013年成功观测到"量子反常霍尔效应"，被杨振宁称为诺奖级的科研成果。"量子反常霍尔效应"的实现既是理论物理领域的突破，又具有极高的商用价值。

（10）使用小分子化学物质诱导多能干细胞，逆转生命时钟。2013年，北京大学邓宏魁教授领导的团队成功使用4种小分子化学物质，将小鼠的皮肤细胞诱导成全能干细胞并克隆出后代。与克隆羊"多莉"的技术相比，诱导多能干细胞技术是更简便和彻底的克隆方式。

（11）艾滋病感染黏膜疫苗研究取得重大进展。2013年，清华大学、香港大学和中科院的研究团队合作完成了艾滋病感染黏膜疫苗在恒河猴体内的临床前试验研究，看清了预防艾滋病的"攀登珠峰之路"。该团队发现这种黏膜疫苗可以大大提高针对艾滋病病毒的T和B淋巴细胞的免疫能力，从而可以有效地抑制病毒在体内的复制与传播。2013年10月，浙江大学附属第一医院李兰娟院士团队成功研发H7N9禽流感病毒疫苗株。这是中国自主研发的首例流感病毒疫苗株，改变了我国一直以来流感疫苗株依赖进口的历史。

（12）2013年7月，清华大学教授成功制备出单根长度达半米以上的科技纳米管，创造了新世界纪录，纳米层面的科技材料制造技术是当前材料科学界最热门的研究领域之一。科技纳米管是迄今发现的力学性能最好的材料之一，其单位质量的拉伸强度是钢铁的276倍，远远超过其他材料。

（13）2012年6月，"蛟龙号"载人深潜器是我国自主研制的作业型深海载人潜水器，设计最大下潜深度为7000米级，也是目前世界上下潜能力最深的作业型载人潜水器。在全球范围内，下潜深度超过1000米的潜水器只有12艘，其中最大的工作深度为日本深潜器的6527米。而"蛟龙号"曾下潜到马里亚纳海沟7062米的海底，是当之无愧的"No.1"。

党的十八大以来，在国家创新驱动发展战略的指导下，国家技术创新中心、国家重点实验室等创新基地形成系统布局，在科技计划管理、成果转化、评价奖励等方面大胆改革，企业创新主体地位和主导作用显著增强，科技创新人才加速集聚成长。统计数据显示，我国科技进步贡献率从2012年的52.2%升至2017年的57.5%，国家创新能力排名从2012年的第20位升至2017年的第17位。我国的科技发展水平正在不断向前发展。

第二节 我国科技创新的国际比较

提高自主创新能力、建设创新型国家，是《国家中长期科学和技术发展规划纲要（2006—2020年）》提出的战略目标。通过1949年以来我国科技的发展成就，可以看出，近年来我国科技取得了快速发展，尤其是党的十八大以后，我国在科技创新的各个领域均取得了较高的成就。

一 科技创新水平的国际比较

近年来我国科技创新水平不断提高，为了衡量我国近年来科技的发展水平，本章将我国科技发展同其他国家做了比较分析。全球创新指数是国际上一个详细的量化工具，它可以帮助全球的政府决策者更好地思考如何激励创新活动，以此推动经济增长，它也是衡量各国科技创新潜力的重要指标。全球创新指数在2007年首次推出，每年发布一次。近年来中国的创新指数有较大提高，如表 7-1 所示。

表 7-1　中国创新指数排名（2007~2018 年）

年份	排名	年份	排名
2007	29	2013	35
2008	37	2014	29
2009	37	2015	29
2010	43	2016	25
2011	29	2017	22
2012	34	2018	17

资料来源：根据 2007~2018 年《全球创新指数（GII）报告》整理。

可见，我国从 2013 年起创新指数排名逐年上升，到 2018 年我国创新能力取得了突破性进展，进入了世界前 20 名。2018 年中国创新指数排名第 17 位，较 2017 年上升 5 位，创新指数得分 53.06 分，提高 1.01 分，与发达国家的差距进一步缩小，表明我国的科技创新水平不断提高。

二　科技投入——R&D 经费总量的国际比较

R&D 经费是指以货币形式表现的、在报告年度内全社会实际用于 R&D 活动的经费总和，包括直接用于 R&D 活动的支出，间接用于 R&D 活动的管理费、研发活动人员的劳务费、原材料费、固定资产的购建费，以及与 R&D 活动相关的基本建设支出和外协加工费用等。一个经济体的 R&D 经费投入总量是测度经济体研发活动规模、评价经济体科技实力和创新能力的重要指标，也是综合国力的体现。

1. R&D 经费投入规模情况

从世界各国 R&D 经费的投入规模情况看，全球 R&D 经费主要集中在三个地理区域：北美、欧洲和东亚。

根据美元现价可比价计算，2016 年，R&D 经费处于世界排名前三位的国家依次是美国、中国和日本（见图 7-1）。其中，美国的 R&D 经费为 5110.89 亿美元，居世界第一位；我国的 R&D 经费为 4512.01 亿美元，我国的 R&D 经费已经超出欧盟 28 国的经费总和（3922.02 亿美元），日本的 R&D 经费为 1686.45 亿美元。而在 2015 年，全球 R&D 经费支出总量接近

20000亿美元，其中我国的R&D经费支出为4080亿美元，占全球总支出的21%，居世界第二位；美国经费支出4960亿美元，约占全球总支出的26%，居世界首位。R&D经费支出反映了经济体提升科学技术能力的意愿，这种意愿反过来又能够推动创新。随着新兴经济体及发展中国家的快速崛起，全球R&D经费高度聚集于发达国家的情况有所转变，集中度明显下降。G7国家R&D经费总和占全球R&D经费总量的比重为61.8%，与2000年相比下降21.2个百分点。相比而言，金砖国家R&D经费保持增长态势，所占份额从2000年的3.8%提高到2015年的20.0%。

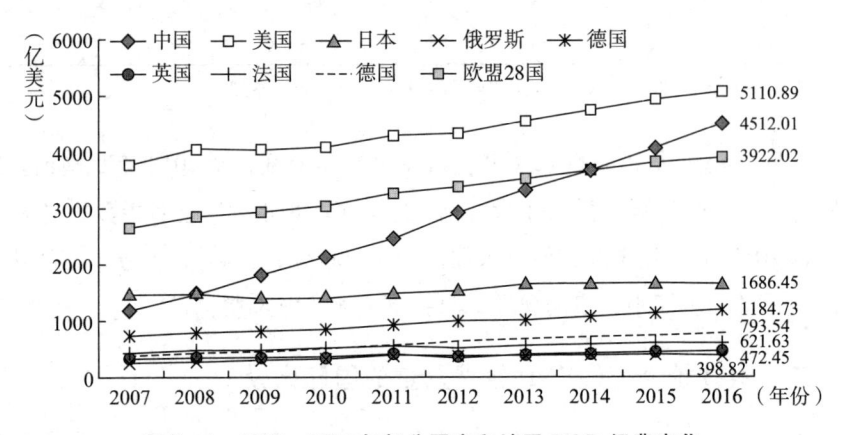

图7-1 2007~2016年部分国家和地区R&D经费变化

数据来源：中国科协创新战略研究院《创新研究报告》。

从绝对数来看，2007年，我国的R&D经费总量达3710.2亿元，到2016年，全国投入R&D经费15676.7亿元，9年间增长了3.2倍，年均增长率达到17.4%。

从相对数来看，2007~2016年，中国R&D经费以17.4%的年均增长率高速增长。正是这种高速的R&D经费增长，使得中国的R&D经费由世界第四位上升到第二位，2015年开始我国的R&D经费已经超越欧盟28国。

从增长速度上来看，2007~2016年，我国R&D经费年均增长率为17.4%，位居世界第一，其次是韩国（7.7%）和德国（5.5%），两国都超过了5%。

2. R&D经费强度分析

R&D经费强度，就是R&D经费支出占国家或地区生产总值（GDP）的比例，是国际上用于衡量一个国家或地区在科技创新方面努力程度的重要指标。

从 R&D 经费强度来看，如图 7-2 所示，2007~2016 年，我国年均 R&D 经费强度为 1.8%，2016 年比 2007 年增长了 41.6%，已超过欧盟 28 国的平均水平。在世界其他国家中，韩国的 R&D 经费强度同我国一样增幅显著，年均 R&D 经费强度为 3.8%；日本 2007~2016 年的 R&D 经费强度相对较高，均保持在 3% 以上的水平，年均 R&D 经费强度为 3.3%。德国年均 R&D 经费强度为 2.8%，美国年均 R&D 经费强度为 2.7%，法国年均 R&D 经费强度为 2.2%。上述五国的年均 R&D 经费强度都超过 2%。

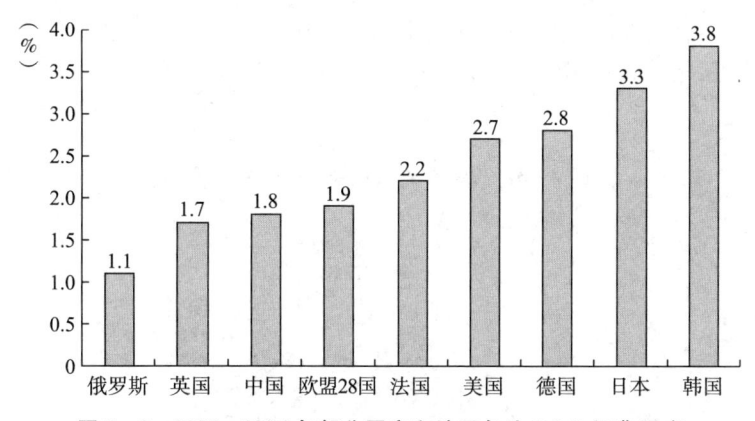

图 7-2 2007~2016 年部分国家和地区年均 R&D 经费强度

从截面数据来看，2016 年，我国 R&D 经费强度为 2.1%，同比增长了 0.05 个百分点，在超过 1% 的国家中位于中间水平。R&D 经费强度超过 2.0% 的国家有 18 个，超过 3.0% 的国家有 5 个，超过 4% 的国家有 2 个。以色列位居第一达到 4.3%，韩国达到 4.2%，以上两个国家的 R&D 强度超过 4%，瑞典、日本、和澳大利亚的 R&D 强度超过 3%，美国和德国分别为 2.7% 和 2.9%，经济合作与发展组织（OECD）35 个成员国的平均值为 2.3%（见图 7-3）。

3. R&D 经费内部支出的结构分析

从 R&D 经费内部支出来看，R&D 经费分为基础研究经费、应用研究经费及试验发展经费三类。2016 年，我国基础研究经费为 822.9 亿元，比 2015 年增长 14.9%；应用研究经费为 1610.5 亿元，同比增长 5.4%；试验发展经费为 13243.4 亿元，同比增长 11.1%。我国 R&D 经费的基础研究经费、应用研究经费和试验发展经费所占比重分别为 5.2%、10.3% 和 84.5%，如图 7-4 所示。

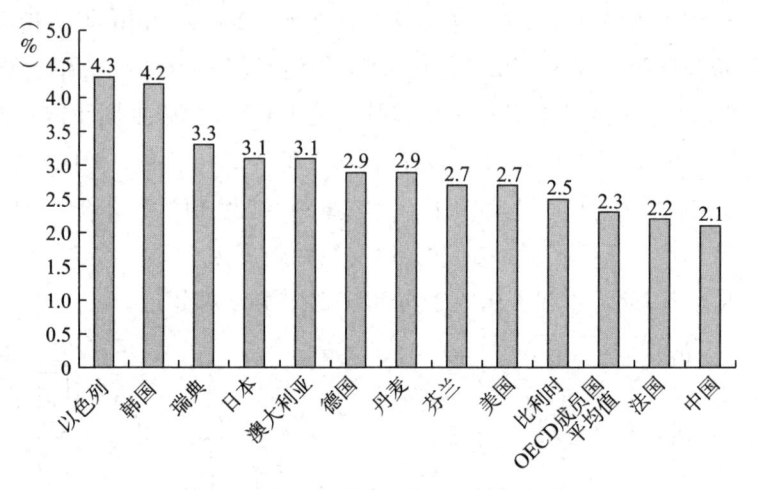

图 7-3 2016 年部分国家 R&D 经费强度

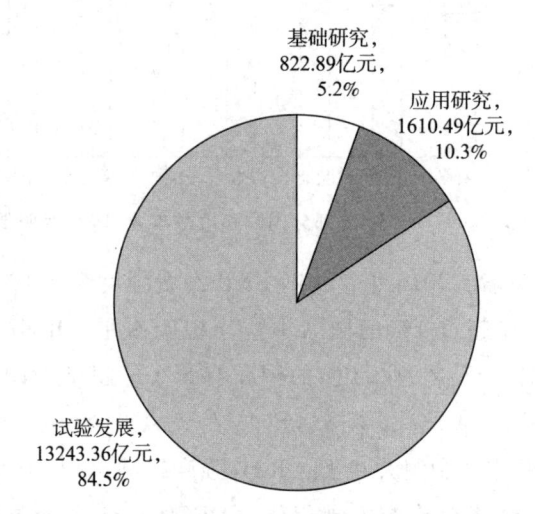

图 7-4 2016 年我国基础研究、应用研究和试验发展经费

从时间序列来看，2008~2016 年，我国的 R&D 经费由 4616.02 亿元增加到 15676.75 亿元。其中，2008 年基础研究经费 220.82 亿元，应用研究经费 575.16 亿元，试验发展经费 3820.04 亿元，到 2016 年，基础研究经费、应用研究经费和试验发展经费分别为 822.89 亿元 1610.49 亿元和 13243.36 亿元，10 年间年均增长率分别达到 17.9%、13.7% 和 16.8%。我国试验发展经费与 R&D 经费总量基本同步变化，说明我国 R&D 经费的快速增长，主要动力来自试验发展经费的高速攀升。2008~2016 年，我国基础研究经费

占比基本保持在4.8%的水平,应用研究经费占比逐年下降,试验发展经费逐步扩增,由2007年的82.8%提高到2016年的84.5%(见图7-5)。

图7-5 2008~2016年我国R&D经费支出结构分析

从国际来看,我国R&D经费结构同其他科技强国相比仍有继续优化的空间。2016年,美国基础研究经费为784.21亿美元,占16.9%;俄罗斯基础研究经费为52.21亿美元,占14.0%;日本基础研究经费为188.14亿美元,占12.6%;韩国基础研究经费为121.50亿美元,占16.0%。

我国的R&D经费支出同其他国家相比,基础研究经费所占比例较低。经过多年努力,我国基础研究持续快速发展,整体水平显著提高,国际影响力大幅提升,支撑引领经济社会发展的作用不断增强。但与建设世界科技强国的要求相比,我国基础研究的短板仍然较为突出。基础研究经费是整个科学体系的源头,是形成持续强大创新能力的关键,是建设世界科技强国的基石。因此,应当提高我国的基础研究经费。

4. R&D经费的来源分析

从R&D经费的来源来看,如图7-6所示,2016年,我国R&D经费共计15676.75亿元,其中政府资金3140.81亿元,占全部R&D经费的20.03%;企业资金11923.54亿元,占全部R&D经费的76.06%;其他资金612.40亿元,占全部R&D经费的3.91%。从增长速度来看,2008~2016年,我国R&D经费总量从4616.02亿元增加到15676.75亿元,增加了约2.40倍。其中,政府资金由1088.89亿元增加到3140.81亿元,增加了1.88倍;企业资金由3311.52亿元增加到11923.50亿元,增加了2.60倍,而其他资金由215.61亿元,增加到612.40亿元,增加了1.84倍。可见,我国 R&D 经费主要来源于企业资金。同我国情况类似的是日本和韩国。其中，日本的企业资金占 78.0%；韩国的企业资金占 75.2%（见图 7-6）。

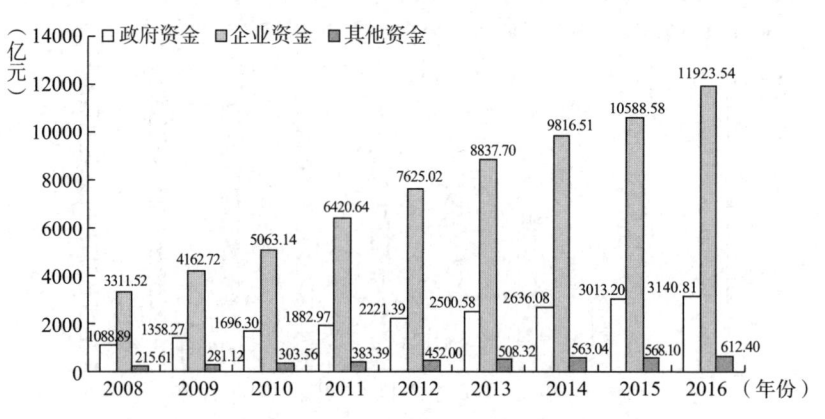

图 7-6 2008~2016 年我国 R&D 经费的来源

2016 年，我国政府 R&D 经费支持方面同比有所提高，向企业、高校等机构倾斜明显。一方面，政府来源 R&D 经费在分配比例上，有 20.03% 用于支持高校的研发活动，虽然与美国 29.5% 的比例还有一定差距，但已经较去年有较大的增长。另一方面，我国政府来源中支持政府研发活动的经费比例达到 63.5%。

三 我国科技产出的分析

科技产出是指通过科技活动所产生的各种形式的成果，是科学研究的最终目的，反映了区域科技实力，包括直接产出与间接产出。科技直接产出是指知识性产出，其主要的分析对象是科技论文与专利产出，分别通过国外主要检索工具收录论文数与国内三种专利申请受理数来衡量；科技间接产出是指科技成果转化的结果，理论上是涵盖科技活动的经济效益与社会效益的，但社会效益表现为由于科技成果的推广与应用所带来的社会生活水平的提高及社会意识形态的变化，难以设定指标加以度量。

科技投入的根本目的在于创造更多的科技成果，因此，对科技产出额的追踪是衡量一个地区科技发展政策实施效果的最终依据。科技产出主要包括两个方面的内容。一是科技成果产出，是指通过研究活动取得具有学术意义或实用价值的创造性结果，一般分为理论研究成果、软科学研究成果和应用技术成果，主要包括科技论文、专利、科技成果和技术。对科技成果产出的状况的判断主要是基于每万名科技活动人员科技论文发表数、获国家级科技成果奖次数、每百万人口发明专利授权量和万人技术成果成交额四个指标进行。二是高技术产业化。高技术产业化是一个复杂的动态发展过程,从纵向来看,是指高技术成果在技术开发和产品开发的基础上,逐步商品化、产业化和国际化的次第发展过程;从横向来看,包括通过技术扩散,围绕高技术而生成新兴的企业群,以及运用高新技术对传统产业进行存量改造,使传统产业升级两个方面。该项内容主要是通过高技术产业增加值率、高技术产业产值占工业总产值的比重、高新技术产品出口额占出口商品总额的比重和新产品销售收入占产品销售收入的比重四个指标加以衡量。表7-2列出了2008~2016年我国科技产出的部分数据。

表7-2 2008~2016年我国科技成果产出基本数据

指标	2008年	2009年	2010年	2011年	2012年	2013年	2014年	2015年	2016年
发表科技论文数(万篇)	119	136	142	150	152	154	157	164	165
出版科技著作数(种)	45296	49080	45563	45472	46751	45730	47470	52207	53284
科技成果登记数(项)	35971	38688	42108	44208	51723	52477	53140	55284	58779
国家技术发明奖获奖数(项)	55	55	46	55	77	71	70	66	66
国家科学技术进步奖获奖数(项)	254	282	273	283	212	188	202	187	171
专利申请受理量(件)	828328	976686	1222286	1633347	2050649	2377061	2361243	2798500	3464800
发明专利申请受理量(件)	289838	314573	391177	526412	652777	825136	928177	1101864	1338503
专利授权量(件)	411982	581992	814825	960513	1255138	1313000	1302687	1718192	1753800
发明专利授权量(件)	93706	128489	135110	172113	217105	207688	233228	359316	404208

资料来源:《中国统计年鉴》(2009~2017),国家统计局网站,http://data.stats.gov.cn/easyquery.htm? cn = C01。

1. 我国的科技成果产出

（1）科技论文及科技著作的数量。2008~2016年，我国的科技成果产出不断提高。从发表科技论文数量来看，2008年，我国共发表各类科技论文119万篇，到2016年，增加到165万篇，增加了约38.66%，且数量在逐年提高。2006年，我国发表国内科技论文（自然科学领域，下同）49.4万篇，比上年增长0.1%，同时占世界的比重稳步上升，论文的影响力也有所提高；我国发表SCI论文32.4万篇，连续第八年排在世界第二位，占世界总量的17.1%，比上年提升了0.8个百分点。从出版科技著作的数量来看，我国在2008年出版各类科技著作共计45296种，到2016年增加到53284种，增加了17.64%。科技论文数量的提升反映了我国国际竞争力不断增长。

（2）科技成果登记数量及国家级科技奖项的数量。从科技成果的登记数量来看，我国2008年科技成果的登记数量是35971项，到2016年增加到58779项，增加了64.23%，且呈现逐年上升的趋势。国家技术发明奖获奖数在2008~2012年由55项增加到77项，而后逐年递减，到2016年，我国的国家技术发明奖获奖数为66项；国家科学技术进步奖获奖数在2008年为254项，逐年递增到2011年的283项后，开始下降，到2016年，我国的国家技术进步奖获奖数为171项。

（3）专利申请的受理量及授权量。从专利申请受理数量来看，2008年，我国专利申请受理数为828328件，而后逐年上升，到2016年已经增加到3464800件，共增加了318.29%。其中2008年共受理发明专利申请289838件，到2016年增加到1338503件，共增加了361.81%。2016年，发明专利占专利申请总量的比重为38.6%；实用新型专利申请147.6万件，比上年增长30.9%；外观设计专利申请65.0万件，比上年增长14.3%。

从专利授权数量来看，2008年我国共授权了411982件专利，而后逐年上升，到2016年已经增加到1753800件专利，共增加了325.70%。其中2008年共授权了93706件发明专利，到2016年增加到404208件发明专利，共增加了331.36%。2016年，发明专利授权量比2015年增长12.5%；实用新型专利授权量为90.3万件，比上年增长3.1%；外观设计专利授权量为44.6万件，比上年下降7.6%。

从全球来看，中国的专利申请量逐年增加。据统计，2017年全球创新者共提交了 317 万件专利申请，连续第八年实现增长，涨幅为 5.8%。其中，中国的申请量（138 万件）创历史新高，继续稳居全球第一。排在中国之后的是美国（61 万件）、日本（32 万件）、韩国（20 万件）和欧洲（16 万件），这 5 个国家和地区的申请数量占世界总量的 84.5%，其中中国和欧洲专利局的申请量增长强劲（见图 7 - 7）。

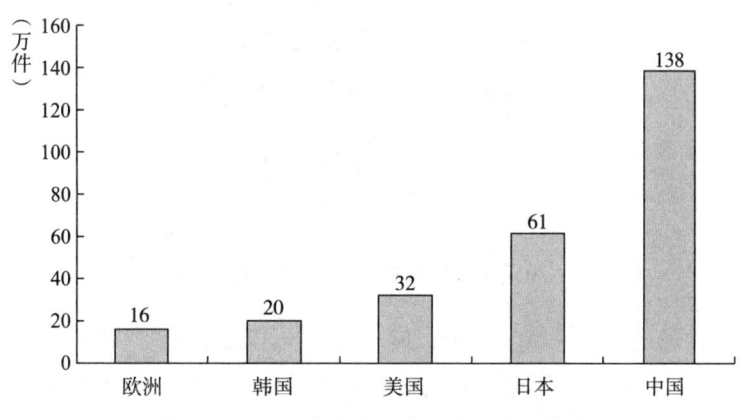

图 7 - 7　2017 年部分国家和地区专利数量

从申请专利的结构来看，企业发明专利申请量持续以高于全国平均水平的速度增长。2016 年，国内企业发明专利申请量为 73.6 万件，比上年增长 26.3%，占国内发明专利申请量的 61.0%；国内企业发明专利授权量为 19.0 万件，比上年增长 19.5%，占国内发明专利授权量的 62.7%。

（4）技术市场成交额。技术市场成交额是指登记合同成交总额中，明确规定属于技术交易的金额。即从合同成交总额中扣除所提供的设备、仪器、零部件、原材料等非技术性费用后实际技术成交额，但已直接进入研究开发成本的除外。2008～2017 年，我国技术市场成交额由 2665.23 亿元增加到 13424.22 亿元，增加了 403.68%。全国技术市场成交额继续保持中高速增长势头。

按合同类型统计，2017 年我国技术服务合同成交额仍位居首位，为 6826.17 亿元，同比增长 16.66%；技术开发合同成交额大幅增长，达到 4748.54 亿元，居第二位，涨幅为 36.47%；技术转让合同成交额有所下降，为 1400.28 亿元，降幅为 12.91%；技术咨询合同成交额下降 4.08%，为 449.23 亿元（见图 7 - 8）。

按技术领域统计，2017 年成交额居前三位的是电子信息、城市建设与

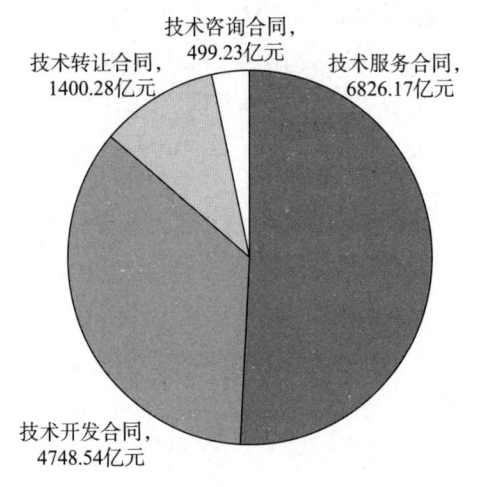

图7-8 2017年我国技术市场成交额按合同类型分布

社会发展和现代交通领域。其中，电子信息技术成交额为3860.72亿元，较上年增长16.53%，继续保持领先地位；城市建设与社会发展快速增长，成交额为1928.48亿元，增长34.7%，位居第二；现代交通较上年有所下降，但仍位居第三位，成交额为1665.32亿元。在各技术领域中，航空航天领域增幅明显，成交额为425.41亿元，增长58.97%；新能源与高效节能技术、先进制造、农业、环境保护、生物、医药和医疗器械技术等领域都有所增长；核应用、新材料及其应用领域成交额较上年有所下降，其中核应用领域技术交易下降明显，降幅为61.78%。[①]

按交易主体统计，2017年，企业法人输出技术250126项，成交额为11875.28亿元，同比增长20.18%，占全国技术合同成交总额的88.46%；高校和科研机构输出技术数较上年大幅提升，共输出技术104836项，同比增长15.75%，成交额为1222.59亿元，同比增长14.77%。其中，高校输出技术成交额为355.83亿元，下降1.16%，科研院所输出技术成交额为866.76亿元，同比增长22.91%。

（5）高技术产品进出口总额。进出口总额是指实际进出我国国境的货物总金额。进出口总额用以观察一个国家在对外贸易方面的总规模。我国规定出口货物按离岸价格统计，进口货物按到岸价格统计。2008年，我国

---

① 资料来源：《2017年全国技术市场交易简报》。

高技术产品进出口总额是7574亿美元,后逐年上升,到2013年上升到12185亿美元,后逐年下降,到2016年进出口总额为11279亿美元。其中高技术产品出口额2008年为4156亿美元,后逐年增加,到2014年增加到6605亿美元,后缓慢下降,到2016年出口额为6042亿美元。高技术产品进口额也呈现同样的先升后降的趋势,2008年为3418亿美元,随后受到金融危机的影响下降到2009年的3099亿美元,再逐年上升,到2013年进口额为5582亿美元,后又开始下降,到2016年高技术产品进口额为5237亿美元。高技术产品的进出口差额反映了我国对外贸易的净收益,从2008年到2016年,我国的高技术产业的进出口差额由2008年的738亿美元下降至2009年的671亿美元,后增长至2014年的1091亿美元,后开始下降,到2016年进出口差额为805亿美元(见表7-3)。

表7-3 我国高技术产品进出口情况(2008~2016年)

单位:亿美元

指标	2008年	2009年	2010年	2011年	2012年	2013年	2014年	2015年	2016年
高技术产品进出口总额	7574	6868	9050	10120	11080	12185	12119	12046	11279
高技术产品出口额	4156	3769	4924	5488	6012	6603	6605	6553	6042
高技术产品进口额	3418	3099	4127	4632	5069	5582	5514	5493	5237
高技术产品进出口差额	738	671	797	856	943	1021	1091	1060	805

四 "十三五"期间我国高新技术产业的重点发展方向

2016年8月,科技部颁布了《"十三五"科学和技术发展规划》,从创新主体、创新基地、创新空间、创新网络、创新治理、创新生态六个方面提出建设国家创新体系的要求,并对今后国家重点发展的高新技术产业做出规划。

"十三五"期间,我国争取在以下方面得到较大提升。

(1)国家综合创新能力进一步提升。争取到2020年,我国的基础研究和战略高技术取得重大突破,原始创新能力和国际竞争力显著提升。国家综合创新能力世界排名由2015年的第18位上升到第15位,国家综合创新能力进一步提高;科技进步贡献率由55.3%上升到60%,争取科技进步对经济增长的贡献份额进一步上升。

(2) 研发投入进一步提高,到 2020 年,自主创新能力提高,研究与试验发展经费投入强度达到 2.5%,基础研究经费占全社会研发投入比例大幅提高,规模以上工业企业研发经费支出与主营业务收入之比达到 1.1%;国际科技论文被引次数世界排名上升到世界第 2 位,每万人口发明专利拥有量达到 12 件,通过《专利合作条约》途径提交的专利申请量比 2015 年翻一番。知识密集型服务业增加值占国内生产总值的比例由 15.6%上升到 20%。

(3) 科技创新引领作用增强。到 2020 年科技创新作为经济工作的重要方面,在促进经济平衡性、包容性和可持续性发展中的作用更加突出,科技进步贡献率达到 60%。高新技术企业营业收入达到 34 万亿元,知识密集型服务业增加值占国内生产总值的比例达到 20%,全国技术合同成交金额达到 2 万亿元;成长起一批世界领先的创新型企业、品牌和标准,若干企业进入世界创新百强。

(4) 创新型人才规模质量同步提升。到 2020 年青年科技人才队伍进一步壮大,人力资源结构和就业结构显著改善,每万名就业人员中研发人员达到 60 人。

(5) 形成创新的体制机制。以企业为主体、市场为导向的技术创新体系更加健全,高等学校、科研院所的治理结构和发展机制更加科学,军民融合创新机制更加完善,国家创新体系整体效能显著提升。

(6) 创新创业生态更加优化。全社会科学文化素质明显提高,具备科学素质的公民比例超过 10%。科技创新政策法规不断完善,知识产权得到有效保护。科技与金融结合更加紧密,创新创业服务更加高效便捷。

"十三五"期间我国科技发展的主要指标,如表 7-4 所示。

表 7-4 "十三五"期间我国科技发展的主要指标

指标	2015 年	2020 年
国家综合创新能力世界排名(位)	18	15
科技进步贡献率(%)	55.3	60.0
研究与试验发展经费投入强度(%)	2.1	2.5
每万名就业人员中研发人员(人)	48.5	60
高新技术企业营业收入(万亿元)	22.2	34
知识密集型服务业增加值占国内生产总值的比例(%)	15.6	20.0

续表

指标	2015 年	2020 年
规模以上工业企业研发经费支出与主营业务收入之比（%）	0.9	1.1
国际科技论文被引次数世界排名（位）	4	2
PCT专利申请量（万件）	3.05	翻一番
每万人口发明专利拥有量（件）	6.3	12
全国技术合同成交金额（亿元）	9835	20000
公民具备科学素质的比例（%）	6.2	10

资料来源：国务院《"十三五"国家科技创新规划》，科技部网站，http://www.most.gov.cn/mostinfo/xinxifenlei/gjkjgh/201608/t20160810_127174。

第八章 我国高新技术产业的现状及金融支持体系

近年来，我国高新技术产业发展迅猛，为国民经济的快速发展做出了重大贡献，美国学者纳尔逊（R. Nelson）在《高技术政策的五国比较》一书中指出：所谓高技术产业是指那些以大量投入研究与发展资金，以及迅速的技术进步为主要标志的产业。

第一节 我国高新技术产业发展的现状

中国高新技术产业包括医药制造业、航天航空器制造业、电子及通信设备制造业、电子计算机及办公设备制造业、医疗设备及仪器仪表制造业、信息化学品制造业等行业。下面先简要描述我国高新技术产业发展所呈现的特点。

一 高新技术产业主要经济指标的时间序列分析

我国高新技术产业的基本情况，可以从高新技术产业的企业数、产业从业人员平均人数、主营业务收入、利润总额、出口交货值等方面进行分析（见表8-1）。

表8-1 我国高新技术产业的基本情况（2000~2016年）

指标	2000年	2005年	2013年	2014年	2015年	2016年
企业数（个）	9835	17527	26894	27939	29631	30798
从业人员平均人数（万人）	392	663	1294	1325	1354	1342
主营业务收入（亿元）	10050	33916	116049	127368	139969	153796

续表

指标	2000年	2005年	2013年	2014年	2015年	2016年
利润总额（亿元）	673	1423	7234	8095	8986	10302
出口交货值（亿元）	3396	17636	49285	50765	50923	52445

资料来源：国家统计局等编，《中国高技术产业统计年鉴》2001~2017年。

1. 高新技术产业企业数的比较

2000年，我国高新技术企业共有9835个，到2016年发展到30798个，共增加了2.13倍。

（1）按照行业类别分布的高新技术产业企业数。电子及通信设备制造业的企业数较多，2000年有3996家，2005年增加到7781家，到2016年，我国已经有15383家电子及通信设备制造业的企业。航空、航天器制造业、信息化学品制造业所占比重较小。这也和各行业所具有的消费属性相关，因为航空、航天器制造业是属于国家重点科技项目和关系国计民生的工程，购买者相对集中。近年来由于互联网的迅速发展，人们对手机等电子及通信设备制造业产品需求量较大且更新较快，自然会吸引一部分生产者（见表8-2）。

表8-2 我国高新技术产业企业数分行业统计情况（2000~2016年）

单位：个

行业	2000年	2005年	2013年	2014年	2015年	2016年
医药制造业	3533	4971	6839	7108	7392	7541
航空、航天器制造业	176	167	318	338	382	425
电子及通信设备制造业	3996	7781	13465	13973	14634	15383
计算机及办公设备制造业	506	1267	1565	1629	1695	1725
医疗设备及仪器仪表制造业	1624	3341	4707	4891	5062	5269
信息化学品制造业					466	455
合计	9835	17527	26894	27939	29631	30798

（2）东部、中部、西部和东北地区的高新技术产业企业数。我国东部、中部、西部和东北地区的高新技术产业企业数分布较不均衡。2000~2016年，东部地区高新技术产业企业数从6734个增加到20241个，增加了2.01倍；中部地区从1361个增加到5946个，增加了3.37倍；西部地区由1028个增加到3535个，增加了2.44倍；东北地区从712个增加到1076个，增加了0.51倍。从发展速度上来看，东北地区高新技术产业的发展速度较慢，

2000~2016年仅增长了0.51倍;中部地区增长较快,增加了3.37倍。从数量上来看,东部地区高新技术产业企业数量较多,东北地区数量较少。2016年,我国东部地区共有高新技术产业数为20241个,占全部企业的65.75%,而东北地区的企业数为1076个,占全部企业数的3.49%(见表8-3)。

表8-3 我国东部、西部、中部及东北地区高新技术产业企业数(2000~2016年)

单位:个

地区	2000年	2005年	2013年	2014年	2015年	2016年
东部地区	6734	13174	18761	19069	19912	20241
中部地区	1361	1920	4319	4850	5426	5946
西部地区	1028	1485	2502	2758	3104	3535
东北地区	712	948	1312	1262	1189	1076
全国	9835	17527	26894	27939	29631	30798

(3)按照注册类型分布的高新技术产业企业数。从中外资所占的比重来看,2000年我国内资企业占高新技术产业企业总数的68.80%,港澳台企业占16.54%,外资企业占14.65%;2016年,内资企业占高新技术产业企业总数的76.68%,港澳台企业占10.34%,外资企业占12.98%。如图8-1所示,我国的内资企业数近年来稳步增长,2000~2016年,内资企业数从6767个增加到23615个;而港澳台企业数从1627个增加到3186个,外资企业数从1441个增加到3997个,港澳台企业数和外资企业数虽然从绝对值上来看有所增加,但是由于近年来内资企业数增长较快,它们占我国高新技术产业企业总数的相对数略有下降。

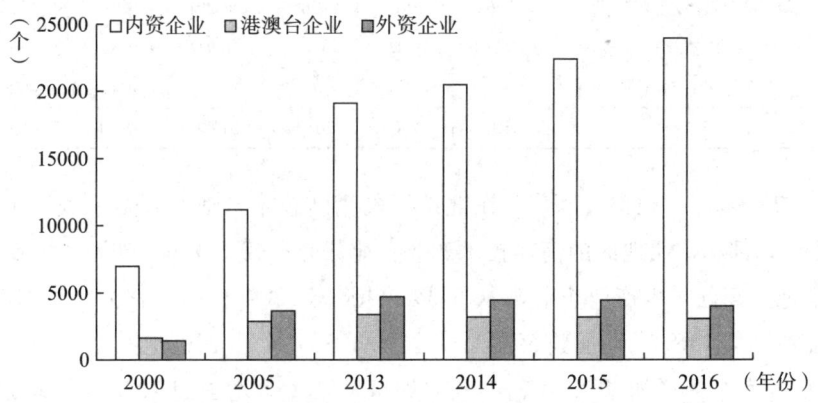

图8-1 我国高新技术产业按照注册类型分布(2000~2016年)

2. 高新技术产业各行业就业人数的比较

2000~2016年，我国高新技术产业从业人数不断增加，从3922875增加到13418185人，增加了2.42倍（见表8-4）。

表8-4 我国高新技术产业各行业从业人数（2000~2016年）

单位：人

行业	2000年	2005年	2013年	2014年	2015年	2016年
医药制造业	1045293	1234389	2085498	2159430	2229376	2257372
航空、航天器制造业	456531	304691	339551	365708	387006	402202
电子及通信设备制造业	1739147	3466681	7482696	7734261	8142256	8122515
计算机及办公设备制造业	246902	1011417	1905640	1842440	1467024	1302216
医疗设备及仪器仪表制造业	435002	616244	1123485	1148428	1147356	1154894
信息化学品制造业					170207	178986
合计	3922875	6633422	12936870	13250267	13543225	13418185

（1）按照行业类别分布的高新技术产业的从业人数。从高新技术产业的行业类别来看，2016年，电子及通信设备制造业从业人数为8122515人，占全部从业人数的60.53%；医药制造业的从业人数为2257372人，占全部从业人数的16.8%；计算机及办公设备制造业的从业人数为1302216人，占全部从业人数的9.70%；医疗设备及仪器仪表制造业的从业人数为1154894人，占全部从业人数的8.61%；航空、航天器制造业的从业人数为402202人，占全部从业人数的3.00%；信息化学品制造业为178986人，占全部从业人数的1.33%。

由从业人员的增长速度来看，2000~2016年，我国高新技术产业从业人员共增加2.42倍。其中计算机及办公设备制造业增加最快，增长了4.27倍；其次为电子及通信设备制造业，增长了3.67倍；医疗设备及仪器仪表制造业增长了1.65倍；医药制造业增长了1.16倍。而从2000年到2016年，航空、航天器制造业从业人员下降了11.9%。

（2）按照注册类型分布的高新技术产业的从业人数。2000年，我国内资企业吸收的行业从业人数占高新技术产业总从业人数的69.22%，港澳台企业占15.18%，外资企业占15.59%；到2016年，内资企业吸收的行业从业人数占高新技术产业总从业人数的54.78%，港澳台企业占22.98%，外资企业占22.24%。可以看出，我国的内资企业从业人数近年来稳步增长，2000~2016

年,内资企业从业人数从 2000 年的 2715464 人增长到 2016 年的 7350153 人;港澳台企业从 595800 人增加到 3083048 人,外资企业从 611611 人增加到 2984984 人(见图 8-2)。值得注意的是,我国的内资企业数虽然增长较快,但是吸收的从业人员在下降,而港澳台企业和外资企业所吸收的从业人数增长相对较快,这反映出我国港澳台企业和外资企业的吸收就业能力较强。

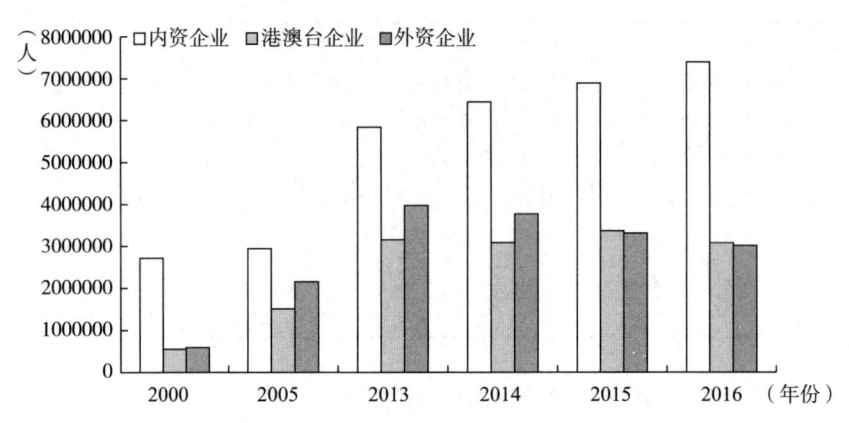

图 8-2 我国高新技术产业从业人数按照注册类型分布(2000~2016 年)

3. 高新技术产业的主营业务收入分析

主营业务收入是指企业经常性的、主要业务所产生的基本收入,如制造业的销售产品、非成品和提供工业性劳务作业的收入,其规模可以直接反映企业经营规模大小和经营能力强弱。主营业务收入的规模是我国划分大型、中型、小型企业的主要指标之一。2000~2016 年,我国高新技术产业主营业务收入由 10050.1 亿元增加到 153796.3 亿元,增加了 14.30 倍。

(1)按照行业分类,高新技术产业的主营业务收入分布。从高新技术产业的主营业务收入来看,2016 年,电子及通信设备制造业占 56.77%,医药制造业占 18.34%。计算机及办公设备制造业占 12.85%;医疗设备及仪器仪表制造业,航空、航天器制造业,信息化学品制造业占的比重较小,三者分别占高新技术产业主营业务收入的 7.58%、2.47%、2.00%。

从增长速度来看,2000~2016 年,医疗设备及仪器仪表制造业增加较快,从 508.3 亿元增加到 11651.9 亿元,增加了 21.92 倍;医药制造业从 1682.8 亿元增加到 28206.11 亿元,增加了 15.76 倍;电子及通信设备制造业从 5874.5 亿元增加到 87304.7 亿元,增加了 13.86 倍;计算机及办公设备制造业从 1606.7 亿元增加到 19760.1 亿元,增加了 11.30 倍;航空、航天器制造业从 377.8 亿元增加到 3801.7 亿元,增加了 9.06 倍(见表 8-5)。

表 8-5 我国高新技术产业主营业务收入分析(2000~2016 年)

单位:亿元

行业	2000 年	2005 年	2013 年	2014 年	2015 年	2016 年
医药制造业	1682.8	4019.8	20484.2	23350.3	25729.5	28206.1
航空、航天器制造业	377.8	781.4	2853.2	3027.6	3412.6	3801.7
电子及通信设备制造业	5874.5	16646.3	60633.9	67584.2	78309.9	87304.7
计算机及办公设备制造业	1606.7	10716.6	23214.2	23499.1	19407.9	19760.1
医疗设备及仪器仪表制造业	508.3	1752.2	8863.5	9906.5	10471.8	11651.9
信息化学品制造业					2636.8	3071.9
合计	10050.1	33916.2	116048.9	127367.7	139968.6	153796.3

(2)按照注册类型,高新技术产业的主营业务收入分布。从注册类型来看,2000 年我国内资企业的主营业务收入占高新技术产业总额的 40.16%,港澳台企业占 18.63%,外资企业占 41.22%;2016 年,我国内资企业的主营业务收入占高新技术产业总额的 54.92%,港澳台企业占 19.79%,外资企业占 25.29%。从图 8-3 可以看出,我国内资企业主营业务收入稳步增长,2000~2016 年,内资企业的主营业务收入从 4036.6 亿元增加到 84470.43 亿元,港澳台企业从 1872.1 亿元增加到 30429.85 亿元,外资企业从 4141.4 亿元增加到 38896.05 亿元。我国内资企业主营业务收入增长较快,港澳台企业的主营业务收入增长速度较慢,外资企业的主营业务收入在 2013 年后出现下滑。

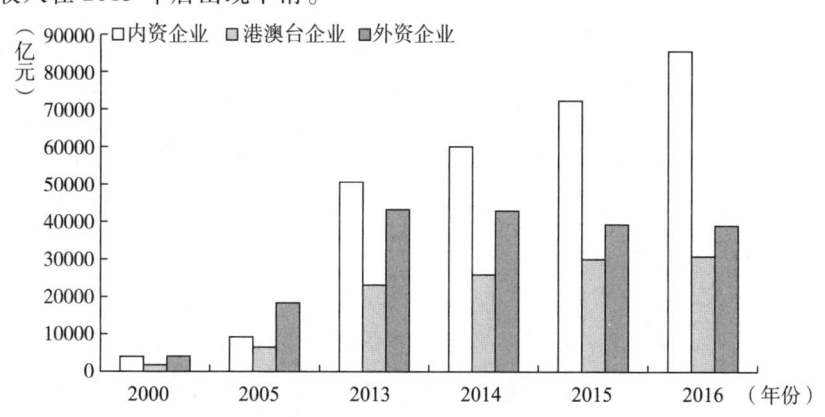

图 8-3 我国高新技术产业主营业务收入按照注册类型分布(2000~2016 年)

4. 高新技术产业的盈利情况分析

(1) 按照行业分类，高新技术产业的利润总额分布。从盈利能力来看，2016年，电子及通信设备制造业利润总额占高新技术产业利润总额的46.80%，医药制造业占30.24%，医疗设备及仪器仪表制造业占10.67%，计算机及办公设备制造业占7.95%，航空、航天器制造业和信息化学品制造业占的比重较小，分别为2.18%和2.15%。

从增长速度来看，2000～2016年，我国高新技术产业利润总额从673.1亿元增加到10301.8亿元，增加了14.31倍。其中，航空、航天器制造业从3.8亿元增加到224.4亿元，增加了58.05倍；医疗设备及仪器仪表制造业从28.2亿元增加到1099亿元，增加了37.97倍；医药制造业从139.1亿元增加到3155.0亿元，增加了21.39倍；电子及通信设备制造业从426.1亿元增加到4821.7亿元，增加了10.32倍；计算机及办公设备制造业从76.0亿元增加到819.3亿元，增加了9.78倍（见表8-6）。

表8-6　我国高新技术产业各行业盈利情况（2000～2016年）

单位：亿元

行业	2000年	2005年	2013年	2014年	2015年	2016年
医药制造业	139.1	338.2	2132.7	2382.5	2717.3	3115.0
航空、航天器及设备制造业	3.8	32.4	139.3	170.3	196.1	224.4
电子及通信设备制造业	426.1	650.8	3326.8	3744.4	4348.9	4821.7
计算机及办公设备制造业	76.0	262.7	810.4	889.2	622.1	819.3
医疗仪器设备及仪器仪表制造业	28.2	139.1	824.6	908.9	938.8	1099.0
信息化学品制造业					163.1	222.3
合计	673.1	1423.2	7233.7	8095.2	8986.3	10301.8

(2) 按照注册类型，高新技术产业的利润总额分布。从注册类型来看，2000年，我国内资企业的利润总额占高新技术产业利润总额的39.56%，港澳台企业占12.54%，外资企业占47.90%；2016年，我国内资企业的利润总额占高新技术产业利润总额的63.15%，港澳台企业占15.61%，外资企业占21.23%。从图8-4可以看出，我国的内资企业盈利能力稳步增长，2000～2016年，内资企业的利润总额从266.3亿元增加到6506.0亿元；港澳台企业从84.4亿元增加到1608.3亿元，外资企业从322.4亿元增加到

2187.5 亿元。值得注意的是，我国的内资企业利润总额增长较快，而港澳台企业和外资企业的利润总额增长速度较慢，甚至出现回落。

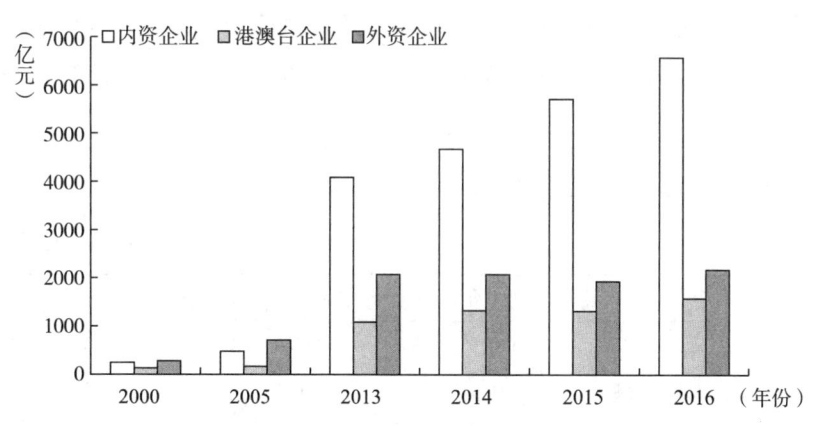

图 8-4 我国高新技术产业的利润总额按注册类型分布（2000~2016 年）

5. 高新技术产业的出口交货值分析

出口交货值是指企业生产的交给外贸部门或自营（委托）出口（包括销往香港、澳门、台湾），用外汇价格结算的批量销售，在国内或在边境批量出口等的产品价值，还包括外商来样、来料加工，来件装配和补偿贸易等生产的产品价值。在计算出口交货值时，要把外汇价格按交易时的汇率折合成人民币。出口交货值是衡量工业企业生产的产品进入国际市场的一个重要指标，是现阶段衡量我国工业企业融入世界经济的一个主要参数。

（1）按照行业分类，高新技术产业的出口交货值分布。从高新技术产业的出口交货值来看，2016 年，电子及通信设备制造业出口交货值占高新技术产业出口交货值的 69.21%，计算机及办公设备制造业占 23.18%，上述两个行业共占高新技术产业出口交货值的 93.39%。医疗设备及仪器仪表制造业，计算机及办公设备制造业，航空、航天器制造业和信息化学品制造业占的比重较小，四者合计达到高新技术产业出口交货值的 6.61%。由于出口交货值反映我国企业融入国际经济的水平，可以看出电子及通信设备制造业、计算机及办公设备制造业融入国际经济的水平较高，其他四种行业尚待融入。

从增长速度来看，2000~2016 年，我国高新技术产业出口交货值从 3396.0 亿元增加到 52444.6 亿元，增加了 14.44 倍。其中，航空、航天器制造业增速较快，从 31.2 亿元增加到 541.1 亿元，增加了 16.34 倍；电子及通信设备制造业从2158.1亿元增加到36296.5亿元,增加了15.82倍;医疗设备及仪器仪表制造业从106.4亿元增加到1464.7亿元,增加了12.77倍;计算机及办公设备制造业从910.7亿元增加到12157.4亿元,增加了12.34倍;医药制造业从189.6亿元增加到1460.4亿元,增加了6.70倍(见表8-7)。

表8-7 我国高新技术产业出口交货值(2000~2016年)

单位:亿元

行业	2000年	2005年	2013年	2014年	2015年	2016年
医药制造业	189.6	439.3	1184.2	1312.3	1342.0	1460.4
航空、航天器制造业	31.2	77.8	370.1	405.4	433.5	541.1
电子及通信设备制造业	2158.1	9410.0	28738.4	31486.8	35321.9	36296.5
计算机及办公设备制造业	910.7	7194.6	17640.7	16154.9	11994.8	12157.4
医疗设备及仪器仪表制造业	106.4	514.4	1351.8	1405.8	1449.0	1464.7
信息化学品制造业					382.0	524.4
合计	3396.0	17636.0	49285.1	50765.2	50923.1	52444.6

(2)按照注册类型,高新技术产业的出口交货值分布。从注册类型来看,2000年,我国内资企业的出口交货值占高新技术产业总额的15.04%,港澳台企业占25.53%,外资企业占59.43%;2016年,我国内资企业的出口交货值占高新技术产业总额的23.12%,港澳台企业占33.02%,外资企业占43.86%。从图8-5可以看出,我国的内资企业出口交货值稳步增长,

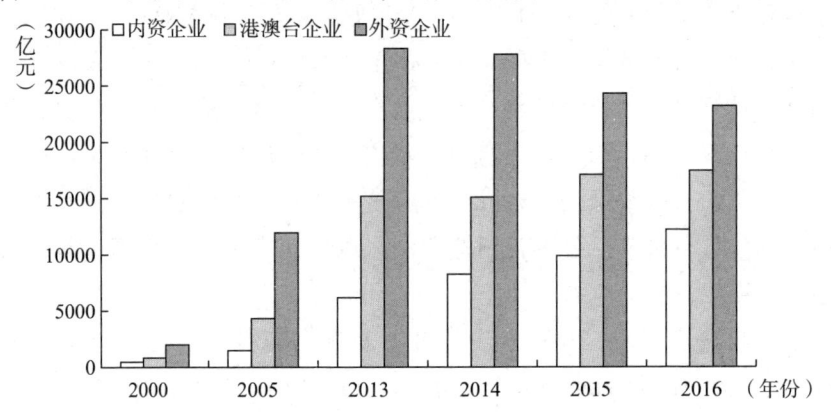

图8-5 我国高新技术产业的出口交货值按注册类型分布(2000~2006年)

2000~2016年，内资企业的利润总额从510.8亿元到2016年的12124.32亿元；港澳台企业从867.1亿元增加到17317.3亿元；外资企业从2018.1亿元增加到23002.98亿元。我国的内资企业的出口交货值增长较快，而港澳台企业和外资企业的出口交货值增长速度较慢，这与近年来港澳台企业和外资企业数量下降有关。

二 高新技术产业主要经济指标的国际比较分析

我国高新技术产业的国际比较，主要从高新技术产业出口额和高新技术产业出口占制造业出口的比重两个方面来比较。

1. 高新技术产业出口额国际比较

出口额是指一定时期内一国从国内向国外出口的商品的全部价值，从绝对数来看，2005~2015年，我国高新技术产业的出口额一直位居世界第一。2005年，我国出口额为2159.28亿美元，到2015年已经增长到5542.73亿美元，除2009年、2014年、2015年因受金融危机的影响呈现负增长外，其余均呈现正增长（见表8-8）。

（1）各国出口额的时间序列比较。2005~2015年，世界主要经济国家由于受金融危机的影响，高新技术产业出口受到重创，其中，中国（156.69%）、法国（47.99%）、澳大利亚（28.82%）、德国（26.76%）、意大利（6.43%）、加拿大（3.72%）的出口额呈现正增长，而美国（-19.08%）、日本（-27.05%）、英国（-17.06%）、瑞典（-13.80%）的出口额均呈现一定程度的负增长。

表8-8 部分国家高新技术产业出口总额（2005~2015年）

单位：百万美元

国家	2005年	2006年	2007年	2008年	2009年	2010年	2011年	2012年	2013年	2014年	2015年
中国	215928	273132	302773	340118	309601	406090	457107	505646	560058	558606	554273
美国	190737	219026	218116	220884	132407	145498	145273	148772	147833	155641	154346
日本	125445	129241	117858	119915	95159	122047	126478	123412	105076	100955	91514
英国	83697	116296	61149	59427	55135	59785	69315	67787	69223	70653	69417
法国	70506	81538	78822	91980	82531	99736	105101	108365	113000	114697	104340
德国	146389	163169	153419	159812	139961	158507	183371	183354	193088	199718	185556
澳大利亚	3289	3374	3260	3794	3247	3826	4859	4761	4565	4691	4237

续表

国家	2005年	2006年	2007年	2008年	2009年	2010年	2011年	2012年	2013年	2014年	2015年
加拿大	25352	26735	26311	26911	23210	23963	25017	24039	29137	31552	26295
意大利	25301	25885	26448	28813	25027	26419	31192	27526	29752	30745	26927
瑞典	17339	18364	15069	15424	12794	16178	18499	16547	17025	16556	14946

值得注意的是，2009年，世界主要经济国家的高新技术产业出口额，均呈现不同程度的下降，其中美国的下降幅度达到40.06%，而英国和中国的下降幅度比较小，分别为7.22%和8.97%。这反映出始于2008年的美国金融危机对全球经济的影响较大。近几年，随着全球经济的逐步恢复，各国高新技术产业出口逐渐提高。

(2) 各国出口额的截面数据比较。从截面数据来看，2015年，主要经济国家高新技术产业的出口额最多的五个国家分别为：中国（5542.73亿美元），占全球主要经济国家出口总额的45%；德国（1855.56亿美元），占全球主要经济国家出口总额的15.06%；美国（1543.46亿美元），占全球主要经济国家出口总额的12.53%；法国（1043.40亿美元），占全球主要经济国家出口总额的8.47%；日本（915.14亿美元），占全球主要经济国家出口总额的7.43%（见图8-6）。中国、德国、美国、法国和日本五国的高新技术产业出口占主要经济国家出口总额的88.49%。

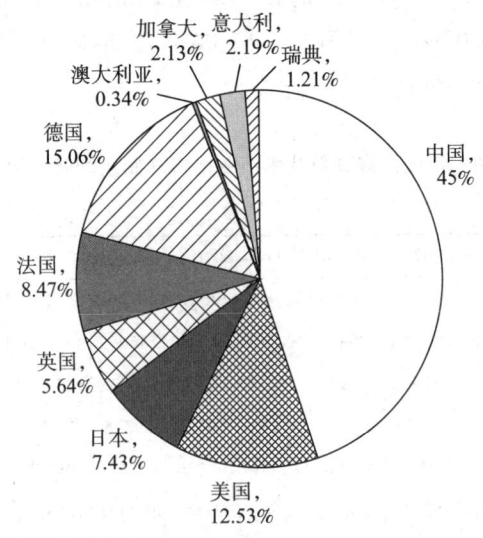

图8-6 2015年全球主要经济国家高新技术产业出口额比重分析

2. 高新技术产业出口占制造业出口的比重国际比较

2015年，主要经济国家中，高新技术产业出口占制造业出口的比重最高的是新加坡，为49.3%，这表明新加坡的制造业出口近一半为高新技术产业出口，之后依次为法国、韩国、瑞士、中国、英国、挪威、美国、日本、德国、瑞典、加拿大、俄罗斯、澳大利亚（见图8-7、表8-9）。

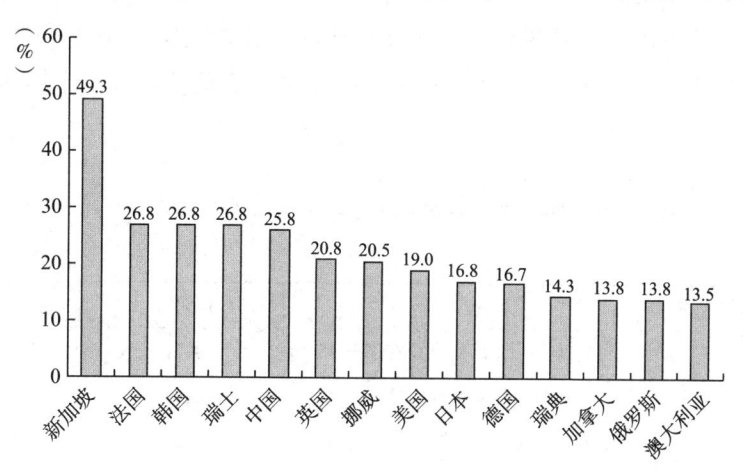

图8-7　2015年部分国家高新技术产业出口占制造业出口的比重

表8-9　部分国家高新技术产业出口占制造业出口的比重（2005～2015年）

单位：%

国家	2005年	2006年	2007年	2008年	2009年	2010年	2011年	2012年	2013年	2014年	2015年
新加坡	56.9	58.1	45.2	49.4	48.1	49.9	45.2	45.3	47.0	47.2	49.3
法国	20.3	21.5	18.5	20.0	22.6	24.9	23.7	25.4	25.8	26.1	26.8
中国	30.8	30.5	26.7	25.6	27.5	27.5	25.8	26.3	27.0	25.4	25.8
英国	28.3	33.9	18.9	18.5	21.8	21.0	21.4	21.7	21.9	20.6	20.8
挪威	16.1	17.2	14.7	14.8	15.8	16.2	18.5	18.8	19.1	20.7	20.5
美国	29.9	30.1	27.2	25.9	21.5	19.9	18.1	17.8	17.8	18.2	19.0
日本	23.0	22.1	18.4	17.3	18.8	18.0	17.5	17.4	16.8	16.7	16.8
德国	17.4	17.1	14.0	13.3	15.4	15.3	15.0	15.8	16.1	16.0	16.7
瑞典	16.9	16.1	11.5	11.2	12.9	13.7	13.4	13.4	14.0	13.9	14.3
加拿大	13.1	13.3	12.8	13.6	16.5	14.0	13.4	12.4	14.1	14.8	13.8
澳大利亚	12.8	12.3	10.3	10.8	11.9	11.9	13.1	12.7	12.9	13.6	13.5

三 我国现阶段的主要科技企业及高成长企业情况

科学是发展的重要内在推动力，创新是企业发展的根本动力，发展科技创新是我国的国家发展战略。科技企业是知识密集、技术密集的经济实体。发展科技企业，能够增强国家的自主创新能力，提高国家的科技水平，对国民经济发展具有重要作用。科技企业的成长性是衡量企业发展速度的重要指标之一。2018年11月，德勤发布《2018高科技高成长中国50强报告》（见表8-10）。

表8-10 2018年高科技高成长中国50强企业名单（部分）

单位：%

排名	公司全称	行业	收入增速
1	贝壳找房（北京）科技有限公司	互联网	32179
2	广州慧正智联科技有限公司	互联网	24702
3	北京掌众金融信息服务有限公司	金融	24564
4	青岛新锦桥电子商务股份有限公司	互联网	23646
5	广州趣丸网络科技有限公司	通信	16895
6	成都趣睡科技有限公司	互联网	10453
7	Dmall Inc。	互联网	9270
8	武汉微派网络科技有限公司	软件	7434
9	杭州乐刻网络技术有限公司	互联网	6755
10	广州艾美网络有限公司	硬件	5880
11	深圳中琛源科技股份有限公司	软件	5869
12	上海义学教育科技有限公司	互联网	5752
13	青岛瑞思德生物科技有限公司	生命科学	5445
14	杭州康晟健康管理咨询有限公司	互联网	5047
15	深圳量子云科技有限公司	媒体	4932

资料来源：德勤发布的《2018高科技高成长中国50强报告》。

根据报告的分析，高科技高成长中国50强企业主要分布在一线或准一线城市，其中北京企业有12家，广州企业有8家，成都企业有8家，上海企业有6家。企业行业分布也呈分化态势，其中，软件领域企业数量最多，达到 18 家，其次是互联网领域，且入选企业数量从 2017 年的 7 家增长到 16 家。对比 2017 年度，来自金融、通信、媒体、硬件等领域的企业占比相对平均。高科技高成长中国 50 强企业中，贝壳找房（北京）科技有限公司、广州慧正智联科技有限公司及北京掌众金融信息服务有限公司位于前三位。

第二节 我国高新技术产业的金融支持体系

近年来，我国为支持高新技术产业的发展制定了比较完善的金融支持体系，不仅包括传统的政府投入体系、间接融资体系、直接融资体系，还包括与高新技术产业高风险特点相适应风险投资体系等。

一 政府的直接投入

改革开放以后，我国 R&D 经费投入总量逐年递增，且增速逐渐加快。随着国家财政科技支出平稳增长，R&D 经费投入强度稳步提高。2007 年，我国的 R&D 经费为 3710.2 亿元，比 2006 年增加 23.5%。2017 年，全国共投入 R&D 经费 17606.1 亿元，比 2016 年增加 1929.4 亿元，增长 12.3%，增速较 2016 年提高 1.7 个百分点（见表 8-11）。

表 8-11 我国 R&D 经费投入情况（2007～2017 年）

年份	R&D 经费（亿元）	比上年增长（%）	R&D 经费/GDP（%）
2007	3710.2	23.5	1.49
2008	4616.0	24.4	1.54
2009	5802.1	25.7	1.70
2010	7062.6	21.7	1.76
2011	8687.0	23.0	1.84
2012	10298.4	18.5	1.98
2013	11846.6	15.0	2.08
2014	13015.6	9.9	2.05
2015	14169.9	8.9	2.07
2016	15676.7	10.6	2.11
2017	17606.1	12.3	2.13

资料来源：国家统计局、科学技术部编《中国科技统计年鉴》（2008～2018）。

从投入强度来看，我国 R&D 经费强度逐年上升。2007 年 R&D 经费强度为 1.49%，到 2017 年增加到 2.13%，比 2016 年增加了 0.02 个百分点，比 2007 年增加了 0.64 个百分点。2017 年，按研究与试验发展人员（全时工作量）计算的人均经费为 43.6 万元，比 2016 年增加 3.2 万元。

分活动类型看，2017 年全国基础研究经费 975.5 亿元，比 2016 年增长 18.5%；应用研究经费 1849.2 亿元，增长 14.8%；试验发展经费 14781.4 亿元，增长 11.6%。基础研究经费、应用研究经费和试验发展经费所占比重分别为 5.5%、10.5% 和 84%（见图 8-8）。

分活动主体看，2017 年各类企业经费支出 13660.2 亿元，比 2016 年增长 12.5%；政府研究机构经费支出 2435.7 亿元，增长 7.8%；高等学校经费支出 1266 亿元，增长 18.1%。企业、政府研究机构、高等学校经费支出所占比重分别约为 78%、14% 和 8%。

分产业部门看，2017 年高技术制造业 R&D 经费达 3182.6 亿元，投入强度（与主营业务收入之比）为 2%，比 2016 年提高 0.1 个百分点；装备制造业 R&D 经费达 6725.7 亿元，投入强度为 1.65%，比 2016 年提高 0.14 个百分点。在规模以上工业企业中，R&D 经费投入超过 500 亿元的行业大类有 8 个，这 8 个行业的 R&D 经费占全部规模以上工业企业 R&D 经费的比重为 65.2%；R&D 经费投入在 100 亿元以上且投入强度超过规模以上工业企业平均水平的行业大类有 10 个。

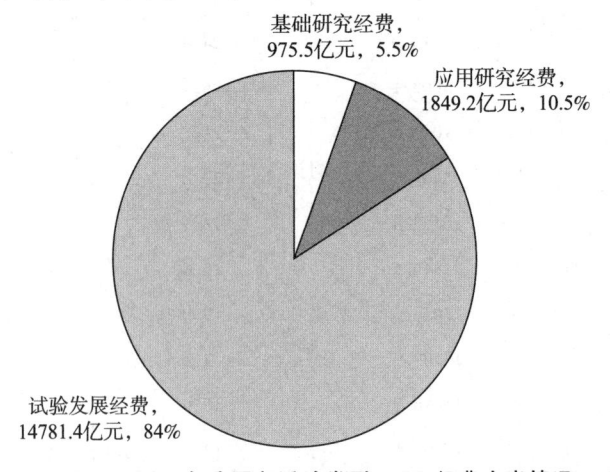

图 8-8 2017 年我国各活动类型 R&D 经费支出情况

二 财政科学技术支出情况

2017年,国家财政科学技术支出8383.6亿元,比上年增加622.9亿元,增长8%;财政科学技术支出占当年国家财政支出的比重为4.13%,与上年持平。其中,中央财政科学技术支出3421.5亿元,增长4.7%,占国家财政科学技术支出的比重为40.8%;地方财政科学技术支出4962.1亿元,增长10.5%,占国家财政科学支出的比例为59.2%(见图8-9)。

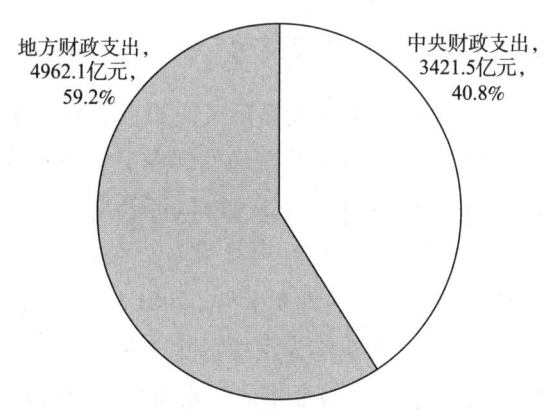

图8-9 2017年中央、地方财政科学技术支出情况

除国家整体的R&D经费投入外,我国还通过设立专项基金来支持高新技术产业发展,如国务院设立的创新基金、科技部设立的科技型中小企业技术创新基金等,通过拨款资助、贷款贴息和资本金投入等方式鼓励和引导企业的科技创新活动,促进科技成果的转化,培育一批具有中国特色的科技型中小企业,加快高新技术产业化进程。2016年,创新基金共支持2470个项目,支持金额达14.6209亿元。

在优惠政策层面,我国对积极进行新产品、新工艺和新技术研发的企业给予各项税收减免政策,包括税前扣除、研发设备加速折旧、所得税和增值税减免和优惠等。

三 间接融资体系对高新技术产业的金融支持

多年来,我国金融体系以间接融资为主体,高新技术产业的主要外源融资也依赖于间接融资体系的支持。在国家政策引导下,金融机构对科技发展的认识不断深化,支持途径不断拓宽,支持力度不断增大。很多金融机构专门设立了高新技术产业部负责对高新技术产业的贷款，并根据高新技术产业特有的发展周期和行业特点，开展新型贷款方式，例如知识产权质押贷款、仓单贷款、股权质押贷款和其他权益抵押贷款等。对于占高新技术企业总量90%以上的中小型高新技术企业的贷款，由于其财务状况不透明、经营管理风险较大、信用状况较差，银行多采取规避态度。因此，中小型高新技术企业的融资需求问题仍然是间接融资体系在支持高新技术产业发展时面临的重要问题。

四　直接融资体系的不断建立健全

直接融资体系包括债券融资和股票融资。目前，债券市场一般不对新型科技企业开放，加上我国企业债券市场发展滞后，高新技术企业通过发行企业债券融通资金的作用也很有限。《中国证券期货统计年鉴》数据显示，2016年，我国企业债发行规模为8435亿元，公司债发行规模仅为500亿元。股票市场是企业直接融资的重要途径。2001年，我国股票市场在主板市场中开辟了以中小高新技术企业为主题的中小板市场，但上市条件与主板市场要求一致，仅是对符合主板要求的高新技术产业进行了划分和集中，没有更多的有力措施。

（一）我国股票市场发展现状

2009年9月17日，证监会召开创业板首次发审会，21日，首批10家创业板公司在深圳证券交易所发布公告，二板市场正式启动。相较于主板市场的门槛要求（如表8-10所示），二板市场对公司的规模和营业利润要求均有所下调，特别是将无形资产不高于企业净资产的20%这一条件，转换为最近一期末净资产不少于2000万元，更加符合高新技术产业特点和现实情况。二板市场的启动为暂时无法在主板市场上市的中小科技企业和新兴高新技术企业提供了良好的融资渠道和成长环境，也为高新技术产业的风险投资和创业投资疏通了退出渠道。主板市场、二板市场，加上于2001年7月16日开办的三板市场，表明我国资本市场对高新技术产业的金融支持逐步走向多层次化和多元化。

1. 现阶段股票市场的分类

我国现阶段的股票市场包括主板市场、二板市场、三板市场和区域性股权交易市场。其中主板市场、二板市场是场内交易市场，三板市场和区域性股权交易市场属于场外交易市场。

（1）主板市场：也称为一板市场，指传统意义上的证券市场，是一个国家或地区证券发行、上市及交易的主要场所。主板市场对发行人的营业期限、股本大小、盈利水平、最低市值等方面的要求较高，主板市场的上市企业多为大型成熟企业，具有较大的资本规模以及稳定的盈利能力。

2004年5月，经国务院批准，中国证监会批复同意深圳证券交易所在主板市场内设立中小企业板块。中小板在资本市场架构上从属于主板市场。

中国主板市场的公司在上交所和深交所两个市场上市。主板市场是资本市场中最重要的组成部分，能在很大程度上反映经济发展状况，有"国民经济晴雨表"之称。

（2）二板市场：又称为创业板市场，是地位次于主板市场的二级证券市场，在中国特指深圳创业板。二板市场在上市门槛、监管制度、信息披露、交易者条件、投资风险等方面和主板市场有较大区别。其目的主要是扶持中小企业，尤其是高成长性企业，为风险投资和创投企业建立正常的退出机制，为自主创新国家战略提供融资平台，建设多层次的资本市场体系。2012年4月20日，深交所正式发布《深圳证券交易所创业板股票上市规则》，将创业板退市制度和方案的内容，落实到上市规则之中。

（3）三板市场：即全国中小企业股份转让系统，是经国务院批准设立的全国性证券交易场所，全国中小企业股份转让系统有限责任公司为其运营管理机构。2012年9月20日，该公司在国家工商总局注册成立，注册资本30亿元。上海证券交易所、深圳证券交易所、中国证券登记结算有限责任公司、上海期货交易所、中国金融期货交易所、郑州商品交易所、大连商品交易所为该公司股东单位。

（4）四板市场：即区域性股权交易市场，是为特定区域内的企业提供股权、债券的转让和融资服务的私募市场，一般以省级为单位，由省级人民政府监管。四板市场是我国多层次资本市场的重要组成部分，亦是中国多层次资本市场建设中必不可少的部分。其对促进企业特别是中小微企业的股权交易和融资，鼓励科技创新和激活民间资本，加强对实体经济薄弱环节的支持，具有积极作用。

我国主板市场和二板市场的上市条件如表8-12所示。

表 8-12　我国主板市场与二板市场上市条件对比

条件	主板市场（含中小板）	二板市场
主体资格	依法设立且合法存续的股份有限公司	依法设立且持续经营 3 年以上的股份有限公司
盈利要求	最近 3 个会计年度净利润均为正数且累计超过人民币 3000 万元，净利润以扣除非经常性损益前后较低者为计算依据 最近 3 个会计年度经营活动产生的现金流量净额累计超过人民币 5000 万元；或者最近 3 个会计年度营业收入累计超过人民币 3 亿元 最近一期不存在未弥补亏损	最近 2 年连续盈利，最近 2 年净利润累计不少于 1000 万元，且持续增长；或者最近 1 年盈利，且净利润不少于 500 万元，最近 1 年营业收入不少于 5000 万元，最近 2 年营业收入增长率均不低于 30%
资产要求	最近一期末无形资产（扣除土地使用权、水面养殖权和采矿权等后）占净资产的比例不高于 20%	最近一期末净资产不少于 2000 万元
股本要求	发行前股本总额不少于人民币 3000 万元	企业发行后的股本总额不少于 3000 万元
主营业务要求	最近 3 年内主营业务没有发生重大变化	发行人应当主营业务突出，募集资金只能用于发展主营业务
董事及管理层要求	最近 3 年内没有发生重大变化	最近 2 年内未发生重大变化
实际控制人要求	最近 3 年内实际控制人未发生变更	最近 2 年内实际控制人未发生变更
同业竞争要求	发行人与控股股东、实际控制人及其控制的其他企业间不得有同业竞争	发行人与控股股东、实际控制人及其控制的其他企业间不存在同业竞争
发审委要求	设主板发行审核委员会，25 人	设创业板发行审核委员会，加大行业专家委员的比例，委员与主板发审委员不互相兼任

2. 股票市场对我国高新技术产业支持的现状

股票市场是企业直接融资的重要方式，1989 年我国股票市场开始试点，1995 年正式形成现代股票市场。截至 2018 年 12 月 8 日，我国共有上市公司 3680 家，其中深圳证券交易所 2181 家、上海证券交易所 1499 家。两大证券交易所的总市值为 516518.11 亿元，流通市值为 369941.39 亿元。其中，深圳证券交易所总市值为 182187.27 亿元，流通市值为 128696.23 亿元；上海证券交易所总市值为 334330.84 亿元，流通市值为 241245.16 亿元（见表 8-13）。

表8-13 我国上市公司的基本情况（2018年12月）

类别	总市值（亿元）	流通市值（亿元）	上市公司（家）	平均市盈率（%）
沪市	334330.84	241245.16	1499	13.95
深市	182187.27	128696.23	2181	25.21
中小板	75940.83	53946.98	927	29.20
创业板	43085.68	26033.35	741	42.33

资料来源：根据沪深两市的行情整理。

我国没有专门为高新技术产业提供支持的资本市场。为了发展中小企业，我国于2004年5月在深圳证券交易所设立中小板，为科技含量高、创新能力强、主业突出的中小企业拓展了直接融资渠道。截至2017年9月6日，中小板共有上市公司927家，流通市值为53946.98亿元，总市值为75940.83亿元。另外，我国于2009年10月在深圳证券交易所设立创业板，以成长性创业企业为主要服务对象，重点支持具有自主创新能力的企业。

相较于主板市场，创业板市场具有更为宽松的上市标准，有利于成长性中小企业成为上市公司，为企业的扩张提供更为广阔的融资渠道。截至2018年12月8日，创业板共有741家上市公司，如果按照当天的收盘价格来计算的话，创业板上市公司所发行流通的股票市值超过了26033.35亿元，总市值达到了43085.68亿元，有效拓展了创新型企业的融资渠道。创业板的推出为风险投资提供了便利的退出渠道，激发了投资者的积极性。

中小板、创业板的实践充分证明，它们在支持高新技术产业发展方面发挥了积极的作用。越来越多的在中小板、创业板上市的公司在迅速发展壮大的同时，对研发方面的投入也不断增多，从而进一步增强了自主创新能力。创新型企业通过上市获得了直接融资，突破了发展瓶颈，进入调整成长的轨道。通过中小板、创业板，科技成果不但转化为生产力，而且产生了经济效益和社会效益。

（二）我国债券市场发展现状

债券市场是发行和买卖债券的场所，是资本市场的重要组成部分。一个统一、成熟的债券市场可以为全社会的投资者和融资者提供低风险的投融资工具。债券的收益率曲线是社会经济中一切金融商品收益水平的基准，因此债券市场也是传导中央银行货币政策的重要载体。当前，我国创新创业类债券市场分为三大部分：一是由国家发改委审批的"双创"孵化专项债；二是由中国证监会审核的"双创"公司债（含可转债）；三是由交易商协会主管的"双创"专项债务融资工具。

截至2017年12月15日，存量"双创"债券的数量达到53只，金额达到405.88亿元。从债券类型来看，"双创"孵化专项债的数量占比和规模占比均为最高；从发行方式来看，公募债券多于私募债券；从期限结构来看，7年期及以上的存量债券较多；从债项级别分布来看，存量"双创"债券的债项级别集中在AA、AA+、AAA；从发行主体公司属性来看，存量"双创"债券的发行主体主要包括非上市地方国企和新三板挂牌民企两大类；从发行利率来看，存量"双创"债券的发行利率多集中在4%至7%之间，融资成本适中；从增信情况来看，存量"双创"债券中有近一半的债券未附加任何增信措施，其中大部分债券为"双创"孵化专项债和"双创"专项债务融资工具。

五 风险投资的发展现状

1. 风险投资及其分类

风险投资按照资金进入企业的阶段不同，一般包括以下几种形式。

（1）天使投资人（Angel Capital）。天使投资人是自由投资者或非正式风险投资机构对原创项目构思或小型初创企业进行的一次性的前期投资。天使投资是一种非组织化的创业投资形式，其资金来源大多是民间资本。他们是企业家的第一批投资人，这些投资人在企业产品和业务成型之前就把资金投进来。他们倾向于投资于非常年轻的企业，以帮助这些企业迅速启动。

（2）风险投资公司（Venture Capital Company）。风险投资公司是专门管理风险基金（或风险资本），把所掌管的资金有效地投入富有盈利潜力的高新技术产业，并通过后者的上市或被并购而获取资本报酬的企业。风险投资公司在推动中小企业发展中所起的作用在于它填补了传统金融市场对中小企业资金供给的"空缺"，为中小企业的成长提供资本支持和增值服务。

（3）风险投资基金（Venture Capital Fund）。风险投资基金由金融机构负责保管资金，由风险投资公司负责运作，后期会逐步转变为风险投资基金管理公司。风险投资基金是借助信托、契约或公司的形式，通过发行基金券，将众多社会资金募集起来，交由专门机构（一般为风险投资公司）

进行投资管理，收益由管理机构和投资者按约定比例分成的一种投资工具。风险投资基金以一定的方式吸收机构和个人的资金，投向那些不具备上市资格的中小企业和新兴企业，尤其是高新技术企业。

（4）投资银行（Investment Bank）。投资银行主要从事证券发行、承销、交易，企业重组、兼并与收购，投资分析，风险投资，项目融资等业务的非银行金融机构，是资本市场上的主要金融中介。

根据风险投资的阶段式发展模式，风险投资者们一般会对一家企业采取分期分批的逐步跟进式投资策略，以锁定阶段性风险，并不断利用期权扩大投资收益。

2. 我国风险投资发展状况

（1）风险投资基金的发展规模。2016 年，中国创业风险投资机构数达到 2045 家，较 2015 年增长 15.2%。全国创业风险投资管理资本总量达到 8277.1 亿元，较 2015 年增长 24.4%；管理资本占 GDP 比重达到 1.11%；基金平均管理资本规模为 4.05 亿元。整体上，2016 年中国创业风险投资项目数较 2015 年有所回落，当年披露机构投资项目数 2744 项，较 2015 年下滑 19.8%。全国创业风险投资机构累计投资项目数达到 19296 项，其中投资高新技术企业项目数 8490 项，占 44.0%。近年来，我国风险投资基金迅速发展，呈现风险投资机构数量和募资规模双增长的态势。2016 年，创业风险投资机构有 1421 家，比 2015 年增加 5.9%；创业风险投资管理机构有 624 家，比 2015 年增加 34.5%；当年新募集基金有 152 家，比 2015 年减少 22.8%（见表 8 - 14）。

表 8 - 14　中国创业风险投资机构总量和增量（2007~2016 年）

年份 项目	2007	2008	2009	2010	2011	2012	2013	2014	2015	2016
现存的 VC 机构（家）	383	464	576	867	1096	1183	1408	1551	1775	2045
#VC 基金（家）	331	410	495	720	860	942	1095	1167	1311	1421
VC 管理机构（家）	52	54	81	147	236	241	313	384	464	624
当年新募集基金（数）	76	89	135	215	167	146	123	169	197	152
VC 机构增长（%）	11.0	21.1	24.1	50.5	26.4	7.9	19.0	10.2	14.4	15.2

资料来源：2016 年中国创业风险投资统计分析。

从增长速度来看，2007~2016 年，我国创业风险投资管理资本总量从

1112.9亿元增加到8277.1亿元。除2012年、2013年以外，其余年份的增长率均在10%以上，其中2007年增加了67.7%（见表8-15）。

表8-15 中国创业风险管理资本总额（2007~2016年）

项目\年份	2007	2008	2009	2010	2011	2012	2013	2014	2015	2016
管理资本（亿元）	1112.9	1455.7	1605.1	2406.6	3198.0	3312.9	3573.9	5232.4	6653.3	8277.1
较上年增长（%）	67.7	30.8	10.3	49.9	32.9	3.6	7.9	31.7	27.2	24.4
基金平均管理资本规模（亿元）	3.36	3.55	3.24	3.34	3.72	3.52	3.26	4.48	4.66	4.05

资料来源：2016年中国创业风险投资统计分析。

（2）风险投资基金的资本结构分析。近年来，中国风险投资基金的资本结构日趋多元。据统计，2016年资金来源中仍以政府与国有独资企业资金为主导，合计占36.1%；民营及混合所有制企业资金占24.02%；外资企业资金占4.42%（见图8-10）。值得一提的是，2016年，随着相关政策的出台，银行、保险、证券等金融机构资金的占比大幅增加，社保基金也开始进入市场。

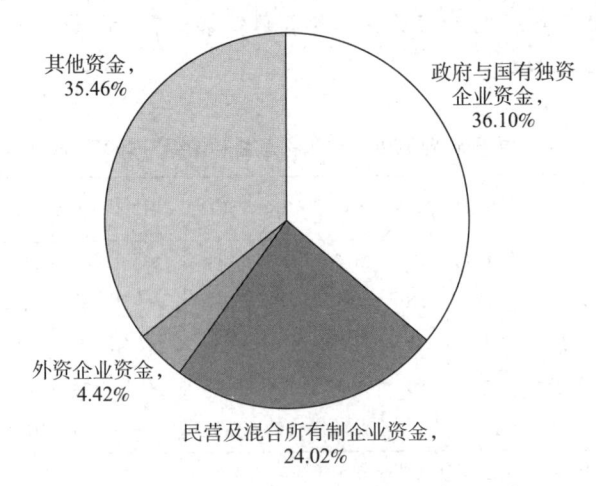

图8-10 2016年风险投资基金的资本结构

(3) 风险投资基金的行业分布。从风险投资基金所聚焦的行业来看，2016年，软件和信息服务业的占比大幅提升，投资金额占47.55%；金融保险业投资金额占6.97%。上述两项成为当年创业风险投资的热点。新能源和环保业、医药生物业等高新技术产业领域的投资步伐有所放缓。此外，计算机、通信和其他电子设备制造业的风险投资金额占4.03%，较2015年下降不少（见表8-16）。近年来，由于新商业模式的不断涌现，越来越多的产业难以再用传统的行业统计进行分类，因此，选择"其他行业"投资的占比有所增加。可以看出，风险投资基金的主要投资主体仍然是高新技术产业。[①]

表8-16　中国创业风险投资项目行业分布（2015~2016年）

单位：%

行业	2015年 投资金额占比	2015年 投资项目占比	2016年 投资金额占比	2016年 投资项目占比
软件和信息服务业	16.12	24.81	47.55	26.65
金融保险业	5.71	3.09	6.97	3.12
新能源和环保业	11.00	14.86	6.84	12.51
医药生物业	7.50	7.52	5.54	9.81
计算机、通信和其他电子设备制造业	23.03	10.81	4.03	7.35
传播与文化娱乐	5.50	4.32	3.02	5.26
传统制造业	3.77	4.44	1.99	3.58
建筑业	0.76	0.58	1.98	0.56
其他制造业	3.67	5.25	1.65	4.09

资料来源：《2016年中国创业风险投资统计分析》。

(4) 风险投资基金的地域分布。风险投资基金的地域分布涉及全国29个省份，主要集中在东部地区等经济发达地区。2016年，仅江苏、浙江和北京三个地区的创投机构数量就占全国的56.2%，管理资本数量占全国总量的65.6%。中部地区的安徽、湖南、湖北、重庆等地的风险投资基金发展较快，呈明显的增长态势。

从项目流入和流出的数量来看，上海、北京、广东等地成为项目的主

---

① 资料来源：《2016年中国创业风险投资统计分析》。

要流入区。这些地区投资项目所在地的占比明显高于注册地，也就是说，项目流入大于流出，很多外地投资的项目向当地涌入。安徽、重庆等地的投资项目呈流出状态，也就是说尽管创投机构数量较多，但孵化的项目并未在当地。

第九章 高新技术产业发展及金融支持分析

鉴于高新技术产业对经济发展的重要作用，我国各省份纷纷推出促进高新技术产业发展的金融支持政策。本章分别选取东部地区、中部地区、西部地区及东北地区部分省份作为研究对象，以期探讨发展我国高新技术产业的政策路径。

第一节 各省份高新技术产业基本情况的比较

近年来，我国的高新技术产业发展迅速，本节将从各省份高新技术产业的企业数量、年均从业人员人数、我国高新技术产业的主营业务收入、各省份高新技术产业所取得的利润总额及出口交货值来分析各省份高新技术企业的基本情况、规模、盈利能力及出口创汇情况。

一 各省份高新技术产业的企业数量分析

高新技术产业的企业数量是衡量一个地区科创活力的重要指标。国家高新技术企业又称国家级高新技术企业，根据《高新技术企业认定管理办法》规定，国家高新技术企业是指在国家重点支持的高新技术领域内，持续进行研究开发与技术成果转化，形成企业核心自主知识产权，并以此为基础开展经营活动，在中国境内（不包括港、澳、台地区）注册一年以上的居民企业。随着经济的转型升级，高新技术企业将成为城市、国家经济发展的主要动力。一个城市高新技术企业的多与少、强与弱，决定了未来城市竞争力的大与小。我们一直讨论的城市经济核心竞争力在于高新技术产业，高新技术产业的关键要素在于高新技术企业。如表 9-1 所示，2000~2016 年，我国高新技术产业企业数量从 9835 个增加到 30798 个，增加了 2.13 倍。

表 9-1 我国各省份高新技术产业企业数量（2000~2016 年）

单位：个

地区	2000 年	2005 年	2013 年	2014 年	2015 年	2016 年
全国	9835	17527	26894	27939	29631	30798
北京	582	1101	782	805	805	795
天津	496	602	585	583	591	533
河北	254	312	504	556	633	633
山西	127	145	138	134	139	133
内蒙古	55	71	100	95	107	109
辽宁	350	547	735	687	604	460
吉林	237	246	394	393	406	442
黑龙江	125	155	183	182	179	174
上海	737	1248	1024	1003	1020	991
江苏	1144	2220	4865	4852	4903	5007
浙江	861	1991	2391	2437	2603	2595
安徽	177	287	841	1036	1198	1398
福建	315	517	742	796	844	858
江西	176	272	696	792	923	1064
山东	424	1219	2015	2114	2268	2207
河南	303	383	933	1068	1176	1261
湖北	333	446	830	920	1037	1063
湖南	190	316	881	900	953	1027
广东	1711	3693	5802	5874	6194	6570
广西	160	214	301	296	313	318
海南	50	57	51	49	51	52
重庆	116	149	383	460	561	678
四川	277	563	841	911	999	1107
贵州	157	178	149	193	226	330
云南	92	122	136	148	177	213

续表

地区	2000年	2005年	2013年	2014年	2015年	2016年
西藏	15	12	8	9	8	9
陕西	245	307	402	435	475	525
甘肃	69	84	107	117	124	121
青海	10	24	28	36	41	45
宁夏	16	20	19	24	31	32
新疆	31	26	28	34	42	48

各省份的高新技术产业中,广东省的企业数量最多。2000年,我国高新技术产业企业数量居前十位的省份分别是广东省、江苏省、浙江省、上海市、北京市、天津市、山东省、辽宁省、湖北省、福建省,其中广东省的高新技术产业企业数量达到了全国的17.40%。企业数量排名后十位的包括黑龙江省、重庆市、云南省、甘肃省、内蒙古自治区、海南省、新疆维吾尔自治区、宁夏回族自治区、西藏自治区和青海省。在各省份的高新技术产业企业数量中,2000年,广东省和江苏省的企业数量超过了1000个,最少的青海省的企业数量为10个。

2016年,高新技术产业企业数量排名前十位的是广东省、江苏省、浙江省、山东省、安徽省、河南省、四川省、江西省、湖北省和湖南省,其中广东省的企业数量达到了6570个,江苏省的企业数量达到了5007个。企业数量排名后十位的包括云南省、黑龙江省、山西省、甘肃省、内蒙古自治区、海南省、新疆维吾尔自治区、青海省、宁夏回族自治区和西藏自治区。2016年,企业数量超过1000个的省份达到了10个,企业数量低于100个的省份有5个,其中西藏自治区的企业数量为9个。

从发展速度来看,2000～2016年,高新技术产业企业数量增长最快的是安徽省,增加了6.9倍。其次是江西省(5.05倍)、重庆市(4.84倍)、湖南省(4.41倍)、山东省(4.21倍)、青海省(3.50倍)、江苏省(3.38倍)、河南省(3.16倍)、四川省(3.00倍)和广东省(2.84倍)。企业数量增长速度在后十位的省份包括:甘肃省、新疆维吾尔自治区、黑龙江省、北京市、上海市、辽宁省、天津市、山西省、海南省、西藏自治区。上述10个省份的增长速度都在1倍以下,其中西藏自治区16年来的高新技术产业企业数量呈现负增长,下降了40%。

通过分析各个省份高新技术产业企业数量可以看出，我国的高新技术产业主要集中在东部地区和中部地区，西部地区和东北地区企业数量较少，这说明东部地区、中部地区对高新技术产业更具有吸引力。另外，2000年，各省份的高新技术产业企业数量差距较小，除广东省外，其余各省份的企业数量比较均衡，而到了2016年，在各省份企业数量均上升的同时，高新技术产业更多地集中在部分省份，产业的集中程度提高。各个地区的高新技术产业企业数量，不仅意味着各个地区创新能力的水平，更体现了各个地区对科技创新的重视程度。

二 各省份高新技术产业的从业人数分析

高新技术产业的年均从业人数是企业本年12个月从业人数的算术平均值。平均人数由一定时期内的时点人数计算得出。

在国民经济核算中，全年平均从业人数有以下几种计算方法。

第一种：先求月平均从业人数再得出全年平均从业人数。具体是用月初从业人数加上月末从业人数再除以2，得到每月的从业人数；或者用每天从业人数相加的总和除以每个月的总天数，得到每月的平均人数。然后，每个月的平均从业人数相加的总和除以12。这里需要说明的是，如果是新成立的企业也是要除以12计算的。比如某个企业10月份成立，那么3个月的平均从业人数相加除以12就是年平均从业人数。

第二种：当知道的时点人数为年初人数、年末人数时。计算方法为：

$$全年平均从业人数 = （年初从业人数 + 年末从业人数）/2$$

第三种：当知道一定时期内三个以上时点的人数，且各个时点间的时间间隔相同时。

第四种：当掌握的资料为年中从业人数时，如7月1日0时的从业人数，此人数即可直接作为年均从业人数使用。

需要指出的是，从业人员是指除了不在岗职工（长期病休、产假半年以上人员，内退人员，待岗人员）以外的所有类型人员。

2000~2016年，我国高新技术产业的年均从业人数从3922875人增加到13418185人，增加了2.42倍，从业人员持续增加（见表9-2）。

表9-2 我国各省份高新技术产业年均从业人数（2000~2016年）

单位：人

地区	2000年	2005年	2013年	2014年	2015年	2016年
全国	3922875	6633422	12936870	13250267	13543225	13418185
北京	158433	208827	287281	282024	270226	262933
天津	139192	176089	271138	298182	275810	222311
河北	98710	111211	197432	198644	213006	208689
山西	41713	44027	142061	138667	134288	140679
内蒙古	17205	21598	32651	30947	39127	41563
辽宁	179272	162618	218388	212474	194983	170384
吉林	78439	59259	151519	151717	152216	154449
黑龙江	87888	82350	83853	79524	79198	63262
上海	215236	389357	609434	580596	571217	502966
江苏	399677	1000337	2461783	2446480	2473976	2341650
浙江	218291	429489	670358	672586	691881	708319
安徽	54542	64533	205182	252133	266994	288690
福建	125585	230226	377439	372151	376757	388338
江西	97208	109870	277522	311199	366782	400743
山东	172261	356621	691324	726301	731784	750189
河南	117308	139235	633971	697405	766007	790723
湖北	129716	121394	293598	320261	349825	352588
湖南	74746	69082	303637	304722	313984	312592
广东	811708	2214553	3803831	3872690	3890108	3894169
广西	40522	47455	125132	134289	143477	145423
海南	6243	6926	18732	16200	16828	16329
重庆	58706	51282	219274	246281	274149	297977
四川	197771	203812	501539	501205	514758	479109
贵州	92967	67411	47061	72532	91231	110207
云南	23264	23326	35272	39335	43596	47918
西藏	1191	1085	1452	1676	1200	1243
陕西	222716	196330	230560	241918	241497	259292
甘肃	45729	27156	28398	26694	27626	27897
青海	3699	4528	5945	7084	8333	9388
宁夏	7815	8565	6726	7417	11270	13382
新疆	5122	4870	4377	6933	11091	14783

从高新技术产业平均从业人员的绝对数量来看，广东省的从业人员最多。2000年，我国高新技术产业年均从业人数居前十位的省份分别是广东省、江苏省、陕西省、浙江省、上海市、四川省、辽宁省、山东省、北京市、天津市，其中广东省年均从业人数为811708人，是排名第二位的江苏省的2.03倍，占全国的20.7%，可见广东省对高新技术产业从业人员的吸引力较大。年均从业人数排名后十位的包括甘肃省、山西省、广西壮族自治区、云南省、内蒙古、宁夏回族自治区、海南省、新疆维吾尔自治区、青海省、西藏自治区。其中，西藏自治区2000年的年均从业人数为1191人，排在最末位。

2016年，高新技术产业的年均从业人数排名前十位的是广东省、江苏省、河南省、山东省、浙江省、上海市、四川省、江西省、福建省和湖北省。其中，广东省2000年的年均从业人数是3894169人，江苏省的是2341650人，这两个省份的年均从业人数占全国年均从业人数的46.5%，可见这两个省份对科技产业从业人员具有较大的吸引力。高新技术产业全国年均从业人数排名后十位的包括贵州省、黑龙江省、云南省、内蒙古自治区、甘肃省、海南省、新疆维吾尔自治区、宁夏回族自治区、青海省和西藏自治区。其中，青海省的年均从业人数为9388人，西藏自治区的为1243人，两个省份的年均从业人数均不到10000人。

2000~2016年，从高新技术产业的从业人员发展速度来看，增长最快的是河南省，增加了5.74倍，其次是江苏省（4.86倍）、安徽省（4.29倍）、重庆市（4.08倍）、广东省（3.80倍）、山东省（3.35倍）、湖南省（3.18倍）、江西省（3.12倍）、广西壮族自治区（2.59倍）、山西省（2.37倍）。高新技术产业的年均从业人数增长速度在后十位的省份包括：吉林省、宁夏回族自治区、北京市、天津市、贵州省、陕西省、西藏自治区、辽宁省、黑龙江省、甘肃省。上述10个省份的增长速度都在1倍以下，其中辽宁省、黑龙江省、甘肃省16年来高新技术产业的年均从业人数呈现负增长，分别下降了5%、28%和39%。

通过分析我国各省份高新技术产业的年均从业人数可以看出，2000~2016年，我国东部地区、中部地区的从业人数增加较快，尤其是河南省，增加了5.74倍，可以看出经过十几年的发展，企业的从业人员呈现向我国东南和南部地区聚集的趋势。而西部地区和东北地区高新技术产业的年均从业人数下降幅度较大，尤其是东北地区的辽宁省、吉林省和黑龙江省，增长幅度排名靠后。辽宁省和黑龙江省的年均从业人数呈现负增长。这也和各省高新技术产业企业数量相一致。

三 各省份高新技术产业主营业务收入分析

高新技术产业的主营业务收入指企业从事某种主要生产、经营活动所取得的营业收入，可以反映产业的规模。

2000~2016年，我国高新技术产业的主营业务收入增长迅速，由10050.1亿元增加到153796.3亿元，增加了14.30倍（见表9-3）。

表9-3 我国各省份高新技术产业的主营业务收入（2000~2016年）

单位：亿元

地区	2000年	2005年	2013年	2014年	2015年	2016年
全国	10050.1	33916.2	116048.9	127367.7	139968.6	153796.3
北京	1020.8	2168.5	3826.1	4151.6	3997.1	4308.5
天津	656.3	1909.0	4243.5	4282.0	4233.8	3762.5
河北	155.5	300.2	1381.0	1508.7	1705.9	1836.1
山西	29.1	67.6	707.8	793.6	864.7	997.4
内蒙古	19.4	102.8	344.8	353.4	394.3	406.9
辽宁	354.0	608.5	2362.4	2351.7	1813.7	1459.2
吉林	80.0	145.4	1431.3	1667.9	1848.5	2067.8
黑龙江	166.9	313.3	610.8	632.4	622.2	487.7
上海	1057.1	4030.3	6823.4	7056.9	7213.0	7010.2
江苏	1235.5	6137.5	24854.0	26113.9	28530.2	30707.9
浙江	489.5	1741.8	4360.1	4792.9	5288.1	5885.2
安徽	79.5	156.5	1831.4	2533.0	3064.1	3587.6
福建	415.9	1421.8	3545.0	3627.8	3962.5	4466.0
江西	100.0	229.9	2289.6	2611.9	3318.1	3913.6
山东	366.1	1737.9	8946.5	10212.1	11535.3	12263.5
河南	120.0	297.6	4284.4	5293.1	6653.8	7401.6
湖北	195.1	396.2	2445.3	2948.0	3655.1	4211.9
湖南	98.2	205.1	2564.9	2834.4	3280.2	3661.3
广东	2625.3	10428.8	27871.1	30328.9	33308.1	37765.2

续表

地区	2000 年	2005 年	2013 年	2014 年	2015 年	2016 年
广西	44.7	94.2	1126.2	1394.3	1791.0	2077.6
海南	18.1	30.4	121.4	131.7	155.9	162.6
重庆	60.6	136.0	2624.2	3433.7	4028.8	4896.0
四川	297.1	578.3	5160.5	5486.6	5171.7	5994.4
贵州	67.5	127.9	372.0	566.3	806.9	1007.8
云南	32.3	59.8	291.1	312.1	350.0	462.1
西藏	1.9	3.7	11.8	15.9	9.9	9.7
陕西	230.6	414.3	1374.0	1649.5	1902.9	2394.5
甘肃	20.0	39.2	140.9	162.4	179.0	196.1
青海	2.4	6.9	50.7	57.2	100.5	129.0
宁夏	5.9	15.7	31.8	37.4	111.8	176.4
新疆	4.7	10.5	20.7	26.9	71.7	90.1

从高新技术产业的主营业务收入来看，我国近年来的高新技术产业发展迅速。2000 年，我国高新技术产业主营业务收入最高的是广东省，为 2625.3 亿元，第二位是江苏省，为 1235.5 亿元，其次是上海市、北京市、天津市、浙江省、福建省、山东省、辽宁省、四川省。上述 10 个省市的主营业务收入占全国高新技术产业主营业务收入的 84.75%。高新技术产业的主营业务收入排名后十位的省份分别是广西壮族自治区（44.7 亿元）、云南省（32.3 亿元）、山西省（29.1 亿元）、甘肃省（20 亿元）、内蒙古自治区（19.4 亿元）、海南省（18.1 亿元）、宁夏回族自治区（5.9 亿元）、新疆维吾尔自治区（4.7 亿元）、青海省（2.4 亿元）和西藏自治区（1.9 亿元），主要分布在西部地区。2016 年，主营业务收入排名前十位的是广东省、江苏省、山东省、河南省、上海市、四川省、浙江省、重庆市、福建省和北京市；排名后十位的是山西省、黑龙江省、云南省、内蒙古自治区、甘肃省、宁夏回族自治区、海南省、青海省、新疆维吾尔自治区、西藏自治区。可以看出，高新技术产业的主营业务收入和各省份的企业数及从业人数正相关。

从高新技术产业的主营业务收入增长速度来看，2000~2016 年，高新技术产业主营业务收入增长最快的是重庆市，16 年间增加了 80 倍，河南省增加了 60.7 倍，其次为青海省（52.75 倍）、广西壮族自治区（45.48 倍）、安徽省（44.13 倍）、江西省（38.14 倍）、湖南省（36.28 倍）、山西省（33.27 倍）、山东省（32.50 倍）、宁夏回族自治区（28.90 倍）。高新技术产业的主营业务收入增长速度在后十位的省份包括：福建省、陕西省、甘肃省、海南省、上海市、天津市、西藏自治区、北京市、辽宁省、黑龙江省。上述 10 个省份的增长速度都在 10 倍以下，其中黑龙江省、辽宁省 16 年来高新技术产业的主营业务收入增加较慢，分别增长了 1.92 倍、3.12 倍，这反映出东北经济发展有所滞后。

四 各省份高新技术产业的利润总额分析

利润总额是企业在一定时期内通过生产经营活动实现的最终财务成果，是企业纯收入的构成内容之一。高新技术产业的利润总额，主要由销售利润和营业外净收支（营业外支出抵减利润）两部分构成。利润总额是衡量企业经营业绩的一项十分重要的经济指标。2000 年，我国高新技术产业的利润总额是 673.1 亿元，到 2016 年增加到 10301.8 亿元，增加了 14.31 倍（见表 9 - 4）。

表 9 - 4　我国各省份高新技术产业的利润总额（2000～2016 年）

单位：亿元

地区	2000 年	2005 年	2013 年	2014 年	2015 年	2016 年
全国	673.1	1423.2	7233.7	8095.2	8986.3	10301.8
北京	82.6	96.8	292.4	277.3	268.3	321.0
天津	78.0	156.0	297.9	281.8	316.0	296.2
河北	8.0	18.0	107.8	138.2	160.4	162.6
山西	2.0	2.7	25.1	42.7	54.8	47.1
内蒙古	0.5	6.3	33.9	36.0	28.8	23.6
辽宁	14.1	16.8	173.1	196.1	155.2	143.7
吉林	9.6	11.8	115.3	137.3	186.5	190.0
黑龙江	7.1	14.4	48.8	51.6	70.6	66.4
上海	92.5	93.9	235.7	302.3	285.0	334.6
江苏	66.6	252.3	1521.5	1671.2	1813.5	2059.9
浙江	41.9	82.0	419.2	475.0	518.7	616.6
安徽	2.5	9.5	157.8	191.3	221.9	238.7
福建	19.7	69.1	176.9	204.4	196.8	328.8
江西	3.7	10.8	156.0	189.9	227.9	282.4

续表

地区	2000年	2005年	2013年	2014年	2015年	2016年
山东	21.0	95.7	700.3	781.3	874.2	952.7
河南	11.9	15.0	274.1	340.7	408.3	444.8
湖北	19.0	21.3	148.4	143.1	198.5	259.8
湖南	5.6	10.5	188.1	154.1	179.3	206.2
广东	143.1	367.3	1388.6	1578.4	2034.1	2094.2
广西	3.8	7.7	124.2	131.7	169.5	222.5
海南	1.5	5.5	17.0	19.1	21.4	23.8
重庆	0.3	9.1	73.6	110.5	162.6	210.8
四川	17.2	27.6	370.0	413.3	173.2	393.5
贵州	2.1	3.0	27.8	44.7	48.1	66.8
云南	3.6	6.6	42.2	34.0	27.9	43.4
西藏	0.6	1.6	3.3	3.0	3.7	3.5
陕西	13.9	6.5	86.2	116.2	138.4	211.0
甘肃	-0.2	2.6	19.1	23.0	27.2	24.3
青海	0.1	0.8	7.8	6.2	5.3	8.8
宁夏	0.6	0.9	-0.1		3.2	12.4
新疆	0.1	1.1	1.9	0.7	7.0	11.6

2000年，我国广东省高新技术产业的利润总额最高，为143.1亿元，占全国的21.26%，其次是上海市，为92.5亿元，第三位到第十位分别是北京市、天津市、江苏省、浙江省、山东省、福建省、湖北省、四川省。高新技术产业的利润总额排名后十位的省份是贵州省、山西省、海南省、西藏自治区、宁夏回族自治区、内蒙古自治区、重庆市、青海省、新疆维吾尔自治区和甘肃省，主要分布在西部地区。其中，甘肃省的高新技术产业利润总额是负数，为亏损0.2亿元。2016年，高新技术产业的利润总额排名前十位的省份是广东省、江苏省、山东省、浙江省、河南省、四川省、上海市、福建省、北京市和天津市。可以看出，我国高新技术产业利润总额位于全国前十位的省份和主营业务收入位于全国前十位的省份基本一致。排名后十位的省份包括：黑龙江省、山西省、云南省、甘肃省、海南省、内蒙古自治区、宁夏回族自治区、新疆维吾尔自治区、青海省、西藏自治区。这也和主营业务收入呈正相关。

2000~2016年，高新技术产业的利润总额增长速度最快的是重庆市，16年间增加了701.67倍，甘肃省增加了122.5倍，新疆维吾尔自治区增加了115倍，其次为安徽省（94.48倍）、青海省（87.00倍）、江西省（75.32倍）、广西壮族自治区（57.55倍）、内蒙古自治区（46.20倍）、山东省（44.37倍）、河南省（36.38倍）。上述10个省份高新技术产业的利润总额增长较快，除当地政府重视的因素之外，前面基期的数值低也是重要原因。高新技术产业的利润总额增长速度在后十位的省份包括：浙江省、广东省、湖北省、云南省、辽宁省、黑龙江省、西藏自治区、北京市、天津市、上海市。其中，辽宁省、黑龙江省、西藏自治区、北京市、天津市、上海市的增长速度都在10倍以下。

从我国各省份高新技术产业利润总额的绝对数和增长速度来看，东部地区的广东省、江苏省、山东省和浙江省是我国高新技术产业利润总额最大的几个省份，西部地区几个省份的利润总额较少。可见，东部地区集聚了较多的人才和资源，其增长方式已经属于创新驱动，而西部地区的经济增长方式仍然是要素驱动和投资驱动，因此提升西部地区的高新技术产业水平，已经成为我国建设创新型国家的迫切任务。

五　各省份高新技术产业的出口交货值分析

出口交货值是指企业生产的交给外贸部门或自营出口，用外汇价格结算的批量销售，在国内或在边境批量出口等的产品价值，还包括外商来样、来料加工、来件装配和补偿贸易等生产的产品价值。出口交货值是衡量工业企业生产的产品进入国际市场的一个重要指标，是现阶段衡量我国大型工业企业融入世界经济的一个主要参数。2000年，我国高新技术产业的出口交货值为3396.0亿元，2016年增加到52444.6亿元，增加了14.44倍（见表9-5）。

表9-5　我国各省份高新技术产业的出口交货值（2000~2016年）

单位：亿元

地区	2000年	2005年	2013年	2014年	2015年	2016年
全国	3396.0	17636.0	49285.1	50765.2	50923.1	52444.6
北京	160.2	832.6	1118.8	1031.6	695.4	645.4

续表

地区	2000 年	2005 年	2013 年	2014 年	2015 年	2016 年
天津	259.2	1054.5	1537.0	1561.5	1503.8	1224.2
河北	17.3	41.8	150.5	145.7	166.6	191.3
山西	1.7	5.7	388.5	437.9	449.5	619.5
内蒙古	1.1	31.7	11.2	14.1	10.5	19.1
辽宁	163.9	271.1	417.0	370.5	305.7	277.4
吉林	2.0	6.6	19.7	23.9	24.8	27.5
黑龙江	12.8	15.4	13.5	23.9	11.5	6.3
上海	370.7	2726.0	4503.8	4415.9	4484.8	4226.2
江苏	537.0	3876.4	12244.5	11911.1	12062.9	12196.3
浙江	120.9	744.7	1425.8	1548.2	1491.2	1465.7
安徽	4.5	15.6	300.3	647.6	763.0	800.3
福建	196.6	827.5	1936.5	2001.6	1983.4	2002.5
江西	4.8	27.1	257.7	306.5	377.4	398.3
山东	78.8	423.8	1663.5	1948.5	1969.2	1934.7
河南	10.1	33.7	1894.0	2387.6	2948.7	2718.8
湖北	11.7	61.5	415.9	315.8	598.5	766.3
湖南	9.6	30.5	488.5	430.1	458.1	501.1
广东	1371.7	6475.2	15957.1	17149.5	16835.7	17333.9
广西	2.4	9.5	231.8	312.0	347.8	355.2
海南	0.9	2.0	4.1	5.0	3.4	2.5
重庆	6.3	9.5	1710.2	2194.1	2094.7	2340.3
四川	21.6	66.1	2440.6	1353.2	939.2	1781.5
贵州	1.8	10.7	9.2	12.8	17.7	69.2
云南	4.0	5.0	7.0	9.2	9.0	55.4
西藏	0	0	0	0	0	0
陕西	19.7	24.8	110.6	176.3	325.8	420.6
甘肃	2.7	0.5	17.7	20.4	27.2	37.4
青海	0.2	0.2	0.2	0.1	0.3	0.2
宁夏	1.1	6.1	8.8	9.2	16.1	25.1
新疆	0.4	0.4	1.0	1.3	1.1	2.4

近年来，我国高新技术产业发展迅速。2000 年，我国高新技术产业出

口交货值最高的是广东省，为1371.7亿元，第二位是江苏省，为537亿元，其次是上海市、天津市、福建省、辽宁省、北京市、浙江省、山东省、四川省。高新技术产业出口交货值排名后十位的省份分别是广西壮族自治区、吉林省、贵州省、山西省、内蒙古自治区、宁夏回族自治区、海南省、新疆维吾尔自治区、青海省和西藏自治区。其中，西藏自治区2000年的高新技术产业出口交货值为0亿元，反映出该省的高新技术产业未能融入世界经济中。2016年，高新技术产业出口交货值排在前十位的省份分别是广东省、江苏省、上海市、河南省、重庆市、福建省、山东省、四川省、浙江省和天津市；排名后十位的是贵州省、云南省、甘肃省、吉林省、宁夏回族自治区、内蒙古自治区、海南省、新疆维吾尔自治区、青海省、西藏自治区。可以看出高新技术产业的出口交货值位于后十位的省份主要集中在西部地区和东北地区。

从高新技术产业出口交货值的增长速度来看，2000~2016年，高新技术产业出口交货值增长最快的是重庆市，16年间增加了370.48倍，其次是山西省（363.41倍）、河南省（268.19）、安徽省（176.84倍）、广西壮族自治区（147.00倍）、江西省（81.98倍）、四川省（81.48倍）、湖北省（64.50倍）、湖南省（51.20倍）、贵州省（37.44倍）。高新技术产业的出口交货值增长速度在后十位的省份包括：湖北省、福建省、新疆维吾尔自治区、天津市、北京市、西藏自治区、海南省、辽宁省、青海省和黑龙江省。它们的增长速度都在10倍以下，其中西藏自治区的出口交货值连续16年为0，黑龙江省2000~2016年的出口交货值为负增长，下降了51%，青海省2000~2016年的增长速度为0。

第二节 我国各省份高新技术产业金融支持现状分析

研究与试验发展（Research and Development，R&D），也称为"研究与开发"、"研究与发展"或"研究与试验性发展"，指在科学技术领域，为增加知识总量（包括人类文化和社会知识的总量），以及运用这些知识去创造新的应用而进行的系统的创造性活动，包括基础研究、应用研究、试验发展三类活动。R&D经费是科技活动的核心指标，是衡量一个国家或地区科技发展水平的主要指标，同时也是反映企业自主创新能力的指标。

2017年，R&D经费投入超过1000亿元的省份有6个，分别为广东省，(2343.6亿元)、江苏省（2260.1亿元）、山东省（1573.0亿元）、北京市（1579.7亿元）、浙江省（1266.3亿元）和上海市（1205.2亿元）。贵州省、甘肃省、新疆维吾尔自治区、宁夏回族自治区、海南省、青海省、西藏自治区的R&D经费不到100亿元。其中，西藏自治区的R&D经费仅为2.9亿元。

R&D经费投入强度（与地区生产总值之比）超过全国平均水平的省份有7个，分别为北京市、上海市、江苏省、广东省、天津市、浙江省和山东省。其中，北京市的R&D经费投入强度为5.64%，上海市为3.93%，江苏省为2.63%，广东省为2.61%，天津市为2.47%，浙江省为2.45%，山东省为2.41%。而云南省、山西省、黑龙江省、吉林省、内蒙古自治区、广西壮族自治区、贵州省、青海省、新疆维吾尔自治区、海南省、西藏自治区的R&D经费投入强度不到1%（见表9-6）。

表9-6 2017年我国各省份研究与试验发展（R&D）经费情况

地区	R&D经费（亿元）	R&D经费投入强度（%）
北京	1579.7	5.64
天津	458.7	2.47
河北	452.0	1.33
山西	148.2	0.95
内蒙古	132.3	0.82
辽宁	429.9	1.84
吉林	128.0	0.86
黑龙江	146.6	0.92
上海	1205.2	3.93
江苏	2260.1	2.63
浙江	1266.3	2.45
安徽	564.9	2.09
福建	543.1	1.69
江西	255.8	1.28
山东	1753.0	2.41
河南	582.1	1.31

续表

地区	R&D 经费（亿元）	R&D 经费投入强度（%）
湖北	700.6	1.97
湖南	568.5	1.68
广东	2343.6	2.61
广西	142.2	0.77
海南	23.1	0.52
重庆	364.6	1.88
四川	637.8	1.72
贵州	95.9	0.71
云南	157.8	0.96
西藏	2.9	0.22
陕西	460.9	2.10
甘肃	88.4	1.19
青海	17.9	0.68
宁夏	38.9	1.13
新疆	57.0	0.52
全国	17606.1	2.13

从各省份高新技术产业的基本情况及 R&D 经费投入情况可以看出，我国各地区高新技术产业的发展差异较大。这一方面是由于我国各地区的经济发展水平差异较大，另一方面是由于各地区金融发展水平及其效率存在较大差异。

第三节 我国部分省份高新技术产业金融市场的经验

我国各省份的高新技术产业发展是不均衡的，东部地区是我国高新技术产业发展较好的地区，西部地区和东北地区发展速度较慢。东部地区的上海市、北京市、广东省和浙江省等省份在利用金融推动高新技术产业发展的进程中形成了有效的政策体系。

一 上海市的实践与经验

上海市是在国家力大发展高新技术产业的精神明确后较早进行实践的

城市之一。1986年国务院批准了《关于上海经济发展战略的汇报提纲》，明确提出了发展高新技术产业和应用高新技术改造传统技术的要求。1987年，由上海市人大牵头，组织制定并颁发了《上海市发展新型技术和新型工业暂行条例》，规定了上海重点发展的高新技术产业的七个领域。到2009年，由上海市八个部门联合颁布了《关于本市加大对高新技术产业金融服务和支持的实施意见》。2011年，上海市政府颁布了《上海市人民政府关于推动科技金融服务创新促进高新技术产业发展的实施意见》，明确规定了政府扶持高新技术产业的融资方式。2015年，上海市政府发布了《关于促进金融服务创新支持上海科技创新中心建设的实施意见》。上述一系列政策的颁布，为上海市政府构建多层次、多渠道的高新技术产业金融支持体系提供了政策指引。

1. 增加R&D经费支出和财政科技投入

为了促进高新技术产业的发展，近年来，上海市R&D经费支出逐年增加。从绝对数来看，上海R&D经费支出由2000年的76.73亿元上升到2016的1049.32亿元，上升了12.67倍。1978年，上海市R&D经费支出占上海市生产总值的比例为0.48%，到2000年已经达到了1.61%，而到2016年已经增加到3.72%。值得注意的是，1978~2016年，上海市的R&D经费一直是上升的，R&D经费强度也一直处于上升的趋势中，这也是上海市高新技术产业发展水平位于全国前列的重要原因。

上海市政府财政科技投入也不断增加。2000~2016年上海市的财政科技投入由10.08亿元增加到341.71亿元。从相对数来看，财政科技经费投入占地方财政支出的比重从1980年的7.19%逐渐下降到2000年的1.60%，随后逐渐上升，到2009年，已经上升至7.20%，随后又逐年下降，至2016年上海市地方财政科技经费占地方财政支出比重逐渐稳定在4.94%左右（见表9-7）。

同时，为切实保障重大专项实施，上海市政府在科技投入中安排专门经费，为国家和上海市重大专项提供配套支持。对符合国家和上海市重点产业发展方向、能迅速形成自主知识产权的重大产业科技攻关项目，由科教兴市重大产业科技攻关项目专项资金给予支持。这表明上海市政府对科技的投入已经达到世界先进水平。

表 9-7　上海市研究与试验发展（R&D）经费与科技经费支出（1978～2016 年）

年份	R&D 经费支出（亿元）	R&D 经费支出占生产总值比例（%）	地方财政科技经费（亿元）	财政科技经费占财政支出比重（%）
1978	1.32	0.48		
1980	2.04	0.65	1.38	7.19
1985	4.62	0.99	2.49	5.40
1990	10.13	1.30	2.44	3.23
1995	32.60	1.30	5.12	1.97
2000	76.73	1.61	10.08	1.60
2001	88.08	1.69	12.39	1.70
2002	102.36	1.78	15.25	1.70
2003	128.92	1.93	19.84	1.80
2004	170.28	2.11	39.32	2.80
2005	213.77	2.31	79.34	4.78
2006	258.84	2.45	94.89	5.23
2007	307.50	2.46	105.77	4.85
2008	362.30	2.58	120.27	4.64
2009	423.38	2.81	215.31	7.20
2010	481.70	2.81	202.03	6.12
2011	597.71	3.06	218.50	5.58
2012	679.46	3.31	245.43	5.87
2013	776.78	3.49	257.66	5.69
2014	861.95	3.58	262.29	5.33
2015	936.14	3.65	271.85	4.39
2016	1049.32	3.72	341.71	4.94

资料来源：国家统计局、科学技术部编《中国科技统计年鉴》（1990~2014），中国统计出版社，1990~2014。

2. 税收政策倾斜

在税收政策倾斜的安排上，上海市政府出台了一系列的优惠政策。一是经上海市科学技术委员会认定的高新技术企业，均可享受高新技术开发区的税率优惠；二是允许企业按当年实际发生的技术开发费用的 150% 抵扣当年应纳税所得额，实际发生的技术开发费用当年抵扣不足部分，可按规定在 5 年内结转抵扣；三是企业购买国内外专利技术的支出，可一次或分次计入成本，允许企业将委托高校、科研机构等进行技术开发和科研试制所发生的费用列入技术开发费用；四是对符合规定条件的高新技术企业给予所得税的减免；五是对增值税一般纳税人销售其自行开发生产的软件产品，其增值税实际税负超过3%的部分，实行即征即退。[①]

3. 政府担保

上海市政府积极为高新技术产业提供担保服务。政府担保机构成立后，开始逐步扩大用于高新技术成果转化项目和高新技术企业的担保额比例。对政府性担保机构承担的项目代偿损失，根据贷款担保损失补偿资金额度，按规定给予在保余额5%以内的限率补偿。

4. 设立产业投资基金

2009年，上海市开始通过设立产业投资基金，来引导民间资本更多投入上海市重点发展的产业，重点扶持处于初创期、成长期的创新型企业和高成长性企业。同时，通过设立创业投资引导基金，引导社会创业风险资金加大对种子期、起步期科研项目的投入力度；对创业投资企业因投资高新技术产业而发生的投资风险，由创业投资风险救助专项资金给予救助；通过设立天使投资基金、风险投资基金等，促进上海天使投资健康快速发展，引导民间资金投向本市战略性新兴产业和现代服务业等重点领域小微企业。2014年12月，上海市政府发布了《上海市天使投资引导基金管理实施细则》，该细则明确规定了天使投资基金设立的规模、资金来源、支持对象和方式、运作原则、操作程序、内部决策、风险控制、监督机制等。

5. 开展投贷联动融资服务方式创新

上海市政府为了争取国家金融管理部门的支持，鼓励条件成熟的银行业金融机构，在上海市设立从事股权投资的全资子公司，与银行形成投贷利益共同体，建立融资风险与收益相匹配的机制，开展"股权+银行贷款"和"银行贷款+股权认证"等融资方式创新。另外，支持银行业金融机构探索开展向创业投资、股权投资机构提供短期过桥贷款，加强与创业投资、股权投资机构的合作，协同筛选和支持科技创新企业。

6. 鼓励企业多渠道引资

上海市采取了一系列措施鼓励高新技术企业多渠道吸引资金。第一，

[①] 资料来源于上海市科学技术委员会网站，http://www.stcsm.gov.cn/。

政府通过支持政策性银行、商业银行开展知识产权权利质押业务试点，来拓宽高新技术企业的融资渠道。第二，通过金融创新，探索建立股权投资与银行贷款之间的投贷联动机制，实现用股权投资方式带动银行贷款等金融资源投入，进一步发挥金融对高新技术企业和科技创新的扶持作用。第三，高新技术企业也在积极与资本市场实现对接，力争在创业板、中小板和主板上市，进一步拓宽融资渠道。

7. 政府采购

为支持高新技术产业的发展，上海市政府设立了政府采购自主创新产品制度。该制度规定对纳入自主创新产品目录的产品，在上海市财政支出和政府投资的重大工程建设中给予优先政府采购。凡纳入政府采购自主创新产品目录的国内企业、高校或科研机构生产或开发的试制品和首次投向市场的自主创新产品，且符合国民经济发展要求和先进技术发展方向，具有较大市场潜力并需要重点扶持的产品，由单位提出申请，经科技部门认定，开具政府首购和订购证书。凡符合采购人采购需求和条件的，经审核确认后，采购人可直接购买或政府出资购买。

8. 加快区域性多层次资本市场建设

上海市不断推进区域性资本市场建设，完善科技创新企业国有股权转让办法，加快股权流动。根据高新技术产业的发展阶段，引导支持符合条件的企业在高新技术产业板、创业板等市场开展直接融资；积极推动上海张江高新技术产业开发区进入代办股份转让系统，实现园区非上市股份有限公司股份在代办股份转让系统报价转让；在国家金融管理部门的指导下，探索建立以中小科技股份有限公司股份为主要交易对象的区域性非上市公司股份转让市场。

9. 设立专项资金，对处于种子期和初创期的企业给予资金支持

2002年6月，上海市科学技术委员会发布了《上海市科技型中小企业技术创新资金管理办法》，规定上海市科学技术委员会从专项资金划拨一部分作为创新资金，该创新资金分种子资金、融资辅助资金、匹配资金三种类型，用于支持科技型中小企业从事高新技术和高经济增长性的产品研发、中试项目。2015年4月，上海市科学技术委员会发布了《关于试点开展上海市科技创新券工作的通知》，该通知规定，中小微高新技术企业、未注册企业及科技孵化器创业苗圃创业团队每年度最高可申请10万元的科技创新

券,用于使用上海研发公共服务平台的大型科学仪器设施和上海市技术创新服务平台、上海市专业技术服务平台提供的研发服务(包括测试检测、合作研发、委托开发、研发设计、技术解决方案等)。科技创新券的推出可以有效地缓解中小微高新技术企业科技项目融资难的问题。

二 北京市的实践与经验

北京市作为全国的科技活动中心,集中了全国较强的科技研发群体。改革开放以来,北京市政府每年投入大量财政资金用于支持科学技术研究工作。北京市在科技人员、科技投入、科技成果、R&D经费支出等方面取得了长足的发展。北京地区的R&D经费支出占当地生产总值的比例、技术市场成交额占全国的比例、专利授权数均居全国首位。北京市明确要求到2020年,R&D经费占当地生产总值的比重达到2.5%以上。

1. 北京市高新技术产业发展概况

近年来,北京市高新技术企业数量增长较快。2016年12月底,高新技术企业数量已经由2000年的582个增加到795个;科技人员数量由2000年的158433人增长到262933人,增长了66%。同时,北京市科技成果转化也取得了较快发展,技术市场成交额由2000年的140.3亿元增加到2016年的3940.8亿元。2016年,北京市共授权专利189129件,其中发明专利授权量为104643件,实用新型专利授权量为64496件,连续20年发明专利申请量和授权量国内排名第一。中关村已经成为国家自主创新示范区,是我国的科技创新中心和高新技术产业发展的基地,培育了一大批行业龙头企业和创新型企业,创新创业资源丰富,已成为中国创业投资最活跃的区域。

(1)北京市高新技术产业的企业数。2000~2005年,北京市高新技术产业的企业数呈现逐年上升的趋势,由582个增加到1101个,而后下降,到2016年,已经降低到795个(见图9-1)。

(2)北京市高新技术产业的从业人数。2000~2013年,北京市高新技术产业的从业人数呈现逐年上升的趋势,由2000年的158433人增加到2013年的287281人,而后逐年下降,到2016年,已经降低到262933人(见图9-2)。

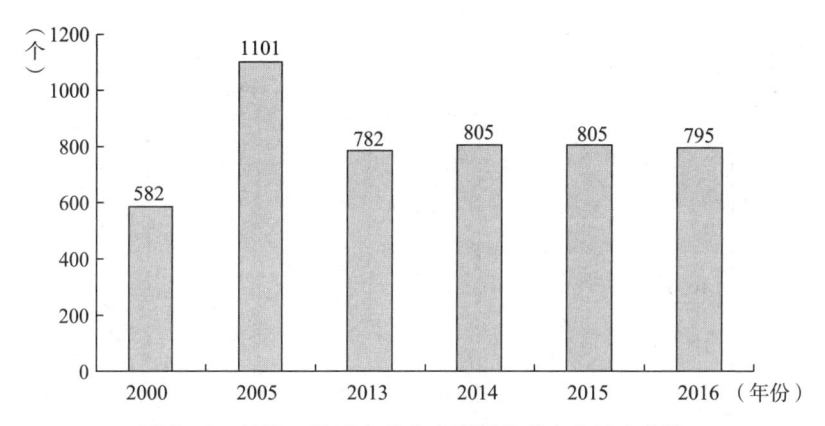

图 9-1　2000~2016 年北京市高新技术产业的企业数

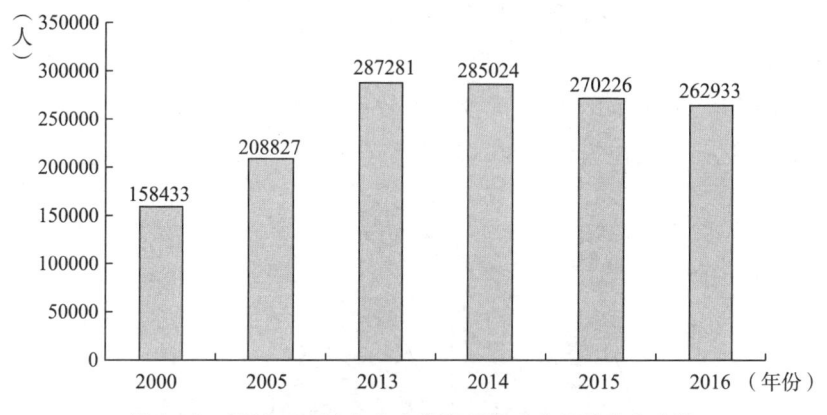

图 9-2　2000~2016 年北京市高新技术产业的从业人数

（3）北京市高新技术产业的主营业务收入。北京市高新技术产业的主营业务收入由 2000 年的 1020.80 亿元增加到 2016 年的 4308.54 亿元。2000~2014 年，北京市高新技术产业的主营业务收入呈现逐年上升的趋势，由 1020.80 亿元增加到 2014 年的 4151.55 亿元，而下降到 2015 年的 3997.09 亿元，到 2016 年，又回升到 4308.54 亿元（见图 9-3）。

2. 北京市金融支持高新技术产业的实践与经验

北京市高新技术产业的发展与金融支持密切相关。

（1）持续增加财政科技投入，提高科技经费使用效益。北京市地方财政科技投入规模位于全国前列。据统计，1997 年，北京市 R&D 经费支出为 53.20 亿元，到 2016 年，已经达到 1484.58 亿元。其中，企业支出为 560.43 亿元；科研机构支出为 730.12 亿元；高等院校支出为 160.44 亿元，

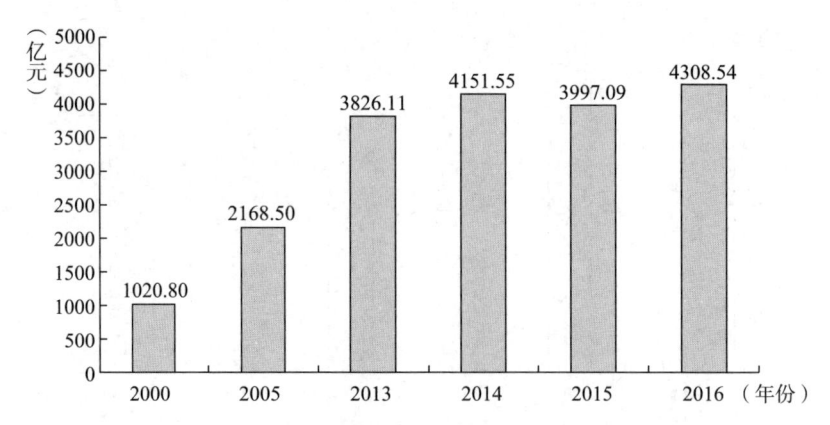

图 9-3　2000~2016 年北京市高新技术产业的主营业务收入

事业单位支出为 33.59 亿元。2017 年，北京市 R&D 经费支出已经达到 1580 亿元。

2016 年，北京市 R&D 经费投入中政府资金为 802.61 亿元，国外资金为 332.63 亿元，其他资金为 86.03 亿元（见图 9-4）。

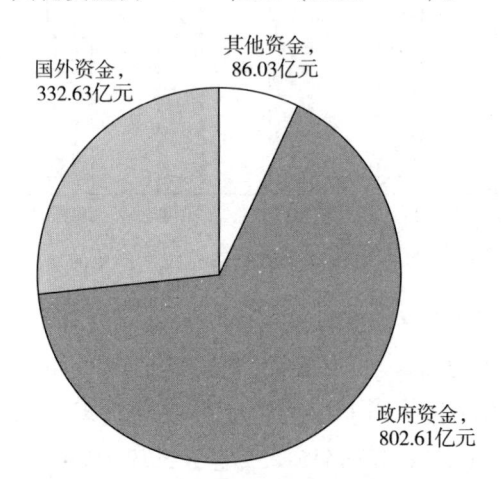

图 9-4　2016 年北京市 R&D 经费投入来源

2016 年，北京市 R&D 经费支出结构中，大部分用于试验发展，共计 925.34 亿元；其次是应用研究，金额为 348.06 亿元；最后是基础研究，金额为 211.73 亿元（见图 9-5）。

（2）政策法规的支持。北京市相继出台了推动高新技术产业发展的各项政策。2008 年出台的《北京市高新技术产业技术创新资金管理办法》中规定，对于满足一定条件的高新技术产业，创新资金以无偿资助、贷款贴

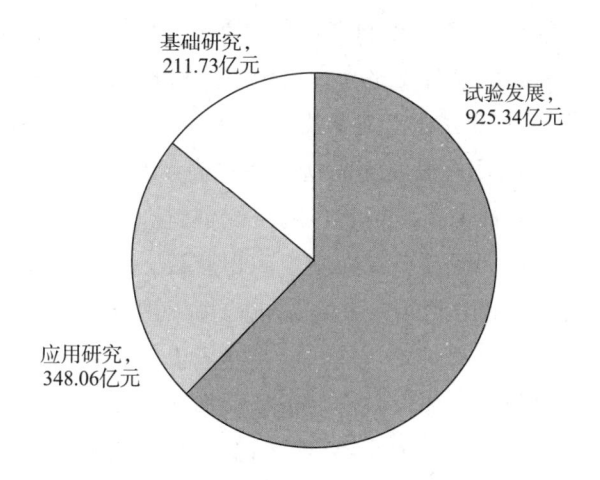

图 9-5　2016 年北京市 R&D 经费支出结构

资料来源：北京市科学技术委员会网站。

息等方式支持高新技术产业的技术创新活动。其中，无偿资助数额一般不超过 60 万元，重大项目不超过 200 万元；贴息总额一般不超过 60 万元，重大项目不超过 100 万元。2009 年，为了帮助高新技术产业应对金融危机，北京市出台了促进高新技术产业融资临时性补贴措施，在高新技术产业一定融资范围内给予补贴。2010 年，北京市又出台了《关于促进高新技术产业金融服务专营机构发展的暂行办法》和《关于促进信用担保机构开展高新技术产业贷款担保业务的暂行办法》，鼓励银行金融机构信贷业务向高新技术产业倾斜。

（3）支持和规范投融资平台建设。为了促进高新技术产业融资，北京市搭建高新技术企业并购重组平台，发展多种金融工具，推动传统信贷机构组织创新和业务创新。同时，完善多层次的信用担保体系建设，促进北京市企业在主板和创业板上市，支持区域企业利用债券市场直接融资，整合区域内现有金融机构，探索国有金融控股集团。已对外发布的上市育成平台目前主要包括企业申报、政策法规、最新动态、中介合作机构、企业改制、上市辅导、境外上市、相关链接等栏目，用于介绍与企业上市育成相关的各类信息、申报流程以及在线解答等内容。

（4）打造多层次资本市场服务体系。同上海市一样，北京市积极为高新技术产业打造多层次资本市场服务体系，并为此做了一系列工作。一是在2010年，以高新技术产业板和创业板为重点，建立上市企业资源库、专业机构库、专家库和信息咨询平台，组织中介机构和专家为企业提供上市培训服务，力争实现20家以上高新技术企业发行上市。二是探索建立全国性场外交易市场和中关村股权交易所，搭建高新技术企业并购重组平台，发展多种金融工具，推动传统信贷机构组织创新和业务创新。三是完善多层次的信用担保体系，促进企业在主板和创业板上市，支持区域企业利用债券市场直接融资，整合区域现有金融机构探索国有金融控股集团。四是赋予三板市场极其重要的融资功能，以代办股份转让系统为核心，构筑三板市场。五是创建创业企业股权交易市场，加速创业资本流动。创业企业股权交易市场主要定位于为企业特别是创新型企业提供融资平台和创业投资的资本退出通道。

（5）鼓励企业多渠道融资。为了帮助企业获得更多的资金支持，北京市各大银行进一步加大对高新技术产业技术创新的资金扶持力度，激励中小型高新技术企业增加研发投入。北京市通过搭建多种形式的科技金融合作平台，引导政策性金融机构、商业银行、风险投资机构、社会担保机构等各类金融机构和民间资金加大对企业科技开发活动的支持力度，拓展企业融资渠道。

（6）商业银行开展特色服务创新。北京市鼓励各个商业银行为高新技术产业提供创新服务。北京中关村高科技园区率先开展科技型中小企业信用贷款试点，为有信用的企业提供绿色贷款通道。

（7）对创投企业给予风险补贴。当经认定的创业投资企业投资高科技园区初创的高新技术企业时，北京市按实际投资额的一定比例给予风险补贴。该办法自2006年实施后，共有18家创投机构申报的74个投资项目获得了共4900万元的风险补贴。

（8）代办股份转让试点与科技型企业成长路线图计划。中关村高科技园区率先开展非上市股份公司代办股份转让试点，拓宽投资退出渠道，孵育科技型上市企业。

三 广东省的实践与经验

广东省的科技发展水平位于全国前列。为了促进高新技术产业快速发展，2017年3月，广东省政府印发了《"十三五"广东省科技创新规划

(2016—2020年)》，明确了在未来五年科技发展的总体规划。

1. 广东省的高新技术产业发展实践

20世纪80年代以来，广东省依靠国家政策的扶持发展高新技术产业。1991年，经国务院批准，深圳科技工业园成为首批国家级高新技术产业园区。1993年前后，广州、深圳、佛山、中山、珠海、惠州分别被国务院批准为国家级高新区。进入21世纪，广东省在电子信息、电器机械、医药、汽车等高新技术领域和社会民生领域取得了一系列重要科技成果。

近年来，在国家"双创"政策环境下，广东省高新技术产业发展迅速。2000~2016年，广东省高新技术产业已经从1711家增加到6570家，增加了2.84倍。广东省高新技术产业的主营业务收入由2000年的2625.3亿元增加到2016年的37765.17亿元。广东省在我国科技产品进出口方面始终位于全国前列，科技产品出口交货值从2000年的1371.70亿元增加到2016年的17333.90亿元（见表9-8）。

表9-8 广东省科技产出指标（2000~2016年）

指标	2000年	2005年	2013年	2014年	2015年	2016年
企业数	1711	3693	5802	5874	6194	6570
从业人员平均人数（人）	811708	2214553	3803831	3872690	3890108	3894169
主营业务收入（亿元）	2625.30	10428.80	27871.10	30328.87	33308.07	37765.17
利润总额（亿元）	143.100	367.300	1388.619	1578.371	2034.135	2094.231
出口交货值（亿元）	1371.70	6475.20	15957.06	17149.47	16835.70	17333.90

资料来源：《广东省科技统计年鉴》（2001~2016），广东省科学技术厅网站，http://www.gdstc.gov.cn。

2. 广东省金融支持高新技术产业的实践与经验

广东省高新技术产业的发展除了受政治、经济、文化等因素影响外，还受到了金融因素的影响。近年来，广东省已经形成了独特的资金支持体系，包括：

（1）R&D经费投入持续增加。近年来，广东省的R&D经费投入持续增加。2017年，广东R&D经费为2343.63亿元，同比增长15.2%，连续两年位居全国首位。R&D经费投入占地区生产总值的比重为2.61%，比2016年提高0.09个百分点。其中，规模以上工业企业R&D经费投入总量比较大。

从增长速度来看，广东省R&D经费投入成倍增长。2000~2017年，广东省 R&D 经费由 107.12 亿元增加到 2343.63 亿元，增加了 20.88 倍。从相对数来看，R&D 经费投入占地方生产总值的比重保持在 1% 到 2.61% 之间，客观上为高新技术产业的发展提供了较为充足的资金来源（见表 9-9）。

表 9-9　广东省 R&D 经费情况（2000~2017 年）

年份	R&D 经费（亿元）	占地方生产总值的比重（%）
2000	107.12	1.00
2001	134.23	1.11
2002	156.45	1.16
2003	179.84	1.14
2004	215.19	1.14
2005	249.60	1.12
2006	313.04	1.19
2007	405.50	1.30
2008	504.57	1.41
2009	652.98	1.65
2010	808.75	1.76
2011	1045.49	1.96
2012	1236.15	2.17
2013	1443.45	2.32
2014	1605.40	2.37
2015	1798.20	2.47
2016	2035.10	2.56
2017	2343.63	2.61

资料来源：《广东省科技统计年鉴》（2001~2018），广东省科学技术厅网站，http://www.gdstc.gov.cn。

在广东省科技活动经费来源中，企业资金占相当大的比重。2017 年，广东省企业 R&D 经费投入为 2083.01 亿元，增长 14.1%，占全部 R&D 经费投入的 88.9%。其中，规模以上工业企业 R&D 经费投入为 1865.03 亿元，同比增长 11.3%。由此可见，企业自筹资金仍然是企业科技活动资金的重要来源，因而增加企业的融资渠道，发展多层次资本市场，缓解企业融资难，已经成为高新技术产业发展的重要问题。

按活动类型分类，2017 年广东省用于基础研究的经费为 15.2 亿元，增长 5.7%，占 R&D 经费总量的 0.73%；应用研究经费为 119.1 亿元，增长 27.7%，占 R&D 经费总量的 5.72%；试验发展经费为 1948.8 亿元，增长 13.4%，占 R&D 经费总量的 93.55%。可见，广东省的 R&D 经费中基础研究经费所占比重较小，试验发展经费所占比重较大（见图 9-6）。

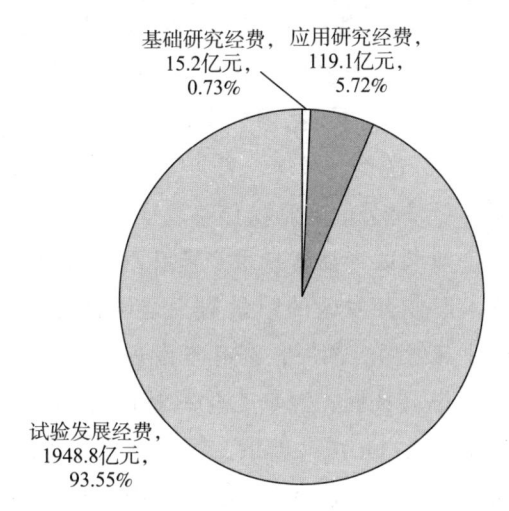

图 9-6　2017 年广东省 R&D 经费活动类型分类

（2）设立专项资金。为了使科技基金专款专用，广东省设立了一系列专项基金，用于支持高新技术产业发展。一是广东省政府每年安排 5000 万元专项资金，支持高新技术产业发展，其中大学生创业项目将作为专项，被列入支持项目。二是广东省每年通过政府创新基金支持技术含量高、竞争力强、市场前景好的自主创新研究开发项目，如软件、生物、医药等产业领域的项目，努力培育具有自主知识产权的高新技术产业群。三是成立创业投资政府引导基金。

同时，加大普惠性财税政策支持力度。广东省政府进一步优化研发准备金、科技创新券等的政策设计，推行更加普惠的产业扶持政策，强化需求侧政策对新兴产业发展的引导和推动作用。积极争取国家加大对广东省在研发费用加计扣除税收优惠等方面的支持力度，引导企业加大研发投入。

另外，广东省通过优化财政资金引导投入方式，充分发挥科技创新基金作用，优化基金运作模式，完善向社会资本适度让利的基金收益分配机制，吸引社会资本联合设立一批新兴产业创业投资基金，加大对战略性新兴产业种子期、初创期创新型企业的支持力度。发挥现有装备制造、集成电路等产业发展基金作用，引导社会资本投向战略性新兴产业重大项目。

为促进有发展潜力的高新技术企业渡过"死亡谷"和快速成长，部分城市成立了创业投资引导基金，其中最具代表性的是深圳创新投资集团公司策划成立的政府创业投资引导基金。深圳创新投资公司已经在经济、科技和教育最发达的北京、上海、香港、广州、深圳、重庆、苏州、西安、郑州、成都、武汉、包头、哈尔滨、南京、杭州、合肥、长春、洛阳、大连、威海、青岛、无锡、厦门、昆明、中山、湘潭、南通、萍乡、淄博、常州、武进、湖州长兴、襄樊、潍坊、泉州等地开设了50个分支机构或区域性引导基金，项目资源丰富，合作伙伴遍及全国。

（3）高新技术产业园区为高新技术产业金融支持提供专家指导。广东省科技园、高新技术产业开发区的数量居于全国首位，拥有广州、深圳、珠海等高新技术产业开发区。同时，拥有华南理工大学科技园和中山大学科技园两个国家级大学科技园；深圳大学科技园等四个省级大学科技园；南澳县、清溪镇、廉城镇、三水大塘镇、肇庆高要区等地区的省级可持续发展实验区；广州科技园、深圳天安民科园、中山科技园等科技园。高新技术产业园区为广东省的高新技术产业金融支持提供专家指导。

（4）商业银行、政策性银行的支持。科技金融是高新技术产业的选择，同时也是金融机构的选择。高新技术产业的发展离不开商业银行与政策性银行的支持。近年来，商业银行、政策性银行为解决高新技术产业融资问题推出了一系列措施。2007年，广东省科技厅与国家开发银行广东省分行共同签署了《科技与开发性金融合作协议》。按照该协议，在5年内，国家开发银行广东省分行为广东省高新技术产业提供总额度为180亿元的贷款。国家开发银行广东省分行累计发放科技贷款42亿元，涉及重大科技项目和科技园区贷款，支持了多个国家级、省级高新技术产业开发区的基础设施建设，以及众多具有发展潜力的高新技术产业。同时，招商银行等商业银行从每年新增贷款规模中划出一定额度作为高新技术产业的专项贷款，建立主办银行扶持制度，为中小科技企业贷款提供特色服务。

（5）优惠的财税政策与奖励。一方面，广东省为高新技术产业提供了一系列税收优惠政策。①高新技术企业，减按15%税率征收所得税。②新办的高新技术企业，从获利年度起，免征2年所得税，免税期满后仍有困难的，根据财政分税分成体制所确定的权限，报经财政部门批准，在2年内，可将企业上缴的所得税返还给企业。③外商投资的高新技术企业，依照税法规定限期免征、减征企业所得税，期满后仍被认定为高新技术企业或符合先进技术标准的企业，可按税法规定的税率延长3年减半征收所得税。④外商投资企业取得的利润在我国再投资创办或扩展高新技术企业、项目和产品，经营期不少于5年的，可返还再投资部分已缴的企业所得税。⑤经同级财政部门批准，增值税地方分成比率25%的部分返还给生产企业。⑥经认定的高新技术企业期初存货已征税的允许其已征税额按存货处理数量分期抵扣应纳增值税。

另一方面，广东省对创业投资企业实施财政奖励。广东省部分城市在2006年专门推出创业投资企业资助计划，对经备案的创业投资企业投资初创期高新技术企业的，科技研发资金给予投资额15%的资助。该政策推出后，共有12家创业投资企业获得共737万元的资金。

（6）多渠道引资。目前，广东省已经逐步形成以财政投入为主导、企业和社会投入为主体的多渠道资金投入体系，包括：依托金融机构管理，面向社会筹资融资；争取通过设立广东省高新技术产业投资基金，支持高新技术产业发展；优先批准高新技术企业按有关规定发行债券、股票；鼓励发展有潜质、前景好的高新技术企业（集团）开展资产经营，扩大生产规模等。同时，广东省积极运用政策性金融工具和市场化手段，发挥财政资金引导作用，创新投融资方式，多渠道增加新兴产业投入，实现对新兴产业创新过程的全覆盖。

（7）制定高新技术产业融资服务规划。广东省部分城市制定了系统的高新技术产业融资服务规划。深圳市推出了高新技术产业融资服务梯度扶持计划；佛山市推出了金融市场发展的创新试点计划、促进基金发展的基金引导计划和推动资本市场发展的企业上市"463"计划。

（8）拓宽新兴产业直接融资渠道。广东省政府积极发展创业投资，培育多元创业投资主体，多渠道拓宽创业投资资金。为了推进创业板改革创新，充分发挥创业板对战略性新兴产业融资的重要平台作用，广东省开始推动建立区域性股权交易市场与全国中小企业股份转让系统的转板机制，支持符合条件的企业发行战略性新兴产业专项债券、"双创"孵化债券等创新品种融资。同时，充分发挥国家和广东省专项建设基金作用，引导金融机构加大对战略性新兴产业的融资支持力度。

（9）加强金融产品和服务创新。广东省政府鼓励各金融机构通过金融产品和服务的创新来支持高新技术产业。①开发针对新兴产业企业的集合债券、集合票据等信贷产品。②在珠三角地区全面开展全国专利保险试点，常态化发展专利执行保险、侵犯专利权责任保险，探索知识产权综合责任保险、知识产权海外侵权责任保险、发明专利授权保险和专利代理人执业保险等专利保险新险种。③开展科技、金融、产业融合创新发展试验，鼓励金融机构创新产品和服务，支持设立科技支行、科技小额贷款公司等金融机构或组织。④鼓励符合条件的银行业金融机构在依法合规、风险可控的前提下，探索开展投贷联动试点，与创业投资、股权投资机构实现投贷联动，加大对新兴产业领域创新型企业的金融支持。对创新性金融产品和服务的开发，可以为企业提供多渠道的资金支持。

四 浙江省的实践与经验

近年来，浙江省对科技的金融支持力度不断加强。据国家统计局资料显示，2000年，浙江省R&D经费投入为33.4亿元，到2016年，全省科技活动经费支出总额达1266.3亿元，充分显示出浙江省对科技创新的重视。

同时，浙江省规模以上工业效益持续增长，产业结构升级步伐持续加快。2013年，规模以上工业和高新技术产业新产品产值分别达到16714.5亿元和6427.9亿元，规模以上工业新产品产值率达到26.3%，同比提高3.6个百分点。高新技术产业以及规模以上工业的主要效益指标同比均为正增长，其中高新技术产业利税同比增长13.62%，规模以上工业利税同比增长12.5%。高新技术产业增加值达到2992.7亿元，同比增长10.3%，规模以上工业增加值达到11700.7亿元，同比增长8.5%。

浙江省高新技术产业的迅速发展有赖于金融的支持。该省在金融支持高新技术产业发展方面的经验有以下几点。

1. 提供风险补助、财政奖励

浙江省政府设立高新技术产业贷款补偿资金，鼓励金融机构和担保机构积极开展高新技术产业融资业务，对因客观原因造成的损失给予补偿，对业绩突出的企业进行奖励。例如，温州市政府每年拿出500万元，按万分之一到万分之五的比例，对增加高新技术产业贷款额的商业银行进行奖励。又如，绍兴市对银行业金融机构的高新技术产业贷款按一定比例给予风险补偿,当企业信用贷款出现信贷风险且遭受本金损失时,政府对损失部分给予适当的补贴。

2. 提供资金支持

浙江省政府按财政和银行1:1的比例出资,设立 5 亿元的小企业专项贷款基金,专门为高新技术产业发放小额短期贷款,符合条件的企业只需凭营业执照和经营者身份证明,不需抵押和担保,就可申请专项贷–款。

3. 搭建高新技术产业融资服务平台

浙江省充分整合各方资源,为中小科技企业搭建了成长贷款融资平台。作为国家开发银行向高新技术产业贷款的承接载体,该平台由浙江省高新技术产业发展促进中心、国家开发银行浙江省分行、融资平台成员担保机构、用款企业、承办委托贷款业务的商业银行等组成。该平台从 2007 年 4 月正式开始运作,截至 2016 年 10 月,共通过了 275 个融资项目,累计发放贷款达 4.25 亿元。另外,还有很多地方政府搭建项目与资金对接平台,加强银企间的沟通交流。

4. 创新商业银行服务

为解决高新技术产业融资难问题,浙江省各商业银行纷纷推出支持高新技术产业融资的举措,如中国工商银行的"助业贷款"、中国农业银行的"五要素管理法"、中国建设银行的"商务速贷通和网络联保贷款"等,以改进贷款方式,扩大抵押品范围,简化手续,降低费用。中国建设银行绍兴市分行与阿里巴巴合作推出基于企业网络交易信用状况的贷款审查模式,有效地解决了企业无抵押的问题。目前,该模式已通过了 130 多家企业的贷款申请,预计可为企业解决资金需求 1 亿元。

5. 扶持信用担保机构发展

浙江省一些城市的政府发起成立担保机构和再担保机构,如绍兴市财政出资 4 亿元,联合部分企业共同发起设立应急担保机构,专为暂时性资金困难企业提供融资担保服务。

6. 搭建企业与私募基金对接平台

浙江省通过举办高新技术产业项目与资金对接会、私募股权融资洽谈会、私募股权融资论坛等活动,搭建企业与私募基金对接平台。目前,已经累计有 50 多家投资机构、20 多家保险机构与 100 多家企业进行了合作洽谈。仅"2008 绍兴市高新技术产业项目与资金对接会",就推出 87 个项目,当场签订了14个项目共计11亿元的投资意向协议。

7. 积极推动高新技术产业上市融资

浙江省将推动企业改制上市作为解决高新技术产业融资问题的重要途径，并将推动企业上市纳入地方经济战略。浙江省每年召开推进企业上市工作会议，将培育工作目标分解到各地级市，明确责任部门和责任人，并列入年终考核的范围。同时，基本上浙江省的每个地级市、县级市都设置了企业上市办公室，帮助高新技术产业解决企业在上市过程中发生的问题。

第四节　西部地区的实践与经验
——以四川省为例

西部地区在我国科技发展中的地位举足轻重，历史上该地区是我国重要的科技基地。我国第一颗原子弹爆炸地、卫星发射中心都在西部地区。自2000年实施西部大开发战略以来，西部地区认真贯彻落实《国务院关于实施西部大开发若干政策措施的通知》有关规定，运用各种财政手段和工具，不断加大公共财政投入力度，积极支持实施西部大开发战略，取得了显著成效，为进一步发展西部地区高新技术产业提供了思路。四川省是西部地区人口最多的省份，同时也代表了近年来西部地区由贫穷转向富裕、科技发展规模由小到大的发展历程。以四川省为例考察西部地区高新技术产业发展的金融支持作用对我国其他地区具有重要的借鉴意义。

一　四川省高新技术产业发展概况

西部大开发十年来，中央和地方政府制定了一系列科技教育的发展规划和政策，加大了对西部科技的投资。近年来，在全国宏观经济增速由高速向中高速转换的新常态背景下，四川省高新技术产业取得较快发展。一方面，四川省高新技术产业的规模不断扩大。2000年，四川省有高新技术企业277家，到2016年，已经增加到1107家。另一方面，高新技术产业的效益不断增加，对经济的贡献逐渐增强。2014年，四川省经济保持了平稳较快发展，规模以上工业增加值同比增长9.6%，虽然较2013年有所回落，但仍比全国平均水平（8.3%）高出1.3个百分点。高新技术产业2014年总产值突破1.2万亿元，达到12230.5亿元，比2013年增长18.3%。其中，规模以上工业领域高新技术企业实现工业总产值10521.4亿元，较2013年增长10.4%，在规模以上工业中的占比进一步提高至26.8%。2014年，建筑业、服务业等非工业领域高新技术企业实现产值1709.1亿元，比2013年增长54.9%。高新技术产业在四川省经济的份额保持稳步提升。

1. 四川省高新技术产业的企业数

近年来，四川省的高新技术产业的企业数呈现上升趋势，2000～2016年，四川省高新技术产业的企业数由277家增加到1107家（见图9-7）。

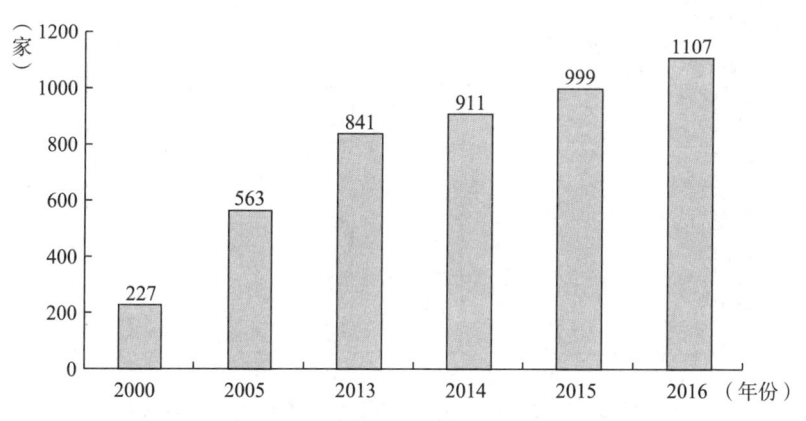

图9-7 2000～2016年四川省高新技术产业的企业数

2. 四川省高新技术产业的从业人数

近年来，四川省高新技术产业的从业人数增长迅速，已经由2000年的197771人增加到2016年的479109人。2000～2013年，四川省高新技术产业的从业人数由197771人增加到501539人，2014年下降为501205人，2015年上升为514758人，到2016年又降低到479109人（见图9-8）。

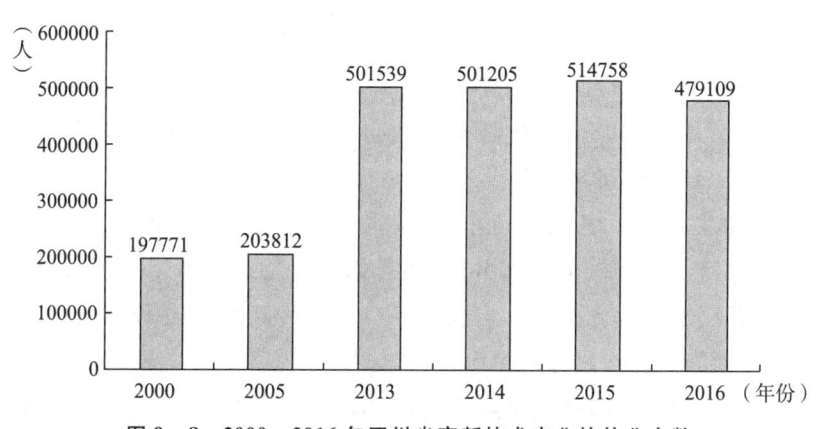

图9-8 2000～2016年四川省高新技术产业的从业人数

3. 四川省高新技术产业的主营业务收入

近年来，四川省高新技术产业的主营业务收入增长迅速。由2000年的297.10亿元增加到2016年的5994.38亿元。2000~2014年，四川省的高新技术产业主营业务收入呈现上升的趋势，由297.1亿元增加到5186.61亿元，之后下降到2015年的5171.71亿元，到2016年又回升到5994.38亿元（见图9-9）。

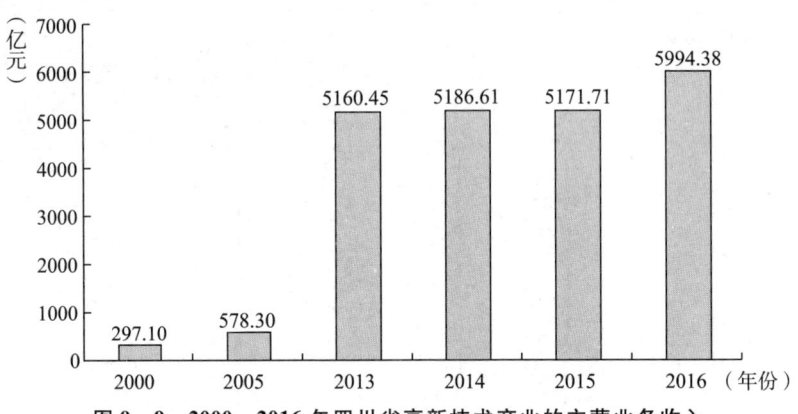

图9-9 2000~2016年四川省高新技术产业的主营业务收入

4. 四川省高新技术产业的R&D经费

近年来，四川省科技经费投入力度加大，R&D经费投入增长较快，投入强度保持稳定。2000年，四川省的R&D经费为264.3亿元，投入强度为1.54%。2017年，四川省共投入R&D经费637.8亿元，比2016年增加76.4亿元，增长13.6%，增速较2016年提高2个百分点，排在全国第8位；投入强度为1.72%，与2016年持平，排在全国第13位。

从活动类型看，2017年四川省基础研究经费为36.9亿元，比2016年增长18.3%；应用研究经费为87.3亿元，增长23.0%；试验发展经费为513.6亿元，增长11.8%。基础研究、应用研究和试验发展经费所占比重分别为5.8%、13.7%和80.5%（见图9-10）。

分活动主体看，各类企业投入R&D经费355.9亿元，比上年增长22.1%；政府及研究机构投入R&D经费222.1亿元，增长1.7%；高等学校投入R&D经费55.8亿元，增长16.7%。企业、政府及研究机构、高等学校R&D经费所占比重分别为55.8%、34.7%和8.7%（见图9-11）。

分产业部门看，高技术制造业投入R&D经费110.8亿元，投入强度为1.65%。在规模以上工业企业中，投入R&D经费超过10亿元的行业大类有

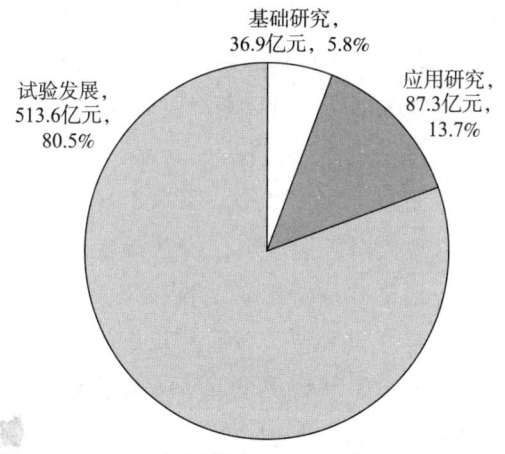

图 9-10　2017 年四川省 R&D 经费活动类型分布

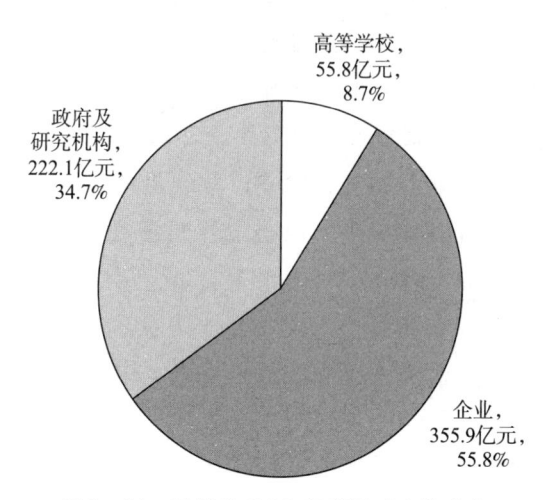

图 9-11　四川省 R&D 经费活动主体分布

10 个,这 10 个行业的 R&D 经费占全部规模以上工业企业的比重为 79%;投入强度超过 1% 的行业大类有 11 个。

二　四川省金融支持高新技术产业的实践与经验

四川省科技进步水平居西部地区前列。2014 年,四川省综合科技进步水平指数达到 57.13%,比 2013 年提高 5.02 个百分点,增幅连续两年居全国第 2 位。2014 年,全国科技进步统计监测四川省居全国第 12 位,比 2013 年前进 2 位,为 2000 年以来最好位次。四川省的科技进步环境、科技活动投入、科技活动产出、高新技术产业化、科技促进经济社会发展指数等 5 项一级指标在2014年均有不同程度的提高，其中高新技术产业化仍是四川省达标程度最高、排位最高的一级指标，超出全国平均水平16.97个百分点，居全国第5位。四川省金融支持高新技术产业的实践经验有以下几个方面。

1. 设立中小企业发展基金

四川省通过设立中小企业发展基金，采取市场化运作方式促进先进制造业、高新技术产业、现代服务业、现代农业等优势产业发展，优先支持为五大高端成长性产业提供"成链配套"协作服务的省内中小微企业的发展。设立省产业发展引导投资基金，以股权投资等方式，积极引导和鼓励省内行业领军企业、产业技术联盟等发起设立各类创业创新投资基金。足额配套国家新兴产业创投计划参股创业投资基金、国家科技成果转化引导基金和科技型中小企业创业投资引导基金等项目。①

2. 鼓励商业银行开发新的信贷模式

四川省为了推动商业银行对高新技术产业进行信贷融资，采取了政府出面的综合授信模式，如成都高新区管委会与国家开发银行四川省分行签订了高新技术产业贷款合作协议，明确以"统借统还、风险共担"的方式为省内内高新技术产业提供贷款，取得了较大成功。此外，四川省还鼓励商业银行与高新技术企业建立稳定的银企关系，探索以知识产权作为抵质押的贷款方式；积极开展高新技术企业上市辅导，探索直接融资渠道和方式，推荐业绩优良的高新技术企业在国内主板、中小板上市；鼓励高新技术企业发行短期融资券、企业债券和中小企业集合债；积极引导民间资本和国际资本投入我国高新技术产业；继续探索并根据经济发展速度和实际需要扩大风险投资基金增长比例。

3. 扶持信用担保机构发展

四川省采取一系列措施扶持科技信用担保机构发展。一是制定出台发展信用担保服务业的扶持政策，直接奖励担保公司和合作银行。二是加大对担保公司的风险补偿力度，划拨1000万元作为担保代偿专项资金，若贷款出现风险，高新区管委会、信用合作联社、签约信用担保公司三方分别按4:2:4比例分担代偿资金。三是创新担保模式，积极开展小企业联保、经营业主联户担保、信用共同体贷款担保、区域联保、上下游企业联保，以

---

① 资料来源：《关于支持中小微实体经济企业加快发展的若干措施》。

及由担保公司、银行、贷款企业、股权投资人四方合作的贷款担保新模式。四是各地建立统一的企业信用征信体系，及时、准确地采集企业信用信息，依法披露企业信用信息，并提供查询服务，为改善高新技术产业融资环境营造良好的信用平台。五是推行企业信用评价制度，对企业实行信用等级分类管理。行业协会、商会制定行业发展规划和行规行约，形成行业自律机制，对会员企业的信用行为进行评议，积极引导高新技术产业融资相关部门和机构采用信用产品和服务。

4. *高新技术产业成长路线图计划*

四川省部分地区政府参与了高新技术产业成长路线图计划，根据中小科技企业改制上市过程的不同阶段，对其所花费的各种中介服务费用及科技研发资金给予相应的资金补助。提出企业在萌芽期、种子期、初创期、成长期、成熟期、壮大期等六个成长阶段的全景扶持体系，帮助企业解决在成长中所遇到的融资问题。2014年10月，四川省政府印发《关于支持中小微实体经济企业加快发展若干措施》的通知，采取了22项措施支持中小微实体经济企业发展。通知规定，对于承接高校、科研机构且属于战略性新兴产业的具有有效职务发明专利的科技成果在省内成功实施转化，研发并取得自主知识产权、价值在100万元以上且具有产业化前景的省内首台（套）装备应用产品，参与"惠民购物全川行动""川货全国行""万企出国门"市场拓展三大活动等的企业分别给予不同程度的资金支持。

5. *拓宽高新技术产业投融资渠道*

四川省建立了以企业为主体、以政府为引导、金融机构及其他社会力量参与的多元化、多渠道高新技术产业投资体系。政府利用基金、贴息、担保等方式引导各类商业金融机构支持自主创新与高新技术产业化。按照WTO规则和公共财政原则，财政科技投入主要用于对共性技术和关键技术研发的支持。

同时，探索建立以民间资本为主体的高新技术产业风险投资体系。创业投资公司投资于中小高新技术企业，且符合相关条件的，其投资额的70%可以抵免企业的应纳税所得额，当年不足抵免的可延续5年抵免。对主要投资于中小高新技术企业的创业风险投资企业，实行投资收益税收减免或投资额按比例抵扣应纳税所得额等税收优惠政策。

6. *完善多层次资本市场体系*

直接融资是企业融资的重要保障。四川省政府将推动高新技术产业上市作为今后解决高新技术产业融资难的重要手段。抓住目前境内证券市场低迷、新股发行节奏放缓的间歇时机，加大上市后备资源的发掘培育工作力度，以便在市场转暖的时候使更多的企业实现上市。

7. 搭建高新技术产业融资服务平台

四川省为了优化高新技术产业金融生态环境，搭建了融资服务平台。第一，加快金融体制改革，充分发挥各类金融机构的主渠道作用，营造良好的金融生态环境。第二，加快建立完善高新技术产业社会化服务体系，构筑以高新技术产业为主要服务对象的创业辅导、信息咨询、信用服务、人才培训、科技创新、市场开拓、现代物流等服务平台，为高新技术产业发展提供优质有效的服务。第三，加强银企间的沟通交流，搭建项目与资金对接平台。

综上，在对高新技术产业进行扶持时，各个省份都有自己独特的做法，各地区在实践中可以借鉴其他省份的一些成熟经验。同时，也要根据自身实际情况进行决策，形成自己的特色，以期更好地促进高新技术产业的发展。其中，了解自身高新技术产业的发展状况与金融支持能力是基础与前提。

第十章　发挥金融推动力，推动我国高新技术产业的快速发展

培育发展高新技术产业，抢占科技、经济制高点，不仅对提高我国综合国力和核心竞争力有十分重要的影响，而且对加快转变经济发展方式有十分重要的意义。首先，高新技术产业是经济发展的战略重点，具有重大发展需求，成长潜力大、综合效益好，是可能形成国际竞争力的产业。发展高新技术产业有利于扩大需求，实现投资与消费协调发展；有利于优化投资、消费和进出口结构。其次，高新技术产业是技术含量高、产品附加值高、自主创新率高的产业。发展高新技术产业有利于提升产业层次，提高我国在全球产业链和价值链的分工地位；有利于在高起点建设现代产业体系，推动产业结构升级。最后，高新技术产业是以创新为驱动力、辐射带动力强、知识技术密集的产业。发展高新技术产业有利于突破产业梯度转移，使经济相对欠发达但创新创业要素易于集聚的地区实现反梯度发展；有利于促进科技成果向现实生产力转化，强化科技进步和劳动者素质提高在经济增长中的作用，推动经济发展更多依靠科技创新驱动。改革开放以来，我国科技投入力度不断加大，基础研究工作进一步加强，从事科技活动人员增加，高新技术产业迅速发展。科技对我国经济社会发展的支撑作用日益显现。

第一节　我国高新技术产业发展的优势条件

我国拥有发展高新技术产业的优势条件，既有辉煌的科技成就，又有企业发展所需要的经济、政治条件，更有国家科教兴国战略的外部机遇。

我国科技发展的卓越成就为高新技术产业的发展奠定了坚实的基础，而丰富的科技、人才资源，科技基础平台建设，政府的政策支持，经济发展迅速等因素为我国高新技术产业的发展带来了动力支持。

一 科技资源优势明显，为高新技术产业发展提供资源动力

高新技术服务业是高知识密集型产业，对科技资源和创新人才的依赖性较强。我国研发实验技术基础优厚。科研单位和高等院校以及一部分大、中型企业，通过多年的努力和积累，建设了可以满足科学研究和技术创新需要的实验室，配置了国际一流的高精尖仪器和装备，形成了稳定的中间实验能力，在应用化学、应用光学、计算数学、光电子学、生物学、医药学以及新材料、电子信息、生物工程、机电一体化和汽车制造技术等科技领域中，具有较强的研发水平和竞争能力。众多的科技资源和研发机构、丰富的创新人才资源、强大的科技创新能力都为我国高新技术产业发展的强大技术支持。

二 科技基础平台建设为高新技术产业的发展提供强有力的技术支持

我国科技平台建设是从"十五"期间开始的。2006年以来，我国设立了专项资金，重点实施科技基础条件平台和科技创新服务平台建设工程。科技平台是我国创新体系的重要组成部分，主要由资源条件、研究开发、科技成果转化、科技交流合作等物质与信息系统和相应的管理制度以及专业化人才队伍等组成。在科技平台中，有先进科研设施及其他科技基础设施，实现了信息网络、数据、文献资料等科技资源的共享。这些平台成为我国高新技术产业提高科技水平必不可少的物质基础，也成为充分利用知识积累和众人智慧，提高科研水平和效率的有效途径。我国高新技术产业可以利用科技平台，实现科技资源的"开放"和"共享"。这为我国高新技术产业的发展提供了强有力的技术支持。

三 政府的政策支持为高新技术产业的发展营造良好的政策环境

20世纪80年代以来，我国政府出台了一系列政策促进高新技术产业的发展。进入21世纪，我国政府出台了一系列法规，包括《关于加快发展高新技术产业的意见》《关于促进高新技术企业发展的若干政策》《关于组织

实施重大科技成果转化项目的意见》《关于发挥科技支撑作用促进经济平稳较快发展的意见》《我国重大科技成果转化项目管理办法》《我国百户科技型创新企业培育工程实施方案》等政策文件。上述文件的制定与颁布从各个角度为高新技术产业的发展营造了良好的政策环境。

四 经济发展迅速，为高新技术产业的发展提供了良好的经济环境

国民经济的发展是高新技术产业发展的前提与基础。近年来，我国经济发展迅速，据统计，2007年，我国国内生产总值为270232.3亿元，比2006年增长16.1%，2007~2017年我国GDP从270232.3亿元增加到827121.7亿元。较快的经济增长速度为我国高新技术产业的发展提供了良好的经济环境。

五 国家支持高新技术产业发展的战略带来了外部机遇

高新技术产业已经成为我国未来经济的发展方向。改革开放以来，党和政府提出了"科学技术是生产力"的战略方针。2006年，中共中央、国务院发布《国家中长期科学和技术发展规划纲要（2006—2020年）》，为我国经济的发展指明了方向。根据《国家中长期科学和技术发展规划纲要（2006—2020年）》，到2020年，全社会科技研发经费年投入总量将超过9000亿元，投入水平位于世界前列，企业将成为科技创新主体。表明国家已经将支持科技发展作为今后相当长一段时期内的战略重点。国家支持高新技术产业发展的战略为我国高新技术产业发展带来了外部机遇。

综上，我国丰富的科技资源、雄厚的技术基础、良好的政策环境与较快的经济发展速度成为我国高新技术产业发展的优势条件。与此同时，国家支持高新技术产业发展的战略为我国高新技术产业发展提供了难得的发展机遇。从我国发展的现实出发，发展高新技术产业，是增强我国自主创新能力，加速经济增长方式转变的现实选择。

第二节 我国高新技术产业发展的影响因素分析

21世纪以来，我国政府越来越重视高新技术产业的发展，鼓励和促进高新技术产业的发展已经成为我国国民经济发展规划的一个重要目标。发

展高新技术产业，必须深入探讨制约高新技术产业发展的影响因素。影响高新技术产业发展的因素可以分为两大类：一类是外部环境因素；另一类是内部环境因素。

一　外部因素

外部环境是高新技术产业生存与成长的重要基础。影响高新技术产业的外部环境因素包括政策法律环境、行业基础服务环境、资金支持、产品市场等。

1. 政策法律环境

在影响我国高新技术产业成长发展的外部环境因素中，政策法律环境是最基本的一个方面。在高新技术产业成长过程中，政府不仅要着重为包括技术人才和经营人才在内的各种人才各展所长创造适宜的机制，同时还要为高新技术产业的成长提供宽松的市场准入环境，以及制定有利于维持正常有序的市场秩序和健全市场体系的政策。因此，我国政府所制定的针对高新技术产业的财政支出、税收激励、金融与风险投资、扶持与创新等方面的政策导向，将决定高新技术产业的发展方向与发展规模。

2. 行业基础服务环境

行业基础服务环境是企业生存的土壤，它既为高新技术产业提供必要条件，又对高新技术产业活动起制约作用。高新技术产业要不断根据自身所处的行业成长环境去调整发展战略。

（1）创业孵化环境。我国高新技术企业大多是中小科技企业，这些高新技术企业创业初期相较于大企业来说更为艰难。解决高新技术企业创业初期的这些困难，建立良好的创业孵化环境，使我国中小私营企业与国有企业、外资企业的市场竞争环境平等，将有利于我国高新技术产业的成长。

（2）人力资源环境。由于高新技术产业对产品创新能力要求高，而且创新重点靠的是人才，所以营造有利于储备科研力量、提高科技人员素质的人力资源环境对高新技术产业来说尤为关键。高素质人才的蓄积和培养是高新技术产业成长的关键因素。

（3）中介服务环境。高新技术产业的发展需要庞大的高社会化、高市场化、高专业化的科技中介组织机构体系作为支持。科技中介服务的主要代表是咨询业、信息业和各类技术服务业等与科技进步相关的高知识含量的新兴行业。科技中介服务是发展高新技术及其产业的重要支撑服务体系，是新兴的、知识密集的专门服务业，是现代服务业极具活力的新业态、新业群。科技中介服务主要包括：咨询服务、生产技术服务、管理服务、法律服务、与计算机相关联的服务和工程设计服务等。在企业创业初期，这些科技中介服务机构给高新技术产业提供技术支持、信息咨询、人员培训等一系列服务，使企业在发展初期拥有良好的外部环境。

（4）创业文化环境。良好的创业文化氛围是我国高新技术产业健康、快速成长的精神依托。高新技术企业与传统企业存在很大区别，我国高新技术企业是知识、技术和人才高度密集的企业实体，这类企业的特点是建立于知识和技术创新的基础上，知识与技术创新的最终实现不仅要依靠企业技术自身的演进，更关键的是还要依靠创业文化环境的支持。

3. 资金支持

资金支持是高新技术产业发展的重要因素。我国高新技术产业的资金来源包括内源融资和外源融资这两种渠道。内源融资包括以下几个方面：一是寻找风险投资，主要是获得风险投资基金的支持，如政府为高新技术产业设立的创新基金支持；二是求助于亲朋好友以及关联企业，主要是向有关系的人或企业借款；三是商业信用融资，主要是指企业之间在买卖商品时，以商品形式提供的借贷活动，是经济活动中的一种最普遍的债权债务关系。外源融资包括以下几个方面：一是间接融资，主要向银行、信用社等金融机构贷款；二是资本市场直接融资，主要是面向社会公众发行债券和股票。不论是内源融资还是外源融资，都是我国高新技术产业重要的资金来源。一个企业获得资本支持的多少将决定企业发展规模的大小。

4. 产品市场

我国高新技术产业的产品具有创新性强、技术含量高、生命周期较短以及产品更新快的特点。这类高新技术产业依托技术创新来开拓市场，因此我国企业在新产品研究和开发方面往往投入大量的人力、物力与财力。面对激烈的市场竞争，新产品在上市的同时就会面临更新产品的挑战，导致高新技术产品的生命周期越来越短。

另外，科技产品的客户群往往是缺乏专业技术知识的群体，对高新技术产品未来的发展趋势无法形成系统的判断。所以，企业在做市场需求预测时不能从顾客反馈的信息中得到准确的数据，使得高新技术产业很难做出准确的产品市场需求预测。

二 内部环境因素

外部环境为高新技术产业的发展带来了机遇与挑战，内部环境是一个企业同其他企业相区别的关键。影响高新技术产业发展的内部环境因素包括以下几个方面。

1. 产权制度

根据现代企业产权制度理论，企业的产权制度是否先进、是否具有较高的激励约束效率，主要取决于这种产权制度是否与企业的发展阶段和所处的外部环境相适应。我国高新技术企业大多经历了由小到大的过程，在这个过程中创业者都付出了很多心血，产权问题属于创业者的敏感问题，所以大多数创业者对产权问题只字不提。这造成了现在高新技术产业产权不清问题普遍化、严重化，这个问题最终会严重阻碍企业向多元化、国际化方向发展。

2. 企业融资策略

由于高新技术的开发具有较高的风险性，取得银行贷款的支持比较困难，所以融资问题成为阻碍高新技术产业发展的主要问题。解决高新技术产业融资难的问题不但需要外部因素（国家政策）的支持，还需要高新技术产业自身的努力，更需要金融机构的支持。因此，高新技术企业应当提高管理水平、完善财务制度、规范治理结构、提高贷款信誉、改善融资观念，只有这样才能更好地筹集资金。

3. 人力资源

我国高新技术产业需要的是知识、技术型人才，以及有较强的独立决策能力、社会自我价值实现欲望强烈以及勇于创新的全面人才。高新技术产业是以高科技作为生存背景和发展基础的。我国高新技术企业具有规模小、发展快、追求创新的特质，而且面临复杂多变的市场竞争环境。因此，要想取得稳定的竞争优势，就必须拥有一支忠实的高素质的技术、管理人才队伍。

4. 企业核心竞争力

核心竞争力是我国高新技术产业在竞争市场上取胜的关键。高新技术企业要想在竞争相当激烈的市场上与传统的大型企业竞争，就必须具备竞争对手无法模仿、独一无二的特色核心竞争力。高新技术产业的核心竞争力主要体现在企业自身知识产权的核心技术上。

技术创新通常是指新的技术（包括新的产品和新的生产方法）在生产等领域里的成功应用。它包括对现有技术要素进行重新组合而形成的生产能力的活动。技术和知识的不断创新是高新技术产业的灵魂。

5. 企业文化

企业文化是在某一特定文化背景下企业独具特色的管理模式，是企业个性化的表现。我国高新技术企业应该研究出适合自己的独特的企业文化，坚持理论研究与实践研究相结合的原则，将中国传统文化与企业自身发展状况（企业发展阶段、企业发展目标、企业经营策略、企业内外部环境）相结合，构建出具有中国特色的企业文化理论。同时，企业文化的发展是密切随着企业发展而变化的，企业应该结合自身的发展及时对企业文化做出调整，这样企业文化才能对企业的长期发展产生深远的影响。

综上，影响我国高新技术产业发展的原因有诸多方面。其中，资金支持是最为重要的一个方面。与传统产业相比，我国高新技术产业对自然资源的依赖程度低，而对资金投入的依赖性高。因此，获得企业生存与发展所必需的资金是高新技术产业发展的前提与基础。

第三节　我国高新技术产业金融支持缺失的原因分析

改革开放以来，我国科技投入力度不断加大，基础研究工作进一步加强，从事科技活动人员逐渐增加，高新技术产业迅速发展。科技对我国经济社会发展的支持作用日益显现。

金融业的发展与资本市场的支持对我国高新技术产业的发展具有重要意义。时至今日，我国高新技术产业融资难的问题仍然存在，这一方面是由于政策的效力具有一定的时滞性，另一方面也说明其存在更深层次的问题。本章拟在分析我国金融对高新技术产业支持缺失原因的基础上，提出提升金融支持能力、推动我国高新技术产业发展的有效政策。而上述问题的解决，有赖于政府、企业、金融机构等方面的共同努力。

由于高新技术产业自身的特点及金融机构的惜贷行为，我国金融机构在高新技术产业的成长中处于缺位状态。这其中的原因，既有高新技术产业自身的因素,也有金融机构的因素,更有社会担保制度的缺失。

一 高新技术产业自身的融资缺陷

高新技术产业受其自身特点的影响,存在很多融资缺陷。首先,资本规模有限。我国高新技术产业的"启动资金"和"创业资金"大多由创业者以私人资本投资方式设立,企业除拥有创意或技术发明等无形资产外,经济资源有限,申请贷款时无力提供足够的抵押物,大多不符合我国银行贷款条件。其次,内部财务制度不健全。大多数高新技术产业由于经营特点和竞争需要,财务信息不透明、不真实,这必然影响企业的融资效率。再次,经营风险大。高新技术产业一般处于初创期或成长期,面临技术、市场、财务和环境等方面的不确定性,失败率较高。据美国小企业管理署统计,美国中小企业的成功率只有15%~20%,即使是成功的高新技术企业,其某项产品能维持5年以上兴旺期的也仅占30%左右。我国高新技术企业的情况同样如此。如此高的失败率,不符合银行稳健经营的原则,以致商业银行出现"惜贷""慎贷"的行为。最后,信誉度偏低。据统计,我国60%以上的高新技术企业的信用等级在BBB级以下,而发行股票和债券等直接融资方式要求企业有较高的信誉度,从而导致高新技术企业的直接融资渠道受阻。

二 金融体系不健全

金融支持不足是造成高新技术产业融资缺口的又一个主要原因,主要表现在以下两个方面。

1. 资本市场层次单一

从成熟的市场模式来看,一个健全的资本市场体系应包括面向大型企业的主板市场、面向处于创业中后期阶段的高新技术产业的二板市场和面向处于创业初期的小微企业的区域性小额资本市场。我国资本市场经过十余年的发展,面向大型企业的主板市场已初具规模,但高新技术产业板和创业板基本复制了主板模式,注重企业过去的经营业绩和盈利能力等硬性指标,且企业上市周期长、成本高、程序复杂,与真正意义上的创业板市场还相去甚远。面向小微企业的全国性场外交易市场或区域性小额资本市场建设滞后。所以,在现行制度下,我国高新技术产业普遍存在上市融资难问题。另外，我国颁布的《公司债券发行试点办法》规定，发债主体应具有较高的资产质量、盈利水平、持续盈利能力、信用等级和担保提供等，此规定将我国大量处于创业期的高新技术企业挡在了债券融资的大门之外。

2. 银行信贷动力不足

商业银行对高新技术产业的信贷动力不足。第一，商业银行从资产的安全性、流动性出发，提高了贷款条件，而高新技术产业由于自身经济实力和财务管理科学化的欠缺，往往达不到银行规定的标准。第二，高新技术产业贷款具有单笔金额小、频率高的特点，从而使商业银行贷款服务成本大大提高。第三，银企之间存在信息不对称、财务信息不透明等问题，这阻碍了高新技术产业从银行融资。第四，银行普遍实行严格的贷款责任追究制，从而影响信贷人员对高新技术产业放款的积极性。

三 信用担保体系建设滞后

当前，我国诚信体系和担保体系虽有一定进步，但高新技术产业融资环境尚未得到根本改善，仍需大力发展。一方面，征信体系有待建设。高新技术产业的信息透明度与其外部融资的难易程度是密切相关的，由于我国征信体系缺乏，许多高新技术产业贷款受阻。另一方面，担保体系建设滞后。一个健全的担保体系应包括政府担保、商业担保和互助担保。由于我国担保制度刚刚起步，担保机构少，担保基金小，政府担保或商业担保均无法满足高新技术产业的需求，因此，高新技术产业贷款难在一定程度上等同于担保难。

由此可见，切实解决高新技术产业融资难问题，仅仅依靠商业性金融机构的支持是不够的，还需要依靠政府、社会及商业银行的配合。

第四节 我国高新技术产业的政策组合

现代经济呈现两大特征：一是高科技迅速发展，技术更新换代速度加快；二是金融渗透到经济生活的各个方面，金融对经济的作用越来越显著。科技与金融的结合，成为21世纪科技发展的重要趋势。目前，我国高新技术产业的发展处于重要阶段，通过单一手段并不能有效带动高新技术产业的发展，必须构建多层次的金融体系，拓宽高新技术产业的融资渠道。由于企业发展具有自身的运行规律,因此现阶段我国在发展高新技术产业时,应当充分发挥金融对高新技术产业的推动作用和对产业结构调整的导向作用,从而形成"金融推动—拉动高新技术产业发展—刺激经济增长"的良性循环。我国高新技术产业金融支持体系的构建,应当包括政府、资本市场、商业银行及企业在内的从宏观到微观的多层次立体式融资体系。

一 加强政府对高新技术产业金融支持的扶持力度

高新技术产业的发展离不开政府的引导与扶持。政府在构建高新技术产业融资体系中具有重要的作用。政府是一种与市场互相替代的配置资源的制度安排。因此,我国政府应当在此职能定位的基础上,构建政策性融资体系。

1. 建立和完善支持高新技术产业发展的财政投资体系

为了促进金融对高新技术产业的支持,我国政府应当做到以下几点。首先,制定科技发展规划,并将财政投资支持列入相应规划中,根据经济增长、财力增长情况,不断增加财政科技投入,强化科技投入增长的保障机制。其次,除了量上的安排外,还需调整财政科技投入结构,加强对非竞争性科技创新活动的支持力度;合理安排经费比例,加大对基础研究、前沿高技术研究的支持;引导地方和行业部门加大科技投入。再次,创新财政科技投入机制,综合运用财政拨款、基金、贴息、担保等多种方式吸引社会资金向创新投入。从次,要积极快速发展创业投资基金,实现技术、资金和管理的有效结合,由专业的创业投资管理机构运作,提高企业资本运作的效率。最后,政府可以通过制定相关的税收优惠政策来引导高新技术产业投资高科技领域。

2. 实施激励自主创新的政府采购政策

政府应当根据实际情况建立财政性资金采购制度。对自主创新产品给予优先待遇,建立激励自主创新的政府采购制度。同时,应规定行政性采购中涉及高新技术产业产品的采购比例,在同类产品中,政府应当带头优先购买高新技术产业生产的科技创新产品,这样既有利于加快高新技术产业产品投放市场的过程,也对高新技术产业健康快速发展有良好的促进作用。

3. 制定有利于高新技术产业融资的相关法律

建立健全我国高新技术产业融资的相关法律,是解决高新技术产业融资难问题的保障。为此,应以法律的形式为我国高新技术产业的发展提供金融保护和支持。相应的,还应制定适合我国高新技术产业的信用担保法和融资法等法律,以规范高新技术产业融资主体的责任范围、融资办法和保障措施。在建立高新技术产业政策性融资体系的同时,逐步完善整个社会的信用制度是解决问题的关键,高新技术产业进入资本市场必须有一定的信用作为保障,以消除投资方的风险顾虑。因此,还需建立一套包括高新技术企业注册、资产监管、财务信息管理、信用记录收集与管理等在内的法律制度。

4. 政府应当通过创新性组合政策,促进高新技术产业发展

为了改善我国高新技术产业融资难的状况,政府应当通过制定一系列政策,引导商业银行为高新技术产业提供贷款。首先,政府财政应设立高新技术产业贷款补偿资金,由财政预算安排,专项用于补偿银行与信用担保机构由于为高新技术产业提供融资服务而导致的部分损失。其次,增强知识产权质押融资的系统性,积极推进高新技术产业集合发债试点工作,由财政对高新技术产业集合发债给予一定的补助,以提高债券的信用等级,降低债券发行成本,并积极探索动产质押、仓单质押、权益质押(如山林、土地的承包权质押)等新的抵押担保形式。再次,对商业银行高新技术产业贷款的营业收入免征或减征营业税,或允许商业银行对高新技术产业损失贷款自主核销,以提高商业银行的风险承受能力和处置能力。最后,降低高新技术企业门槛,简化新成立的高新技术企业的审批手续,降低登记费,降低对最低注册资金的要求。

二 拓宽金融机构服务领域,为高新技术产业的发展提供融资支持

目前,银行贷款仍是我国高新技术产业的主要融资渠道。但高新技术产业融资具有贷款额度大、风险高、时间长等特点,因此,我国各级金融机构应当拓宽服务领域,为高新技术产业的发展提供融资支持。

1. 探索设立政策性科技银行,完善贷款担保体系

我国政策性科技银行的设立应当以政府政策为业务活动的根本依据,其融资准则应具有明显的非商业性,应在政府相关政策导向的支配下,为我国高新技术产业在种子期或者科技成果产品化与商业化的早期阶段,提供信贷资金支持或融资担保。

2. 商业银行实行信贷倾斜，改善高新技术产业融资环境

我国金融机构要从信贷上向高新技术产业倾斜，改善高新技术产业的融资环境。为此应当做到以下几个方面：一是在银行设立科技专项贷款，扩大科技贷款规模，使其免受流动资金贷款规模的限制；二是在科技贷款总规模中，期限长、利息低的政策性贷款应占一定的比重；三是建立高新技术产业的授信制度，提高信贷效率，保证信贷资金的及时性；四是对符合条件、能够提供合法担保的科技创新项目，要优先发放科技贷款；五是积极参与科技管理部门的推介活动，对市场前景广阔、技术含量高、经济效益好、能代替进口的科技成果转化和技术改造项目，要加大贷款支持力度。

3. 改进客户信用评级制度，制定适合高新技术产业的贷款条件和审批程序

商业银行对财务状况良好、产品市场较大的企业不必过分强调其经营规模；对负债较低、产品科技含量较高、有较大市场潜力、内部管理严格的企业，可适当放宽抵押担保要求。

4. 设立政府转贷机构，银行由向高新技术产业直接贷款改为间接贷款

政府部门应当设立高新技术产业融资机构，专门负责我国高新技术产业的小额贷款业务。同时，我国商业银行不再向高新技术产业直接发放一定额度以下的贷款，而将款项直接贷给高新技术产业融资处，由后者再分别向高新技术产业发放小额贷款。政府转贷机构不是营利机构，而是服务机构，这就保证了银行的规模效应，降低了贷款成本。政府最终可以从我国高新技术产业的发展中得到利益，包括税收、就业、GDP 增长等。

5. 鼓励银行把资金投向政府重点扶持的高新技术产业

应当积极探索对开展高新技术产业贷款的商业银行给予贴息支持或风险补偿的有效途径，降低高新技术产业的融资门槛。同时，适当转变方式，支持银行开展知识产权和非专利技术等无形资产的质押贷款业务，对重大科技专项资产实行证券化，发展可转换债券、票据贴现等低风险业务。

三　完善多层次的资本市场，为我国高新技术产业的发展扩充资金来源

高新技术产业需要资本市场提供长期、稳定和规范化的直接融资支持，

发挥资本市场对资金、技术、人才的集聚作用。反过来,这也为资本市场的可持续发展提供了创新型高素质企业,使投资者可以更多地分享科技进步和经济发展带来的经济利益。首先,积极完善国家创业板制度。明确自主创新企业的标准,配合证监会做好上市筛选,推出既能加强风险防控,又能降低我国科技型企业上市门槛的相对灵活的交易制度。其次,设立并扩大股权代办转让系统试点。在国内设立非上市高新技术产业股权代办转让系统试点,争取将试点范围扩大到全国高新技术产业开发区。最后,建立全方位的高新技术产业上市融资支持系统。围绕我国高新技术产业走向资本市场这一目标,构建包括政府资金、创业风险投资、并购基金、银行贷款、科技保险在内的全方位支持系统,贯穿企业改制、挂牌、上市以及上市后扩大融资等各个环节。

四 完善高新技术产业的信用担保机制

政府信用贷款担保体系是引导社会资本向我国高新技术产业投资和贷款的重要引擎,它有利于社会投资树立信心,因此,我们应充分利用政府信用这一无形资产的价值为风险投资对象的贷款提供担保。针对风险贷款和我国高新技术开发,发挥引导作用,对高新技术产业的贷款给予足够的担保支持。担保机构要对自身进行正确定位,保证担保机构的运营目标是帮助高新技术产业筹集资金;加强风险控制力度,保证担保项目的安全性和有效性;适当灵活担保费用,以支持高新技术产业融资。

(1) 建立政府担保制度。由政府出资建立信用担保机构,为高新技术产业提供信用担保,或由政府向商业银行提供高新技术产业贷款担保。

(2) 以产业政策和税收政策为引导,吸引我国商业银行、大公司为担保基金提供资助,鼓励社会资本进入担保业。

(3) 设立"风险基金"账户,扶持风险企业发展。为了促进高新技术产业发展,应在担保机构设立专门的"风险基金"账户,对贷款担保做一些有关风险控制的规定,既要对从事新产品研发,科技开发,新技术研究、试制等领域的企业进行保护,也要对这类企业的活动进行限制。

(4) 与企业单独从银行贷款的传统模式相比,企业联保贷款不需要另外担保、抵押,这不仅为企业节省了担保费,还使得那些没有抵押物或抵押物不符合标准的企业获得了贷款机会。其一般模式是行业协会或商会与银行合作，会员企业用银行贷款资金互相担保，把有质押、抵押变成无质押、抵押。

五 构建社会服务体系

（1）建立和完善我国高新技术产业的融资担保体系。各国实践表明，高新技术产业的资金困难问题需要从多种渠道去解决，单靠一种途径是不行的。目前，应在进一步鼓励银行开展高新技术产业信贷工作的基础上，尽快建立和完善我国高新技术产业的融资担保体系。而且融资担保体系的创新不仅要体现在通过担保机制使高新技术产业获得银行贷款，还应积极开展信用包（将多个信用体打包）或证券包与信托公司、证券公司、保险公司合作，增加产品的流动性。

（2）继续发展投资基金，实现投资主体多元化，加快风险投资立法工作，放宽基金的设立条件，促进风险投资基金的发展，允许设立私募基金，鼓励民间资金更多地流入我国科技创新领域，实现高新技术产业投资主体多元化。

（3）加强为高新技术产业服务的中介机构建设。与国外发达国家和地区相比，我国高新技术产业有许多问题尚待解决，其中之一就是中介机构的建设。我国的社会中介机构诸如财务机构、会计机构、资产评估机构、信用评级机构等大多处于起步阶段，目前还没有专门为高新技术产业服务的政策性银行等金融机构，特别是缺乏针对高新技术产业特点开发金融工具的专业金融机构。因此，中介机构的建设应当引起政府的高度重视，以便为高新技术产业融资提供高质量的中介服务。

六 规范互联网金融发展，助力高新技术产业发展

高新技术产业的创新驱动是中国经济成功转型的根本动力。互联网金融为解决融资问题提供了一种可能途径。2013年11月，十八届三中全会通过的《中共中央关于全面深化改革若干重大问题的决定》，允许民间资本进入金融业，鼓励民间资本依法设立中小型银行等金融机构。这为互联网金融的发展带来了机遇，也为企业提供了融资的另一个途径，有助于解决企业融资难、融资贵问题，提高金融资源的有效配置以及合理利用。

1. 建立知识产权备案制度，降低高新技术项目信息披露风险

科技型企业把新项目或者新技术的相关信息通过互联网平台展示，投

资人依据平台上的项目展示信息来判断是否投资，展示越充分，越能吸引更多的投资人，但同时也产生了信息披露的潜在成本。如果该成本非常大，甚至抵消了其参与互联网融资的正面影响，那么科技创新项目的发起人就会转向传统融资渠道。因此，应将知识产权备案制度作为一项有益补充加入知识产权保护制度，在创新思想或方案公布前可以将项目创新之处做备案，在审查期接受知识产权保护并享有审批通过后的追责权利。

2. 规范互联网金融的发展，为高新技术产业的发展提供环境基础

规范互联网金融的发展，创造良好的金融生态环境，为高新技术产业中科技型企业的发展提供环境基础。科技型企业对资金和创新的需求较高，因此在逐步完善金融支持体系，发展互联网金融时，要规范其发展模式，改变鱼龙混杂的局面，降低各种风险。具体可以采取以下几种方式：一是完善法律制度，为互联网金融的发展提供良好的制度环境；二是强调资金托管和分期拨付，保护投资人的资金安全；三是建立项目追踪机制及争端解决机制等，规范互联网金融的发展，使其更好地为科技型企业服务。

七 发展科技创新板，实现资本市场与科技创新的融合

科技创新板是我国资本市场为高新技术产业提供服务的又一个窗口。如何避免各层次市场的功能重叠，建立一个有层次、能互补的市场生态，是摆在我们面前的重大课题。

科技创新板（简称"科创板"），源于四板市场。2013 年 12 月，北京区域性股权交易市场平台——北京股权交易中心有限公司正式启动，是一个为区域内企业提供股权、债权的转让和融资服务的私募市场。2018 年 11 月 5 日，习近平总书记在首届中国国际进口博览会开幕式上宣布，在上海证券交易所设立科创板并试点注册制。我国设立科创板，有利于形成有效的创新驱动机制，实现市场机制下的国家创新战略推动，同时也有利于建设技术资本大国。科创板的战略意义是开启资本转型的时代，目标是把中国建设成技术资本大国。要把培育技术资本市场作为建造中国创新驱动动力引擎的一项战略工程。

1. 科创板的定位——技术资本市场

科创板的技术资本市场功能，是孵化早期的前沿技术和新兴技术企业。对于一些具有未来技术价值的企业，即便是不盈利，甚至在亏损状态，也

应该给予支持。科创板要为国家的科研机构和大学的科研成果商业化提供早期融资服务,为科研机构、大学和企业与资本之间的协同创新提供技术资本孵化服务。

科创板的投资导向,应该瞄准未来的隐形冠军、"独角兽"或众多技术细分领域的领先者。哪怕只有5%的成功率,也比投资那些已经基本成熟、业绩更好,但没有技术特色,并存在增长极限的企业更有意义。

2. 科创板市场与其他市场的关系

科创板中的企业更偏重于技术的未来价值。科创板在制度设计上,必须考虑多层次市场之间的结构差异性和功能互补机制。部分战略性新兴产业中技术不突出但财务业绩尚好的企业,应当在新三板或中小板市场中。这应该是科创板的清晰边界。

(1) 科创板和创业板中企业的区别

科创板和创业板的企业在性质上有很多相同之处,都聚焦中小型科技类企业,但是科创板中主要是处于初创期的企业,而创业板中主要是处于成长期的企业。

(2) 科创板与其他版块的转板机制

第一,科创板与创业板的转板机制。当科创板内的企业成熟后,科创板应当设计自动转板创业板的机制。即当企业在科创板期间的盈利水平达到创业板最低门槛后,自动转入创业板。转板制度的建立,使得创业板顺理成章地成为科创板的"接力者"。

第二,科创板与主板的转板机制。应当建立科创板为主板上市公司培育可供其并购的技术资产孵化机制。一方面,很多主板上市公司缺少创新能力和转型动力,正在沦为壳资源;另一方面,很多科创企业因为其技术单一和业绩不足,无法进入主板市场。这类科创企业是一些主板上市公司理想的并购对象,如果与主板上市企业的产业化能力和市场渠道优势结合,会产生巨大的并购价值,给两个市场的投资人带来巨大收益。

资本市场要助力创新驱动,就要繁荣技术资本并购市场。科创板在其中具有不可替代的作用。

科创板企业既可以通过业绩增长转板创业板,也可成为主板、创业板或中小板上市企业的定向技术资产并购标的,这就有效打通了各个层级的市场,产生资本市场间的协同创新效应。

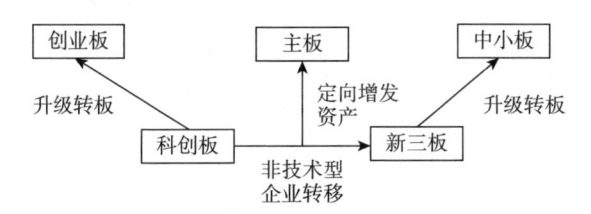

图 11-1 科创板与其他四类市场的关系示意

总之,科创板要围绕"技术资本市场"的定位,形成与新三板、创业板、中小板和主板之间层级结构互补、创新动力传导的接力模式与机制。

3. 建立科创板企业的评估体系

技术资产的评估体系,包含技术的创新性、独特性、成熟度、经济性、产业化可行性、知识产权权利边界、持续创新能力,以及创新体系等多个维度。这些跨领域的专业评估也会催生新型投行与评估机构。

科创板企业的信息披露制度也不同于其他市场,即在传统定期财报等信息披露之外,还需要披露关于企业技术资产的独立第三方专业评估报告。

4. 建立分散投资的模式和机制

为了吸引风险偏好保守型的投资人,科创板还要推出分散投资的模式来降低投资风险,例如技术资产证券化产品。技术资产证券化产品本身就是风险已被分散的投资品。

在上市企业信息披露方面,科创板需要披露由独立第三方专业机构出具的技术资产报告,这样才能让投资人充分了解技术的风险,看清技术发展的趋势和该企业的前景。

构建多渠道多层次的、高效有序的金融支持体系,是我国推进高新技术产业健康快速发展,进而实现经济可持续发展,提升国际竞争力的重要途径。

参考文献

北京市发改委：《实效与高效——中小企业多层次融资服务体系建设》，《深交所》2016年第2期。

蔡根女，鲁得银：《中小企业发展与政府扶持》，中国农业出版社，2005。

曹凤岐：《建立和健全中小企业信用担保体系》，《金融研究》2001年第5期。

陈德棉，蔡莉：《风险投资运行机制与管理》，经济科学出版社，2003。

陈军：《中小企业金融创新和科技创新机制探讨》，《中国流通经济》2016年第8期。

陈开全，兰飞燕：《高新技术产业与资本市场》，北京大学出版社，1999。

陈乃醒：《中小企业信用担保》，南开大学出版社，2004。

陈晓红：《论中小企业融资与管理》，湖南人民出版社，2003。

陈晓红：《中小企业融资创新与信用担保》，中国人民大学出版社，2003。

陈玉娟：《科技型中小企业持续发展的金融支持途径研究》，《特区经济》2016年第6期。

程惠芳：《民营企业投融资与风险管理》，中国社会科学出版社，2004。

程剑鸣，孙晓岭：《中小企业融资》，清华大学出版社，2006。

戴国庆：《构建我国扶持科技型中小企业的政策体系》，《财政研究》2006年第3期。

戴淑庚：《美国高新技术产业融资模式研究》，《世界经济研究》2003

年第 11 期。

戴维·罗默：《高级宏观经济学》，上海财经大学出版社，2003。

邓可斌，曾海舰：《中国企业的融资约束：特征现象与成因检验》，《经济研究》2014 年第 2 期。

房燕，邢秀芹，杨洋：《北京市中小企业金融服务创新研究》，《宏观经济管理》2016 年第 10 期。

付景远：《后金融危机时代科技型中小企业核心竞争力的打造》，《科技进步与对策》2016 年第 24 期。

顾焕章，汪泉，吴建军：《信贷资金支持科技型企业的路径分析与江苏实践》，《金融研究》2013 年第 6 期。

郭继辉，王涛，李烨：《民营高新技术产业融资创新研究》，《特区经济》2007 年第 1 期。

国家统计局，科技部：《中国科技统计年鉴》（1992~2017），中国统计出版社，1992~2017。

何存：《中关村科技金融改革创新试点助推企业快速发展》，《中国科技投资》2010 年第 4 期。

胡小平：《中小企业融资》，经济管理出版社，2000。

黄汉权：《风险投资与创业》，中国人民大学出版社，2001。

金小娟，张卫民：《科技型中小企业融资障碍与对策》，《中国高新区》2006 年第 4 期。

科技部：《2015 年中国科技进步统计监测报告》，中国科技统计网站，http://www.sts.org.cn/。

郎波，邓升军：《四川中小科技企业的金融支持设想》，《商场现代化》2005 年第 32 期。

黎四龙：《论上市公司资本结构与企业价值》，《广东商学院学报》2006 年第 7 期。

李家军：《高新技术产业在并购战略执行中的金融管理研究》，《科技管理研究》2010 年第 4 期。

梁莱歆等：《高新技术企业融资策略与方法》，经济科学出版社，2003。

林承亮，许为民：《技术外部性下创新补贴最优方式研究》，《科学研究》2012 年第 5 期。

林伟光：《我国科技金融发展研究》，暨南大学博士学位论文，2014。

林毅夫，李永军：《发展中小金融机构，促进中小企业发展》，北京大学中国经济研究中心，2002。

林毅夫，李永军：《中小金融机构发展与中小企业融资》，《经济研究》2001年第1期。

刘降斌，李艳梅：《区域科技型中小企业自主创新金融支持体系研究——基于面板数据单位根和协整的分析》，《金融研究》2008年第20期。

刘瑞波，孙丽华：《王舜．科技型中小企业的融资需求及融资方式创新》，《科学管理研究》2008年第10期。

刘瑞波：《科技型中小企业的融资缺陷及改进途径》，《自然辩证法研究》2006年第5期。

刘文丽，郝万禄，夏球：《我国科技金融对经济增长影响的区域差异——基于东部、中部和西部面板数据的实证分析》，《宏观经济研究》2014年第2期。

刘妍：《全球金融危机下科技型中小企业的发展研究》，《中国软科学》2016年第2期。

芦锋，韩尚容：《我国科技金融对科技创新的影响研究——基于面板模型的分析》，《中国软科学》，2015年第6期。

罗珊：《区域科技资源优化配置研究》，经济科学出版社，2009。

马靖忠：《金融危机对中小企业科技创新的挑战与对策》，《前沿》2010年第4期。

马军伟：《战略性新兴产业发展的金融支持研究》，武汉大学博士学位论文，2012。

马连杰：《德国中小企业的融资体系及对我国的启示》，《经济导刊》1999年第3期。

毛道维，毛有佳：《科技金融的逻辑》，中国金融出版社，2015。

彭伟明：《基于开发性金融的珠三角战略性新兴产业融资模式研究》，武汉大学博士学位论文，2014。

钱海章：《高新技术企业的生命周期及融资策略》，《金融研究》1999年第8期。

秦汉锋，黄国平：《科技型中小企业融资问题研究》，《武汉金融》2005

年第 7 期。

申敏，吴和成，华海岭：《技术创新产出弹性结构分析——基于面板数据聚类分析和偏最小二乘回归》，《技术经济》2014 年第 1 期。

孙礼震：《科技型中小企业的融资困难及对策研究》，《华东理工大学学报》2005 年第 1 期。

孙杨，许承明，夏锐：《研发资金投入渠道的差异对科技创新的影响分析——基于偏最小二乘法的实证研究》，《金融研究》，2009 年第 9 期。

谭克：《中国上市公司资本结构影响因素研究》，经济科学出版社，2005。

汤继强：《我国科技型中小企业融资政策研究——基于政府的视角》，中国财政经济出版社，2008。

唐雯：《基于 DEA 模型的科技资源配置效率分析》，《科技管理研究》2011 年第 13 期。

童星：《对 Solow-Swan 增长理论解释的修正》，《商业研究》2006 年第 8 期。

王江琦，肖国华：《我国科技风险投资政策效果评估——基于典型相关分析的中国数据实证研究》，《情报杂志》2012 年第 6 期。

王卫红，王颜悦：《广东推进科技、金融与产业深度融合的举措、问题及对策》，《科技管理研究》2014 年第 20 期。

王溢桓，王丽萍：《科技金融对高技术产业发展的作用研究——以湖北省为例》，《当代经济》2015 年第 3 期。

王元，王伟中，梁桂：《中国创业风险投资发展报告（2016）》，经济管理出版社，2016。

吴翌琳，谷彬：《创新支持政策能否改变高科技产业融资难问题》，《统计研究》2013 年第 2 期。

谢爱林：《城市商业银行对中小企业信贷投放的策略选择》，中国经济出版社，2006。

谢林林，廖颖杰：《论风险投资对企业技术创新的动力机制作用》，《华东经济管理》2008 年第 4 期。

徐明亮：《中小高新技术产业融资制度创新的路径选择》，《浙江金融》2007 年第 2 期。

徐玉莲，王宏起：《科技金融对技术创新的支持作用——基于 Bootstrap 方法的实证分析》，《科技进步与对策》2012 年第 2 期。

闫伟：《浅谈科技型中小企业金融支持体系建设》，《内蒙古科技与经济》2008 年第 20 期。

严谷军：《竞争环境下美国社区银行发展研究——兼论对我国的借鉴》，浙江大学博士学位论文，2008。

杨川：《科创板的战略意义和亟待解决的问题》，网易财经。

杨茜：《科技型中小企业发展的金融支持问题研究》，《科学管理研究》2008 年第 5 期。

杨勇：《广东科技金融发展模式初探》，《科技管理研究》2011 年第 10 期。

尹秀艳：《城市商业银行发展中存在的问题及对策》，《中国金融》2004 年第 4 期。

于国庆：《科技金融：理论与实践》，经济管理出版社，2015。

于蔚，汪淼军，金祥荣：《政治关联和融资约束：信息效应与资源效应》，《经济研究》2012 年第 9 期。

袁纯清：《金融共生理论与城市商业银行改革》，商务印书馆，2002。

苑泽明，郭景先，侯雪莹：《我国科技金融政策评价研究：构建理论分析框架》，《科技管理研究》2015 年第 15 期。

翟华云：《区域科技金融发展水平与高新技术企业融资效率研究》，中国社会科学出版社，2016。

张捷：《中小企业的关系型借贷与银行组织结构》，《经济研究》2002 年第 6 期。

张陆祥：《风险投资导论——高新技术产业创业与风险投资》，复旦大学出版社，2007。

张陆洋：《高新技术产业发展的风险投资》，经济科学出版社，1999。

张明喜：《示范区科技金融试点政策跟踪研究》，《中央财经大学学报》2013 年第 6 期。

张倩男，赵玉林：《高技术产业技术创新能力的实证分析》，《工业技术经济》2007 年第 4 期。

张圣平，徐涛：《内生障碍、关系融资与中小企业金融支持》，《体制改革》2003 年第 1 期。

张蔚虹，兰军：《拓宽科技型中小企业融资渠道之我见》，《财会月刊》2007 年第 5 期。

张晓原编：《中国科技金融发展报告》，经济管理出版社，2013。

张亚斌，曾铮：《有关经济增长理论中技术进步及 R&D 投资理论的述评》，《经济评论》2005 年第 6 期。

张玉喜，赵丽丽：《中国科技金融投入对科技创新的作用效果——基于静态和动态面板数据模型的实证研究》，《科学学研究》2015 年第 2 期。

赵昌文，陈春发，唐英凯：《科技金融》，科学出版社，2009。

赵天一：《战略性新兴产业科技金融支持路径及体系研究》，《科技进步与对策》2013 年第 8 期。

赵玉林、李晓霞：《国外高新技术产业投融资体系中的政府行为分析》，《中国软科学》2000 年第 5 期。

浙江省中小企业局：《如何搭建"平台"——浙江省中小企业成长贷款融资平台》，《深交所》2016 年第 2 期。

郑江南、陈小平：《论我国风险投资公司的发展》，《金融经济》2006 年第 10 期。

《中国创业板与主板上市条件对比》，新浪网，http://finance.sina.com.cn/stock/cngem/gemschool/20160331/17176048516.shtml。

中国证券监督管理委员会：《2016 中国证券期货统计年鉴》，学林出版社，2016。

周长鸣：《科技型中小企业融资问题分析——金融工具视角》，《科技与经济》2008 年第 2 期。

周俊：《透视科技型中小企业融资困境》，《浙江金融》，2006 年第 7 期。

朱平方，徐伟民：《政府的科技激励政策对大中型工业企业 R&D 投入及其专利产出的影响》，《经济研究》2003 年第 6 期。

Albertode, M. Julio Pindado, "Determinants of Capital Structure: New Evidences from Spanish Panel Data", *Journal of Corporate Finance*, 2011, Vol. 7.

Apergis, N., Lyroudi, K., Vamvakidis, T., "The Relationship Between Foreign Direct Investment and Economic Growth: Evidence from Transition Countries", *Transition Studies Review*, 2008, (15).

Arrow, Kenneth J., "The Economic Implications of Learning by Doing", *Review of Economic Studies*, 1962, Vol. 29.

Aschauer, David Alan, "Fiscal Polocy and Aggregate Demand", *American Economic Review*, 1985, 75.

Ayyagari, "Bankers on Boards: Monitoring, Conflicts of Interest, and Lender Liability", *Journal of Financial Economics*, 2007, Vol. 62 (3).

Barton, L., Gordon, P. J., "Corporate Strategy and Capital Structure", *Strategic Management Journal*, 1988, Vol. 9.

Baxter, N. D., Cragg, J. G., "Corporate Choice Among Long-term Financing Instruments", *Review of Economic and Statistics*, 1970, Vol. 52.

Berger, Udell, "The Valuation of Options for Alternative Stochastic Processes", *Journal of Financial Economics*, 1998, 3 (2).

Berger A. N., Udell G. F., "The Economics of Small Business Finance: the Role of Private Equity and Debt Markets in the Financial Growth Cycle", *Journal of Banking and Finance*, 1998, Vol. 22.

Blomstrom, M., Persson, H., "Foreign Direct Investment and Spillover Efficiency in an Underdeveloped Economy: Evidence from the MexicanManufacturing Industry", *World Development*, 1983, (11).

Bradley, M., Jarrell, G. A., Kim, E. H., "On the Existence of an Optimal Capital Structure: Theory and Dvidence", *Journal of Finance*, 1984, Vol. 39.

Brander, J. A., Lewis, T. R., "Oligopoly and Financial Structure: the Limited Liability Effete", *American Economic Review*, 1986, Vol. 76.

"Chang Chun Capital Structures as Optimal Contract", *North American Journal of Economics and Finance*, 1999, Vol. 10.

Coccia Mario, "What is the Optimal Rate of R&D Investment to Maximize Productivity Growth", *Technological Forecasting and Social Change*, 2009, (3).

Collins, J. M., Sekely, W., "The Relationship of Headquarters Country and Industry Classification to Financial Structure", *Financial Management*, 1983, Vol. 3.

Crane, *The Global Financial System: A Functional Perspective*, Boston: Harvard Business School Press, 1995.

De Angelo, H. , Masulis, R. , "Optimal Capital Structure in Corporate and Personal Taxation", *Journal of Financial Economics*, 1980, Vol. 8.

Demirguc-Kunt, "Business Environment and The Incorporation Decision", *Journal of Banking and Finance*, 2007, Vol. 30 (11).

Errunza, V. R, "Determinants of Financial Structure in the Central American Common Market", *Financial Management*, 1979, Vol. 3.

Fama, E. , Jensen, M. C. , "Agency Problem and Residual Claims", *Journal of Law and Economics*, 1983, Vol. 26.

Gilson, T. , "Transaction Cost and Capital Structure Choice: Evidences from Financially Distressed Firms", *Journal of Finance*, 1997, Vol. 52.

Gregory. , "Venture Capital and the Structure of Capital Markets: Banks Versus Stock Markets", *Journal of Financial Economics*, 1998, (47).

Haire M. , *Biologial Models and Empirical Histories in the Growth of Organizations in Model Organization Theory*, New York: John Wiley, 1959.

Hall, G. , Hutchinson, P. Michaelas, "Industry Effects on the Determinants of Unquoted SMEs' Capital Structure", *International Journal of the Economies of Business*, 2010, Vol. 7.

Harris, R. , Robinson, C. , "Productivity Impacts and Spillovers from Foreign Ownership in the United Kingdom", *National Institute Economic Review*, 2004, (187).

Jensen, M. , Meckling, W. , "Theory of the Firm: Managerial Behavior, Agency Cost and Capital Structure", *Journal of Financial Economics*, 1976, Vol. l.

Jith Jayaratne, John Wolken, "How Important are Small Banks to Small Business Lending: New Evidence From a Survey of Small Firms", *Journal of Banking Finance*, 1999, Vol. 23.

Jordan, J. , Lowe, J. , Taylor, P. , "Strategy and Fiancial Policy in UK Small Firms", *Journal of Business Finance and Accounting*, 1998, Vol. 25.

Kane, A. , Marcus, A. J. , Mc Donald, R. L. , "How Big is the Tax Advantage to Debt", *Journal of Finance*, 1984, Vol. 39.

Kaplan, S. V. , Stromherg, P. , "Financial Contracting Theory Meets the

Real-world: An Empirical Analysis of Venture Capital Contracts", *Review of Economic Studies*, 2003, 70 (2).

Karolina Ekholm, Johan Torstenson, "High-Technology Subsidies in General Equilibrium: A Sector-Specific Approach", *The Canadian Journal of Economics*, 1997, (30).

Kashyap. A. K., Stein J. C., "The Role of Banks in Monetary Policy: A Survey with Implications for the European Monetary Union", *Economics Perspectives*, 1995, Vol. 9.

King, "Levine. Finance, Entrepreneurship and Growth: Theory and Evidence", *Journal of Monetary Economics*, 1993, Vol. 32 (3).

Kokko, A. Tansini, Zejan, M., "Productivity Spillovers from FDI in the Uruguayan Manufacturing Sector", *Journal of Development Studies*, 1996, (32).

Laurence H. Meyer., "Capital Standards and Community Banks", *BIS Review*, 2011, Vol. 11.

Legal Obligation, "Non Compliance and Soft Budget Constraint", in R. Newman, ed., *The New Palgrave Dictionary of Economics and the Law*", London: Mac Millan, 1988.

Levine R., "Bank-Based or Market-Based Financial Systems: Which Is Better", University of Minnesota Mimeo, 2000.

Long, M., Maltiz, L., "The Investment-Financing Nexus: Some Empirical Evidence", *Midland Corporate Finance Journal*, 1985, Vol. 3.

Marsh, P., "The Choice Between Equity and Debt: An Empirical Study", *Journal of Finance*, 1982, Vol. 37.

Modigliani, F., Miller, M. H., "The Cost of Capital, Corporation Finance and the Theory of Investment", *American Economic Review*, 1958, Vol. 58.

Myers, S., Majluf, N., "Corporate Financing and Investment Decisions when Firms Have Information that Investors Do not Have", *Journal of Financial Economics*, 1984, Vol. 13.

Myers, S., "Determinants of Corporate Borrowing", *Journal of Financial Economics*, 1977, Vol. 9.

Myers, S., "The Capital Structure Puzzle", *Journal of Finance*, 1984,

Vol. 39 (3).

Neus W., Walz U., "Exit Timing of Venture Capitalist in the Course of An Initial Public Offering", *Journal of Financial Intermediation*, 2005, 14 (2).

Parisi Maria Laura, Schiantarelli Fabio, Sembenelli Alessandro, "Productivity, Innovation Creation and Absorption, and R&D: Micro Evidence for Italy", *Boston College Working Papers in Economics*, 2002, (526).

Petersen M. A., Rajan R. G., "Does Distance Still Matter? The Information Revolution in Small Business Lending", *The Journal of Finance*, 2012, Vol. 57.

Petersen M. A., Rajan R. G., "The Benefits of Lending Relationships Evidence from Small Business Data", *The Journal of Finance*. 1994, Vol. 49.

Rajan R. G., "Insiders and Outsiders: The Choice Between Informed and Arms-Length Debt", *The Journal of Finance*, 1992, 47 (4).

Scott, J. H., "Bankruptcy, Seeured Debt and Optimal Capital Structure", *Journal of Finance*, 1977, Vol. 32.

Shleifer A., Vishny R. W., "Large Shareholders and Corporate Control", *Journal of Political Economy*, 1986, 94 (3).

Solow Robert M. A., "Contribution to the Theory of Economic Growth", *Quarterly Journal of Economics*, 1956, Vol. 70.

Stiglitz Joseph, E. Andrew Weiss, "Credit Rationing in Markets with Imperfect Information", *American Economic Review*, 1981, Vol. 71.

Stiglitz J. E., "Credit Markets and the Control of Capital", *Journal of Money, Credit and Banking*, 1985, (2).

Tadassee S., "Financial Architecture and Economic Performance: International Evidence", Working Paper, University of South Carolina, 2000.

Tomas Hellmann, Manju Puri, "The Interaction between Product Market and Financing Strategy: The Role of Venture Capital", *Review of Financial Studies*, 1998, 47.

图书在版编目(CIP)数据

中国高新技术产业的金融支持体系研究：基于国家创新驱动发展战略的视角/韩丽娜，李孟刚著. -- 北京：社会科学文献出版社，2018.12
（北京交通大学哲学社会科学研究基地系列丛书）
ISBN 978-7-5201-4137-6

Ⅰ.①中… Ⅱ.①韩… ②李… Ⅲ.①高技术产业-金融支持-研究-中国 Ⅳ.①F279.244.4

中国版本图书馆 CIP 数据核字（2018）第 292830 号

北京交通大学哲学社会科学研究基地系列丛书
中国高新技术产业的金融支持体系研究
——基于国家创新驱动发展战略的视角

著　　者 / 韩丽娜　李孟刚

出 版 人 / 谢寿光
项目统筹 / 周　丽　王楠楠
责任编辑 / 王楠楠　许文文

出　　版 / 社会科学文献出版社·经济与管理分社（010）59367226
　　　　　 地址：北京市北三环中路甲29号院华龙大厦　邮编：100029
　　　　　 网址：www.ssap.com.cn

发　　行 / 市场营销中心（010）59367081　59367083
印　　装 / 三河市尚艺印装有限公司

规　　格 / 开　本：787mm×1092mm　1/16
　　　　　 印　张：13.25　字　数：215千字

版　　次 / 2018年12月第1版　2018年12月第1次印刷
书　　号 / ISBN 978-7-5201-4137-6
定　　价 / 89.00元

本书如有印装质量问题，请与读者服务中心（010-59367028）联系

▲ 版权所有 翻印必究